Gabriel Meier

Die sieben freien Künste im Mittelalter

Gabriel Meier

Die sieben freien Künste im Mittelalter

ISBN/EAN: 9783743317864

Hergestellt in Europa, USA, Kanada, Australien, Japan

Cover: Foto ©Thomas Meinert / pixelio.de

Manufactured and distributed by brebook publishing software
(www.brebook.com)

Gabriel Meier

Die sieben freien Künste im Mittelalter

Jahresbericht

über die

Lehr- und Erziehungs-Anstalt

des

Benediktiner-Stiftes

Maria-Einsiedeln

im

Studienjahre 1885/86.

Mit einem Programme:

Die sieben freien Künste im Mittelalter.

Von

P. Gabriel Meier
Professor der Geschich

Einsiedeln, New-York, Cincinnati und St. Louis.
Druck und Verlag von
Gebr. Karl und Nikolaus Benziger,
Typographen des heil. Apostolischen Stuhles.
[illegible]

Ainsi j'aborde mon sujet avec horreur pour la barbarie, avec respect pour tout ce qu'il y avait de légitime dans l'héritage de la civilisation ancienne. J'admire la sagesse de l'Église, qui ne répudia pas l'héritage, qui le conserva par le travail, le purifia par la sainteté, le féconda par le génie, et qui l'a fait passer dans nos mains pour qu'il s'y accroisse. Car, si je reconnais la décadence du monde antique sous la loi du péché, je crois au progrès des temps chrétiens. Je ne m'effraye pas des chutes et des écarts qui l'interrompent; les froides nuits qui remplacent la chaleur des jours n'empêchent pas l'été de suivre son cours et de mûrir ses fruits.

A. F. Ozanam, La Civilisation au cinquième Siècle. Oeuvres I. 7.

Die sieben freien Künste im Mittelalter.

Die Weltgeschichte hat keine Umwälzung verzeichnet, welche an Ausdehnung, Charakter und Folgen vergleichbar wäre mit der großen nordischen Völkerwanderung. Von der chinesischen Mauer bis zu den Säulen des Herkules brachte sie die damals bekannte Welt in Erschütterung und gestaltete mehr als die Hälfte derselben vollständig um. Die weltbeherrschende Stellung Rom's wird gestürzt, und neue Völker mit neuen Sitten, Sprachen und Anschauungen stellen sich an die Spitze der Bewegung. Es entsteht eine neue Ordnung der Dinge, fast ohne Zusammenhang mit der alten, auf deren Trümmern die Grundlage für alle künftigen Zeiten und für die Geschicke der ganzen Menschheit gelegt werden.

Mit der alten Welt war auch ihre Cultur untergegangen. Was in Jahrtausenden der Genius geschaffen, die edelsten Geister in Kunst und Wissenschaft hervorgebracht, alle Denkmale der Kraft, des Genie's, der Tugend der alten Welt, alles sehen wir in traurige Trümmer zerfallen. Aber nicht unverdient und kaum des Bedauerns werth. Der schönen Hülle hatte längst der belebende Geist gefehlt, und ohne innern Halt fiel sie vor dem ersten Heranbrausen des Sturmes zusammen. Die Sieger, die man nicht anders denn als Barbaren bezeichnete, hatten keinen Sinn für Studien und Wissenschaften. Mit wilder Lust oder gedankenlos wandeln sie unter den Trümmern einher; mit Verachtung schreitet ihr Fuß über den classischen Boden, zermalmend betritt er die Stätten, die einst ein Heiligthum der Humanität geweiht waren.

Soll diese für immer begraben sein? Wird sie nie wieder aufleben? Eines ist's, was beim allgemeinen Umsturz nicht wankt: das Evangelium. Es ist der Schatz, der im Acker geborgen ist; das Samenkorn, das verschwindet, um desto kräftiger wieder zu treiben, zu blühen und Frucht zu tragen. Die Römer waren des Kleinods nicht mehr werth, und als würdige Erbin desselben tritt eine Nation auf, die voll frischer Jugendkraft Sinn und Herz allem Wahren, Guten und Schönen öffnet.

Der jungen Kirche ward der Beruf zu theil, eine erste Renaissance, ein Wiederaufleben der alten Cultur zu bewirken, und sie war dieser Aufgabe am besten gewachsen. Unter steten geistigen Kämpfen mit weitüberlegenen Gegnern war sie groß geworden. Sie hatte die Philosophie der Griechen und die Redekraft der Römer nicht gescheut, vielmehr über beide triumphiert. Was mehr sagen will, die abweichenden Meinungen in ihrem eigenen Schooße, fern davon die Einheit zu sprengen, hatten vielmehr dazu beigetragen, ihr Lehrsystem allseitiger zu befestigen und sicherer zu begründen.

Da alles Andere stürzte, war es ein Stand, der an Ansehen, Macht und Einfluß wuchs, der Clerus. Die Bischöfe, ausgerüstet mit der Bildung der römischen Rhetorenschulen, getragen durch das Ansehen ihrer erhabenen Würde, berufen, die Vertreter und Führer der rathlosen Menge zu werden, sammelten um sich ein reiches geistiges Leben. Nachdem alle Bildungsanstalten der alten Welt zerstört oder geschlossen waren, nachdem es keinen eigenen Lehrstand mehr gab, wurden „Cleriker" und „Gelehrter" synonym, und Kirchen und Klöster sind es gewesen, welche die Flamme der Wissenschaft unter ihre Obhut nahmen.

Es war eine lange und mühevolle Erziehung, welche die Kirche während eines Jahrtausends den Völkern der neuen Welt gab, und es würde ein anziehendes Bild werden, das den Gang der Bildung und ihre Verbreitung im Abendlande schildern würde, das die Gründung der verschiedenen Schulen, die Ursachen ihrer Blüthe und ihres Zerfalles beschreiben, die Mittel und die Methode des Unterrichts zur Darstellung bringen würde und als Ergebniß davon den Grad der Bildung bei den einzelnen Ständen und in den verschiedenen Zeiten. Der Rahmen eines Programmes und die Bestimmung desselben zunächst für die Schüler unserer Anstalt bilden aber Schranken nach verschiedenen Beziehungen. Es soll daher hier nur eine Seite des mittelalterlichen Unterrichtswesens dargestellt werden, die Gegenstände und Lehrmittel desselben wie sie, gemäß der Eintheilung in die sieben freien Künste, allgemein in Uebung waren. Auch hier erlaubte die Reichhaltigkeit des Materials keine Vollständigkeit und namentlich mit Rücksicht auf den Zweck des Programmes durfte von der fast unübersehbaren Literatur nur das Wichtigste angeführt werden. Es handelt sich eben weniger darum, das reichhaltige Thema zu erschöpfen, als vielmehr dem Uneingeweihten einen Einblick zu gewähren.

Im untergehenden Römerreiche war gerade in den letzten Zeiten viel gelernt und geschrieben worden. Den heidnischen Schulen entnahmen die christlichen die Lehrweise und Unterrichtsgegenstände und was vor allem wichtig ist, die lateinische Sprache. Damit ist die Verbindung hergestellt zwischen der antiken und modernen Bildung. Die Römer benannten nicht nur jede Fertigkeit, jedes Handwerk, sondern auch jede Kunst und Wissenschaft mit dem Namen ars. Die verschiedenen artes wurden dann wieder eingetheilt in gemeine, welche nur dem Sklaven anstunden (serviles) und solche, welche auch für einen Freigebornen sich geziemten, artes liberales, freie Künste. Ihre Anzahl und Namen waren natürlich verschieden nach der Eintheilung der einzelnen Wissenschaften. Indessen zeigen sich schon bei den Griechen Spuren einer Siebenzahl. Einige schreiben diese Eintheilung dem Porphyrius zu.[1]) Bei den Römern schrieb M. Terentius Varro IX. libri disciplinarum: in diesen (es sind uns leider nur spärliche Reste davon erhalten) besprach er diejenigen Wissenschaften, welche in Rom Gegenstand des höhern Unterrichts waren, im ersten Buche wahrscheinlich die Grammatik, im zweiten Dialektik, im dritten Rhetorik, im vierten Geometrie (d. h. Feldmeßkunst und Erdbeschreibung), das fünfte behandelte die Arithmetik, das sechste die Astrologie, das siebente die Musik. Dazu kamen noch ein achtes und neuntes Buch über Medizin und Architektur. Sieht man von den beiden letzten Wissenschaften ab, die einem Freigebornen weniger angemessen waren, so haben wir in den ersten sieben Büchern genau die sieben artes liberales, wie sie der heilige Augustin († 430) auch kennt, der sogar als Urheber

[1]) Ritter, Gesch. d. christlichen Philosophie III. 73.

dieser Eintheilung genannt wird.[1]) Er hatte in Mailand angefangen über die sieben „Disciplinen" zu schreiben, vollendete aber sein Werk nicht. Auch der heilige Hieronymus († 420) in seinen Briefen an Paulinus von Nola zählt dieselben Wissenschaften auf.[2])

Die ersten drei unter den sieben Künsten, nämlich Grammatik Dialektik, Rhetorik, nannte man zusammen Trivium, (soviel als dreifachen Weg) und analog die vier letzten: Geometrie, Arithmetik, Astronomie und Musik Quadruvium oder Quadrivium. Diese Benennungen scheinen erst seit dem hl. Isidor, Bischof von Sevilla († 636) allgemein geworden zu sein. Beachtungswerth ist, daß nach dieser ältern Ordnung die Dialektik vor der Rhetorik erscheint, wie denn naturgemäß das logische Denken der oratorischen Darstellung vorangehen sollte. In späterer Zeit kommt die Rhetorik vor der Dialektik; doch gibt es vielfache Abweichungen von dieser Ordnung. Rationell kann man diese Eintheilung der Wissenschaften nicht nennen, aber da sie aus dem Alterthum überliefert war, behielt man sie um so lieber bei, als man mit der Siebenzahl einen besondern geheimnißvollen Sinn verband.

Dasjenige Werk, welches die sieben Künste in ein Compendium zusammenfaßte und in dieser Form die Hauptgrundlage des Schulunterrichts im frühern Mittelalter wurde, ist das Satyrikon des Martianus Capella.[3]) Der Inhalt ist folgender: Merkur geht mit dem Gedanken um, sich zu vermählen, und Apollo schlägt ihm die Philologie vor, die gelehrteste Jungfrau von uraltem Geschlecht, welche alle Geheimnisse kennt, die Tiefe des Meeres, das Reich der Gestirne, den Parnaß und den Willen Jupiter's; sie ist mit einem Worte der Inbegriff der Wissenschaft.[4]) Jupiter läßt durch seinen Schreiber den Rath der Götter zusammenrufen, die aus den sechzehn Regionen des Himmels herbeikommen. Die drei Parzen, welche die Dekrete Jupiter's aufzuschreiben und in den himmlischen Archiven niederzulegen haben, spitzen ihre Griffel und legen ihre Wachstafeln zurecht. Jupiter zieht sein

[1]) Stälin, Wirtemberg Gesch. I. 405 — Gräße, Lehrbuch der Literärgesch. des M. A. I. 5.

[2]) Taceo de Grammaticis, Rhetoribus, Philosophis, Geometris, Dialecticis, Musicis, Astronomis, Astrologis, Medicis, quorum scientia mortalibus vel utilissima est. Epist. 53. Ed. Migne. 22, 544.

[3]) De nuptiis Philologiae et Mercurii et de septem artibus liberalibus libri IX.

[4]) Darauf weist auch ihr Name hin, welcher nach seiner Bedeutung und dem Sprachgebrauche der Alten Interesse für die Wissenschaft überhaupt, nicht nur die Sprachwissenschaft, bezeichnet.

Prachtgewand an und hält eine poetische Rede an die Versammlung, welche beschließt, die Jungfrau soll, obgleich eine Erdgeborne, um ihrer Verdienste willen unter die Götter aufgenommen werden. Hiemit endet das erste Buch Martian's. Im zweiten werden wir mit der Philologie bekannt gemacht, welche während der Nacht über allerlei Zahlengeheimnisse nachsinnt. Da erscheinen an ihrer Thüre die neun Musen und laden sie ein in den Himmel zu steigen mit dem Refrain:

Scande coeli templa virgo
Digna tanto foedere.

Unter den Händen der Charitinnen wird sie mit himmlischer Schönheit ausgestattet. Dann berührt sie „Athanasia" leise auf dem Herzen, worauf sie alles von sich gibt, was sie Irdisches in sich aufgenommen hatte. Da konnte man viele Bücher in allerlei Sprachen aus dem Munde der Jungfrau hervorgehen sehen, einige auf Papier geschrieben, andere auf Schaffelle oder Baumrinde. Nun reicht die Mutter „Apotheosis" ihr den Trank der Unsterblichkeit, und darauf besteigt sie eine Sänfte, in welcher sie zum Himmel emporgetragen wird.

Die Reise führt beim Monde vorbei, an Merkur und Venus vorüber zum Cirkel des Mars, Jupiter und Saturn; von da ist noch ein Intervall von 1½ Tönen zum Sternenzelt und das διὰ πασῶν ist durchlaufen. Hier am Wohnorte von Homer, Virgil, Aristoteles, Plato, Epikur u. s. w. steigt Philologie aus. Apollo erscheint und führt die sieben Jungfrauen vor, welche Merkur als Begleiterinnen seiner Gemahlin bestimmt hat, eben die sieben freien Künste.

Diese treten nun eine nach der andern in den sieben übrigen Büchern auf, jede mit gewissen Attributen versehen. Zuerst, also im dritten Buch, die Grammatik, alt aber sehr freundlich von Aussehen. Sie langt aus einer gedrechselten Elfenbeinbüchse ein Messer hervor, mit welchem sie den Kindern die Fehler der Zunge beschneidet; sie ist ferner im Besitze einer sehr scharfen Arznei, gemacht aus Rutenblume und Bockleder, die gegen fehlerhafte Aussprache als Mittel gegeben wird; ferner gehört eine Feile zu ihrer Ausrüstung, wovon acht Theile vergoldet sind; damit werden die Solöcismen abgefeilt. Sie beginnt alsbald abzuhandeln von den Buchstaben, der Aussprache u. s. w. Da selbst den Göttern die Grammatik lästig fällt, tritt die Dialektik an ihre Stelle, in seltsamem Aufzug und Haarschmuck. Sie bringt eine Reihe von Definitionen, Eintheilungen, Erklärungen u. dgl.; was Qualität, Quantität, Relation sei, weiß sie vortrefflich zu sagen.

Die Rhetorik gibt ebenfalls einen Abriß ihrer Kunst und noch obendrein eine Abhandlung über die Prosodie zum Besten. Reichhaltiger ist das Wissen der Geometrie, so genannt, weil sie die Gestalt und Größe der Erde ausmißt. Dieselbe ist nicht eben oder vertieft, sondern rund und kugelförmig. Der Umfang der Erde ist nach Eratosthenes 252,000 Stadien, welches Resultat er mittels des Gnomons gefunden, indem er die Entfernung zwischen Syene und Meroe bestimmte. Die Erde steht unbeweglich mitten auf dem Grunde der Welt. Dann folgt eine Beschreibung von Europa, Afrika und Asien und ihrer einzelnen Länder, deren Ausdehnung angegeben wird und endlich noch eine Aufzählung der geometrischen Körper.

Im siebenten Buche weiht uns die Arithmetik in die Geheimnisse der Zahlen ein, in den tiefen Sinn der Einheit, Zweiheit u. s. w. bis hinauf zur Dekade.

Die Astronomie beginnt mit einer Masse von Definitionen, erklärt die Sternbilder, ihren Auf- und Untergang, die Bahnen des Mondes und der Planeten.

Die letzte der Musen, die Musik tritt herein im rauschenden Kleide, im Takte schreitend und begleitet von Phöbus und Pallas. Sie rühmt die Macht der Töne, erklärt die vorkommenden Kunstausdrücke und das Nöthigste von der Metrik. Selbst die göttlichen Zuhörer langweilen sich bei diesen Vorlesungen, was sie auch nicht verhehlen; sie machen ihre Bemerkungen zwischenhinein, was Abwechselung bringt. Zwei Wissenschaften, Medizin und Architektur wurden wegen Mangel an Zeit nicht mehr vorgelassen und mit einem Schlummerliede das Ganze würdig geschlossen.

Dies der Inhalt von Martian's Werk, ein Produkt zugleich der ausschweifendsten Phantasie und des trockensten Verstandes. In der Form wechseln Prosa und Poesie miteinander ab. Der Stil ist unerträglich geschraubt und gekünstelt; nichts kann er einfach und klar sagen, er muß es mit Umschreibung thun, mit einer Entlehnung aus der Mythologie, mit einem griechischen Worte oder einer witzig sein sollenden Anspielung. So war es eben Mode der Rhetoren und Grammatiker seit langem, und von ihnen hat es das Mittelalter gelernt. Man begreift heutzutage schwer, wie die Gallier und Germanen an diesem dunklen Schwulste, an dieser verkünstelten Darstellung Gefallen finden konnten. Dennoch haben die Mönche das Buch dieses Heiden unzählige Male abgeschrieben und sehr frühe schon in die modernen Sprachen übersetzt. Ueber die Person des Verfassers wissen wir nur, daß er aus Afrika stammte und in Carthago als Advokat thätig war; seine Zeit ist in die erste Hälfte des fünften Jahrhunderts zu verlegen.

Ihn nennt im folgenden Jahrhundert einer der hervorragendsten Vertreter der fränkischen Kirche, Bischof Gregor von

Tours († 594) „unsern Martian" und den Führer des Priesters durch die Wissenschaft.[1])

Im achten Jahrhundert schrieben die irischen Mönche zu Martian sogar keltische Glossen, um der Jugend das Verständniß des dunkeln Afrikaners zu erleichtern.

Nach Martian sind zwei andere Römer zu nennen, welche einen großen Theil der antiken Bildung vor dem Untergange gerettet und den folgenden Geschlechtern überliefert haben, Boethius und Cassiodor. Anicius Manlius Severinus Boethius, geb. um 480, hingerichtet um 525, übersetzte die logischen Schriften des Aristoteles ins Lateinische und commentierte sie, in welcher Form sie dem Mittelalter allein bekannt waren. Große Verbreitung hatten auch seine Lehrbücher der Arithmetik, Geometrie und Musik, sowie seine Uebersetzung von des Porphyrius Einleitung (Isagoge) in die Kategorien des Aristoteles nebst einem Commentar in fünf Büchern. Auch die Worte „Subjekt" und „Quadrivium" scheint er zuerst gebraucht zu haben.

Sein Zeitgenosse Magnus Aurelius Cassiodorius hatte durch vierzig Jahre eine hohe Stellung unter dem Ostgothen Theodorich und seinen Nachfolgern eingenommen. Er zog sich um das Jahr 540 in die klösterliche Einsamkeit im Meerbusen von Squillace zurück, wo er erst um 570 starb. Sein Ruhm ist, zuerst die Wissenschaft bei den Mönchen heimisch gemacht zu haben, wodurch er ebenfalls der Lehrer des ganzen Mittelalters geworden ist. Von seinem Hauptwerke, Institutiones genannt, handelt das zweite Buch De artibus ac disciplinis liberalium artium, von der heiligen Siebenzahl der freien Künste, wobei er übrigens die Ausdrücke Trivium und Quadrivium nicht gebraucht. Auf die Grammatik folgt die Rhetorik, dann die Dialektik. Die Arithmetik, Geometrie, Musik und Astronomie faßt er unter dem Namen Mathematik zusammen. Bei den einzelnen artes gibt er die Eintheilung, die Definitionen und die Schriftsteller an, welche darüber geschrieben haben.

Zuerst von allen germanischen Völkern haben die Angelsachsen sich eine eigene Bildung erworben und dieselbe sogleich weiter nach außen verbreitet. Der ehrwürdige Beda († 735) stand während des ganzen Mittelalters als Lehrer hoch in Ehren. Kaum geringeren Ruhm erwarb sich sein Landsmann Alkuin († 804) als Lehrer Karl's des Großen. Martian Capella scheint übrigens in England weniger Ansehen gehabt zu haben; Beda und Alkuin erwähnen ihn nicht, wie sie auch die Unterscheidung in Trivium und Quadrivium nicht kennen.

Sehr anmuthig ist dagegen die Schilderung, welche uns Alkuin vom Unterricht seines Lehrers Aelbert an der Kathedralschule in York entwirft.[1]) „Diesen zeigt er die Kunst der Grammatik, jenen des Wortes Gewalt in der Rhetorik, andern schärft er den Geist mittels der Rechtswissenschaft; andere lehrt er den Aeonischen Gesang und Castalische Melodien und wie sie mit lyrischen Füßen den Parnaß erklimmen sollen. Wieder andern ist er ein kundiger Führer auf den Wegen der Sonne und des Mondes, durch die Harmonie des Himmels, die fünf Himmelszonen und die sieben Wandelsterne; er lehrt die Gesetze der Gestirne, ihren Auf- und Untergang, die Bewegung der Luft, des Meeres und das Leben der Erde, die Natur der Menschen, der Thiere, der Vögel, des Wildes, die verschiedenen Arten der Zahlen und die mannigfachen Figuren, die richtige Berechnung der Osterfeier. Vor allem aber erläutert er die Geheimnisse der hl. Schrift, denn er eröffnet die Tiefen des harten alten Gesetzes." Aus dieser poetischen Beschreibung ergibt sich, daß man sich an das Trivium und Quadrivium hielt, wozu noch Rechtswissenschaft und Theologie kamen, allerdings ein Studienprogramm, wie es auf dem Festlande keine Anstalt aufweisen konnte.

Die Domschule von York war wohl das Muster, nach welchem Alkuin auch die fränkischen Schulen einrichtete. Er unterrichtete Karl den Großen in den freien Künsten und in der hl. Schrift.[2]) Angilbert weiß Karl's Bildung kein größeres Lob zu ertheilen, als daß er Grammatik, Rhetorik und Dialektik wohl verstehe und ebensowohl bewandert sei in den vier folgenden Künsten.[3]) Karl selber muntert durch Wort und Beispiel zu ihrem Studium auf.[4]) Betreffs der Erziehung seiner

[1]) Quod si te sacerdos Dei, quicumque es, *Martianus noster septem disciplinis* erudiit, id est, si te in grammaticis docuit legere, in dialecticis altercationum propositiones advertere, in rhetoricis genera metrorum agnoscere, in geometricis terrarum linearumque mensuras colligere, in astrologiis cursus siderum contemplare, in arithmeticis numerorum partes colligere, in armoniis (=harmoniis) sonorum modulationes suavium accentuum carminibus concrepare; si in his omnibus ita fueris exercitatus, ut tibi stilus noster sit rusticus, nec sic quoque, deprecor, ut avellas quae scripsi. Gregorii Episcopi Turonensis Historia Francorum. Lib. X. Ed. Arndt. Mon. Germ. p. 449.

[1]) Versus de sanctis Eboracensis ecclesiae v. 1433 seqq. Jaffé, Bibl. VI, 125.

[2]) Vita Alcuini c. 10. Jaffé. Bibl. IV, 24. Einharti Vita Caroli c. 25. l. c. 531.

[3]) Angilberti carmen VI. vers. 67—87. Mon. Germ. Poet. lat. I. 367.

[4]) Ad pernoscenda studia liberalium artium nostro etiam quo possumus invitamus exemplo. Karol. M. Capitular. 30. Mon. Germ LL. Sectio II. 1, 80.

Kinder ordnete er an, daß Söhne wie Töchter vor allem in den freien Künsten unterrichtet würden.[1]) Daher wird seine Regierung hoch gepriesen, weil er aus Frankreich ein neues Athen gemacht und die freien Künste zur Blüthe gebracht habe.[2]) In vielbewunderten Gemälden wurden die sieben freien Künste dargestellt. Ein solches beschreibt uns Theodulf, Bischof von Orleans († 821) in einem lateinischen Gedichte.[3]) Die sieben Künste haben sich um einen Baum gruppirt, an dessen Wurzeln die Grammatik sitzt, in der Hand eine Geißel schwingend, zur Rechten steht die Rhetorik, zur Linken sitzt die Dialektik; auf den Aesten haben die Arithmetik und Musik Platz genommen; die Geometrie mißt mit ihrem Zirkel die fünf Zonen der Erde. Die Astronomie, den Himmelsbogen in ihren Händen tragend, nimmt den obersten Platz ein. Aus Karl's Zeit stammen auch acht Gedichte, jedes aus sechs Distichen bestehend, und offenbar zu Inschriften eines Hauses oder Saales bestimmt. Sie behandeln je eine der sieben Künste und überdies noch die Medizin; nach Dümmler's Vermuthung waren sie vielleicht für den Palast bestimmt, den Abt Fardulf in St. Denis für Karl erbauen ließ. Acht ähnliche Gedichte auf die Weisheit und die sieben freien Künste (in umgekehrter Ordnung, von der Astronomie zur Grammatik) aus je zwei Distichen bestehend, stammen ebenfalls aus dieser Zeit.[4])

Alkuin[5]) nennt die freien Künste die sieben Säulen, auf welche die Weisheit sich stütze und niemand werde zur vollendeten Wissenschaft geführt, außer wer auf diesen Säulen, gleich wie auf Stufen emporsteige.

Uebrigens hatte schon lange vorher die rein äußerliche Abtheilung in sieben Wissenschaften nicht recht entsprochen; man suchte nach einer logischen Eintheilung, und schon bei Isidor[6]) findet sich die Eintheilung der Philosophie in drei Zweige, Physik, Ethik und Logik, was sich durch das ganze Mittelalter fortzieht. So auch bei Alkuin,[7]) der auch bei der weiteren Eintheilung nur Isidor ausschreibt. Nämlich die Physik theilt er in Arithmetik, Geometrie, Musik und Astronomie; die Ethik wird ebenfalls in vier Theile getheilt: Klugheit, Gerechtigkeit, Tapferkeit, Mäßigkeit. Die Logik endlich zerfällt in Dialektik und Rhetorik. Doch wird dieser Eintheilung keine weitere Folge gegeben; auch Alkuin hält sich an die Siebenzahl; ebenso Theodulf, der in einem Gedichte auf die sieben freien Künste auch Physik, Ethik und Logik nebst ihren Unterabtheilungen anführt.[1])

Wenn der Schwerpunkt von Alkuin's Wirken vorzüglich in seiner Lehrthätigkeit lag, so bilden die von ihm verfaßten Lehrbücher hiezu eine wesentliche Ergänzung. Sie haben nicht nur für ihre Zeit, sondern auch auf die nachfolgende einen bedeutenden Einfluß ausgeübt; für uns sind sie insbesondere von Interesse, weil sie uns einen Blick gewähren in seine Schule. Sie sind nämlich in Gesprächsform abgefaßt; der Schüler fragt und der Lehrer antwortet. Alkuin sagt, er habe es wegen des Gedächtnisses gethan. In bezug auf den Inhalt steht er ganz auf den Schultern seiner Vorgänger, namentlich Isidor und Cassiodor. Seiner Grammatik hat Alkuin, ebenfalls in dialogischer Form eine allgemeine Einleitung vorausgeschickt, worin er von der Weisheit überhaupt handelt.[2]) Von ihr steht geschrieben: Die Weisheit hat sich ein Haus gebaut und sieben Säulen ausgehauen. (Sprichw. 9, 1.) Das gilt von der göttlichen Weisheit, zu welcher man durch die freien Künste, eben diese sieben Säulen, aufsteigt.

Alkuin's großer Schüler, Hrabanus Maurus, gestorben 856 als Erzbischof von Mainz, ward von der Nachwelt mit dem Ehrennamen primus præceptor Germaniæ ausgezeichnet. In seinem berühmten Werke über den Unterricht der Geistlichen[3]) stellt er die für den Priester nothwendigsten Kenntnisse zusammen. Ausführlich handelt er vom Studium der hl. Schrift und in sieben Capiteln legt er die Beziehungen der sieben freien Künste zum Studium der hl. Schrift und der Theologie dar und zeigt, wie diese scheinbar profanen Wissenschaften dem Höchsten, der Gottesgelehrsamkeit, sich dienstbar machen und dadurch erst ihren eigentlichen gottgefälligen Werth erhalten. Die Grammatik ist zwar zunächst die Wissenschaft, die alten Dichter und Geschichtschreiber zu erklären, und ohne Fehler zu sprechen und zu schreiben. Aber sie ist das Fundament aller übrigen, da ohne deren Kenntniß schon das Geschäft des Bücherabschreibens kaum denkbar ist. Auch die Bedeutung der Tropen und der Metrik muß man zum Studium der hl. Schrift kennen. Die

1) Einhart. l. c. 19 p. 528.

2) Vergleiche Jonas von Orleans (†842) De cultu imaginum L. I. Migne Patrol. lat. 106. 309.

3) Carm. XLVI. De septem liberalibus artibus in quadam pictura depictis. Mon. Germ. Poet. lat. I. 544.

4) L. c. I. 629.

5) Grammat. Opera II. 268: Sapientia liberalium literarum septem columnis confirmatur, nec aliter ad perfectam quemlibet deducit scientiam, nisi his septem columnis vel etiam gradibus exaltetur. — Es ist eine Anspielung auf Liber Proverbiorum 9, 1: Sapientia ædificavit sibi domum, excidit columnas septem.

6) Origg. II. 23. — 7) De Dialectica, Opera II. 335.

1) Poet. lat. I. c. 545. 547.

2) Alcuini Opera II. 265.

3) De institutione clericorum. Oper. ed. Colvener T. VI. pg. 42. seqq.

Rhetorik ist zwar zunächst die Wissenschaft, in bürgerlichen Rechtsfragen gut zu sprechen; aber auch dem Verkünder des göttlichen Wortes leistet sie vortreffliche Dienste. Die Dialektik ist ihm die Kunst aller Künste; sie lehrt lehren und lernen. Der Geistliche muß diese edle Kunst kennen und ihre Gesetze beständig sich gegenwärtig halten, um die Sophismen der Irrlehrer mit schneidigem Vernunftschluß zu widerlegen. Aehnlichen Nutzen bringen die Lehrgegenstände des Quadriviums. In der hl. Schrift lesen wir, daß Gott alles nach Maß, Zahl und Gewicht geordnet hat (Sap 11, 21.) Viele Zahlverhältnisse der hl. Schrift haben einen mystischen Sinn, zu dessen Verständniß man ohne Kenntniß der Arithmetik nicht gelangen kann. Beim Bau des hl. Zeltes und des Tempels ist alles nach den Gesetzen der Geometrie geordnet worden, deren Kenntniß dem Schriftausleger wesentlich hilft, den geistlichen Sinn dieser Bauformen zu erfassen. Die Musik gibt zunächst Aufklärung über die musikalischen Instrumente, deren die hl Schrift erwähnt, und ihre mystischen Unterschiede; dann dient sie zur würdigen Feier des Gottesdienstes. Die Astronomie endlich ist unentbehrlich zur Kenntniß der Vergangenheit, nämlich für eine richtige Chronologie, und für die Zukunft, für die kirchliche Festrechnung.

In der spätern karolingischen Zeit sind es die sieben freien Künste, die noch mehr wie früher das α und ω der Bildung ausmachen, die man für den ganzen Umfang menschlicher Weisheit ansah. Johannes Scotus († um 875)[1]) und Regino von Prüm[2]) definieren und erläutern sie; die Dichter thun dasselbe in Versen.[3]) Ermenrich von Ellwangen († 874) spricht die Absicht aus, dem König Ludwig dem Deutschen eine Schrift über die sieben freien Künste zu widmen,[4]) scheint aber nicht zur Ausführung gekommen zu sein. Der Hof Karl's des Kahlen († 877) wird gepriesen, „weil daselbst das Studium der freien Künste herrlich blühte."[5]) Allgemein waren sie Gegenstand des Unterrichts. Sie werden, sagt Walahfrid Strabo († 849), den Jünglingen nach alter Sitte vorgetragen; wegen seiner Kenntnisse in den freien Künsten ist Wettin († 824) als Lehrer berühmt,[6]) Ebbo von Reims († 851) als Gelehrter.[1]) Trotz dieses eifrigen Studiums gestand man ihnen aber Werth und Bedeutung hauptsächlich nur zu als Vorbereitung auf die höhere theologische Wissenschaft, die nach den Begriffen jener Zeit auch allein diesen Namen verdient.

Im zehnten Jahrhundert ward Martian Capella eifrig in den Schulen gelesen; so vom heiligen Odo, Abt von Cluny († 943), in der Schule des Remigius von Auxerre († circa 908) zu Paris.[2]) Remigius und der bereits erwähnte Johannes Scotus verfaßten auch Commentare zu Martian.

Durch die vielen Kriege aber, namentlich durch die fortgesetzten Verheerungen der Ungarn mußten die Wissenschaften in Verfall gerathen. Da war es der heilige Brun († 965), Erzbischof von Köln, Otto's des Großen jüngster Bruder, welcher die lang vergessenen sieben freien Künste wieder ans Tageslicht brachte.[3]) In der That sehen wir in der nächsten Zeit das Studium derselben an zahlreichen Schulen in Blüthe stehen. In St. Gallen lehrte unter Abt Hartmut (872—883) der Irländer Möngal an der innern Schule die sieben freien Künste und wurde in der berühmten Schreiberschule des Martianus Capella Hochzeit des Merkur mit der Philologie abgeschrieben. Scenen aus letzterem Werke waren sogar auf priesterlichen Gewändern dargestellt. Die Herzogin Hadewig († 994), die Nichte Kaiser Otto I., eine hochgebildete Frau, schenkte dem Kloster eine Albe, worauf sich diese Darstellungen befanden. Damals übersetzte auch Notker Labeo († 1022), genannt „der Deutsche" (Teutonicus), die beiden ersten Bücher Martian's in die deutsche Sprache. Sie sind heute noch ein werthvolles Denkmal der altdeutschen Literatur. Von Notker's Schüler Ekkehart IV. († nach 1056) haben sich lateinische Verse zum Preise der sieben freien Künste erhalten. Anderwärts führt er sämmtliche sieben Künste in einer wunderlichen Allegorie vor und erwähnt voll Bewunderung den Martianus. Auch ein Lehrgedicht über die sieben freien Künste ist aus der St. Galler Schule hervorgegangen.[4]) Der Dichter wendet sich ausdrücklich an einen Knaben, dem zu Liebe er das Gedicht verfaßt, welches sich übrigens an Martian Capella anschließt, auf welchen er sich auch ausdrücklich beruft. Von jeder einzelnen Kunst wird an-

[1]) De divis. nat. I. 27. p. 475.

[2]) De harmonica institut. c. 12. Migne P. l. 132. 495.

[3]) Mon. Germ. P. L. I. 629.

[4]) Dümmler, Geschichte des Ostfr. Reiches I. 885.

[5]) Vita S. Radboli c. 1. Mabillon acta SS. O. S. B. V. 27.

[6]) Nam Wettinus erat celebri rumore magister
Artibus instructus septem de more priorum.
Walahfridi Strabi, Visio Wettini 716. Mon. Germ. Poet. lat. II 300.

[1]) Liberalibus disciplinis eruditus. Flod. Hist. Rem. II. 19. Mon. Germ. Ss. XIII. 467.

[2]) Martianum in liberalibus artibus frequenter lectitavit. Joannis Vita Odonis I. n. 19. Mabillon, Acta SS. O. S. B. V. 157.

[3]) Obliteratas diu septem liberales artes ipse retexit. Vita Brun 5. Mon. Germ. SS. IV. 256.

[4]) Cod. 817. S. XI. p. 4—5. Incip. versiculi de septem liberalibus artibus. Vgl. Dümmler, N. Archiv V 627.

gegeben, was sie zu thun habe; in das Gebiet der Rhetorik gehört auch das ius civile. [1])

Im 11. Jahrhundert traten die Schulen der Kathedralen würdig den klösterlichen an die Seite. Oft angeführt ist die Schilderung der Domschule in Paderborn unter Bischof Meinwerk (1009—1036). Sein Biograph scheint ganz begeistert zu werden in der Erinnerung an jene Zeit:

Quando ibi musici
Fuerunt et dialectici,
Enituerunt rethorici
Clarique grammatici,
Quando magistri artium
Exercebant trivium,
Quibus omne studium
Erat circa quadrivium. [2])

In Mainz wurden durch den wackern Erzbischof Willegis (975—1011) viele in den freien Künsten unterrichtet, von denen eine nicht geringe Anzahl Pröbste und Bischöfe wurden. [3]) Bamberg, die Stiftung des Kaisers Heinrich II., des Heiligen, wird wegen seiner Schule mit der Stoa und Athen verglichen:

Trivium ladet daselbst Quadrivium freundlich zu Tische;
Da wird der Knabe erfrischt, der strebsame Jüngling erzogen.
Nahrung des Geistes zugleich wird den Hirten der Kirche gespendet. [4])

Der Grammatiker Gunzo von Novara, welcher aus Italien an den Hof Kaiser Otto I. berufen wurde, prunkt mit seiner Kenntniß der sieben freien Künste, die er der Reihe nach aufzählt. [5]) Die gelehrte Nonne Hrotsuit (Roswitha) von Gandersheim läßt in einem ihrer Dramen den Lehrer Paphnutius mit seinen Schülern über die sieben Künste sich unterreden. Reihenfolge und Objekt derselben ersieht man aus folgenden Versen, die aus dem elften Jahrhundert aus einer Handschrift des Klosters Abdinghoff stammen. [6])

Grammatica. Nos pueris primam ponit natura magistram.
Rhetorica. Civiles causas indicat esse meas.
Dialectica. Ecce quod est tollo, quod non est esse repono.
Arithmetica. Nosque fuga lapsum retrahimus numerum.
Musica. Pendet ab arte mea cantus dulcedo sonora.
Geometria. Terrae mensura pendet ab arte mea.
Astronomia. Est labor in terra, rationi volanti ad astra.

[1]) Vgl. Gesch. d. Schule v. St. Gallen im Mittelalter v. P. Gabriel Meier O. S. B. im Jahrbuch für Schweiz. Gesch. Bd. 10. S. 33—127.

[2]) Vita Meinwerci c. 160. Mon. Germ. SS. XI. 140.

[3]) Vgl. Elogium beati Willgisi, herausg. von Falk, im Katholik. Mainz 1869. I. 227.

[4]) Gerhardus abbas Sevonsis. Jaffé Biblioth. V. 482.

[5]) Martene & Durand, Ampl. Coll. I. 293.

[6]) Herausgegeben von Dümmler, N. Archiv. I. 182.

In dieser Ordnung führt auch Hugo von Flavigny in seiner Chronik die sieben Künste auf. [1])

Honorius von Autun, der zwischen 1100 und 1120 literarisch thätig war, schildert die sieben freien Künste als ebensoviele Wohnsitze der Seele, in welchen der menschliche Geist auf der Wanderschaft nach seiner wahren Heimat, der Weisheit, der Reihe nach seinen Aufenthalt nehmen müsse. [2])

Um die gleiche Zeit schenkte der Mönch Heinrich dem Kloster Göttweig in Oesterreich eine Rolle (Rodale), worauf die sieben freien Künste gemalt waren. [3]) Solche allegorisch-bildliche Darstellungen sind noch mehrfach vorhanden. Da ist vor allen zu nennen der Hortus deliciarum der gelehrten Herrad von Landsberg, Aebtissin von Hohenburg im Elsaß (1167—1195). Leider ist die einzige Handschrift davon, die kostbarste Perle der ehemaligen Straßburger Bibliothek, am 24. August 1870 ein Raub der Flammen geworden. Das Werk der gelehrten Nonne ist ein vollständiger Orbis pictus, eine Encyklopädie des mittelalterlichen Wissens. Die sieben freien Künste sind als sieben Quellen dargestellt, die von der Philosophie ausgehen. Darüber erhebt sich ein Gewölbe, das von sieben Säulen mit ebensovielen Bogen getragen ist. Unter denselben steht je eine der sieben Künste, eine weibliche Figur mit verschiedenen Kennzeichen. Zur Erläuterung ist je ein lateinischer Vers beigeschrieben. Die Grammatik z. B. trägt Buch und Ruthe und hat die Umschrift

Per me quis discit, vox, littera, syllaba, quid sit.

Bei der Rhetorik, welche Griffel und Schreibtafel trägt, heißt es

Causarum vires per me rhetor alme requires.

Im bayrischen Kloster Scheiern schrieb in den Jahren 1205—1241 der fleißige Mönch Conrad über dreißig Bücher, wovon mehrere mit vielen trefflichen Gemälden geschmückt sind. Leider sind von seiner ruhmvollen Arbeit nur fünf Handschriften übrig geblieben. In einer derselben findet sich eine Darstellung der sieben freien Künste, wobei zur Erklärung Sprüche und Verse beigeschrieben sind. Die Musik schlägt mit einem Hammer an die Glocken, die Grammatik hält mit beiden Händen eine Ruthe, die Geometrie einen Kreis. Die Astronomie weist mit emporgehobenem Zeigefinger nach dem Himmel. Links von ihr sitzt Ptolemäus und schaut durch ein Rohr nach den Sternen.

Aber nicht nur den Malern war die Darstellung der sieben freien Künste geläufig, auch den Dichtern war damit ein gelegener Stoff gegeben für ihre Reime, den sie sich nicht so leicht entgehen ließen. So Alanus von Lille († 1203) in seinem viel-

[1]) M. G. SS. VIII. 340. Chron. I.

[2]) Pez, Thesaurus Anecdot. II. I. 228.

[3]) Pez, l. c. Isag. XI.

gelesenen Anticlaudianus, welches Werk er gleichsam ein Compendium der sieben Künste nennt. Er läßt sie als sieben schöne Jungfrauen auftreten, denen ihre Herrin, die Klugheit, die Verfertigung eines Himmelswagens aufträgt. Nun verfertigt die Grammatik die Deichsel, die Logik die Achse, die Rhetorik ruft die Idee hervor und bringt sie zur Ausführung, indem sie die Hand der Schwestern leitet. Die Künste des Quadriviums verfertigen jede ein Rad, die Vernunft als Rosselenkerin spannt davor die fünf Sinne als Gespann. Das Ganze ist durchaus Martian Capella's mythisch allegorischer Manier nachgeahmt; dem entspricht auch die Zahl der neun Bücher und die Einmischung griechischer Worte. In der Form aber eifert Alanus mit gut lateinischen Hexametern Claudian nach. Als Lehrer der Musik wird niemand anders aufgeführt als ein gewisser Michalus, der sonst nicht weiter bekannt zu sein scheint.[1]) Ein anderes Gedicht von ihm über die Geburt Christi, eine Art Weihnachtsspiel, läßt ebenfalls die sieben freien Künste hiebei auftreten.[2])

Eine Handschrift aus dem Prämonstratenser-Kloster Bellevue, heute in Charleville[3]) in der ersten Hälfte des dreizehnten Jahrhunderts geschrieben, enthält auf dem ersten Blatte sorgfältig geschrieben die Verse:

Philosophia docet inquirere quid sit honestum,
Quid mare, quid cœlum, quid terra, quid aer;
In septem partes sapienter dividit artes,
Quarum virtutes scire necesse potes.
Grammaticæ cura: recte loquor absque figura;
Rhetoricæ studio verba polire scio.
Scruptatrix rerum perhibet dialectica verum.
Dat modulos scire musica docta liræ.
Metitur spatia terrarum geometria.
Invigila numeris; sic aritmeter eris.
Motus astrorum tradit liber astronomorum.
Has quondam peperit theologia parens.

Darnach wäre also die Theologie die Mutter und das Haupt der sieben freien Künste, eine Ansicht, die sich noch stärker betont, findet bei Eudes von Chateauroux, Cardinal von Tusculum im zwölften Jahrhundert. Um die Bedeutung der freien Künste nach seiner Ansicht auseinanderzusetzen, bedient er sich eines Vergleiches: die heilige Schrift hat zur Stütze sieben Säulen, welche die sieben Künste sind, ohne welche sie den Angriffen der Ketzer nicht widerstehen kann. Die freien Künste sind das Frühstück des geistigen Menschen. Die heilige Schrift aber ist die Hauptmahlzeit. Nach dem gleichen Grundsatze lehrte man an der berühmten Schule von Bec in der Normandie, an deren Spitze Lanfrank († 1089) und der hl. Anselm von Canterbury († 1109) standen, die zwei berühmtesten Lehrer ihres Jahrhunderts.[1])

Um die Mitte des dreizehnten Jahrhunderts empfiehlt besonders der gelehrte Dominikaner Vincenz von Beauvais († circa 1264) die sieben freien Künste als das Fundament jeglicher Lehre, ohne das man in den übrigen nichts verstehe: Primum operam esse dandam artibus maxime septem liberalibus, quæ sunt fundamentum omnis doctrinæ, et ita sibi cohærent, alteriusque vicissim rationibus indigent, ut si vel una defuerit, cæteræ philosophum facere non possunt. Deinde cetera, si vacat, legantur. *Vincentii Bellovacensis Speculum doctrinale II. 31.*

Wie populär übrigens Eintheilung und Inhalt der sieben freien Künste war, ersieht man aus dem „wälschen Gast" des Thomasin von Zirclaria um 1215, der dieselben also beschreibt:[2])

Diu êrste heizt Grammaticâ,
diu ander Dialecticâ,
diu drite Rhetoricâ ist genant,
sô sint die vier dar nâch zehant
Arismeticâ und Geometrie
Musicâ und Astronomie.
Grammaticâ lêrt sprechen rehte;
Dialeticâ bescheidt daz slehte
vome krumben, die wârheit
vom valsche; Rhetoricâ kleit
unser rede mit varwe schône;
Arismeticâ diu git ze lône
daz man von ir kunst zelen sol;
Gêometrie lêrt mezzen wol;
Musicâ mit wîse schœne
git uns wîstuom an die dœne;
Astronomie lêrt âne wanc
der sterne natûre und ir ganc.

Dann zählt er die Lehrmittel jeder Kunst auf (V. 8937).

Die besten die wir an Grammaticâ hân
daz was Dônâtus und Priscjân:
Aristarchus man von rehte sol
under die besten zelen wol.
Dialeticâ hât ouch ir diet:
die sint die besten die si biet.

[1]) Musica lætatur Michalo doctore suoque
Corrigit errores, tali dictante magistro.
Migne P. lat. 210. 518.

[2]) l. c. 577. Bäbler, Beiträge zu e. Gesch. d. lat. Grammatik i. M. A. 35.

[3]) No. 45. Cat. gén. des M. SS. des Dépts. V. 565.

[1]) Poëtarum quippe figmenta, philosophorum scientia et artium liberalium disciplina scripturis sacris intelligendis valde sunt necessaria. Vita altera Herluini 12. Mabillon Acta SS. O. S. B. VI. 2. 36.

[2]) V. 8915. Ausg. v. Rückert, Quedlinburg 1852. S. 243.

Aristôteles, Bôêcjus
Zênô und Porphirjus,
Rhetoricâ diu hât niht gar
an vrume liute bewist ir schar.
die besten wâren Tulljus
Quintiljân, Sidônjus.
an Arismeticâ der beste was
Crisippus und Pitâgoras,
an Musicâ Grêgorjus,
Timothêus, Millesjus,
an Gêometrie was Thâles
der turist und Euclîdes.
der Astronomie schar
was meister Albumasar,
Ptolomêus vaner (Fähnrich) was
und vorvehter Atlas.

In das dreizehnte Jahrhundert fallen die Anfänge der Universitäten. Diese waren in den folgenden Jahrhunderten die Mittelpunkte der wissenschaftlichen Thätigkeit, wo die strebsamsten Geister sich zusammenfanden. Daher mußte durch sie im Studienwesen ein bedeutender Umschwung eintreten. Die freien Künste wurden an einer eigenen Fakultät gelehrt, welche eben daher diejenige der „Artisten“ hieß. Sie sollte die Einleitung und Grundlage für die übrigen Fakultäten, Theologie, Medizin und Rechtswissenschaft bilden, daher sie an Zahl der Schüler alle andern zusammengenommen übertraf und überall den bedeutendsten Einfluß ausübte. Sie war hauptsächlich das bewegende und fortschreitende Element, nicht selten im Widerspruch mit den übrigen Fakultäten, die zäher am Hergebrachten festhielten. Die Magistri artium — Doctoren gab es bei dieser Fakultät nicht — waren zahlreich und standen oft an der Spitze der geistigen Bewegungen. Aber die Wissenschaft haben sie im ganzen wenig gefördert. Ihre zahlreichen Vorlesungen betrafen fast nur die Logik, die als die Grundlage aller Wissenschaften betrachtet wurde und bei den häufigen Disputationen unentbehrlich war. Schon Johannes von Salisbury († 1180) klagt über den einseitigen Betrieb der Logik auf Kosten der Grammatik:

Littera sordescit, logica sola placet.

Anstatt daß die Studierenden sich erst Fertigkeit in der lateinischen Sprache aneigneten, stürzten sie sich lieber gleich auf dialektische Spitzfindigkeiten. Die Grammatik selbst, soweit sie an der Universität getrieben wurde, ward nach scholastischer Weise zerpflückt. Dies führte zuletzt zur förmlichen Ausscheidung der Grammatiker von der Universität, und während in Paris hauptsächlich das Studium der Logik blühte, sammelten sich die Grammatiker in Orleans. Die beiderseitigen Reibungen dauerten fort und fanden ihren bemerkenswerthesten Ausdruck in einem satirischen Gedicht in provençalischer Sprache: La Bataille des sept Arts. Verfasser ist Heinrich von Andeli, Canonicus in Rouen (um 1270). Sein Werk erinnert vielfach an Martian Capella. Die sieben freien Künste, Dame Logique, Madame Musique u. s. w. treten zu Pferde mit großem Gefolge auf den Plan. Die Geometrie zieht einen Kreis um sie. Aristoteles hebt mit seiner ungeheuren Lanze den Priscian aus dem Sattel, die Grammatik wird in die Flucht geschlagen und die Logik triumphiert.

Noch im folgenden Jahrhundert besingt der deutsche Dichter Heinrich von Mügeln († nach 1369) die freien Künste in einer Karl IV. gewidmeten Allegorie: „Der Meide Kranz“ (Maid — Magd, Jungfrau.) Der Weisheit dieses Kaisers wird die Ehre zugetheilt, den Rang der Wissenschaften zu bestimmen. Es treten nach einander zuerst die Philosophie (als Liebe zur Weisheit), dann die sieben freien Künste nebst mehreren anderen Wissenschaften auf. Sie sind, die Grammatik ausgenommen, als Könige oder Königinnen dargestellt, mit goldenen Kronen auf den Häuptern. Die Grammatik trägt zwei Kinder an ihrer Brust, die Logik hält auf der rechten Hand eine Taube, in der linken eine grüne Schlange; die Rhetorik sitzt in der Haltung eines Redners; die Musik spielt auf einer Harfe, die Arithmetik zählt Geld an einem Tisch, die Geometrie trägt in jeder Hand eine goldene Meßruthe, der Astronomie ist ein Winkelmaß mit der Richtschnur in die Hand gegeben. An diese schließen sich noch an die Physik oder Arzneikunde, die Alchymie, Metaphysik und Theologie. Aus dem poetischen Gespräche dieser zwölf Mägde, d. h. der verschiedenen Wissenschaften erfahren wir merkwürdige Aufschlüsse über die damaligen Kenntnisse in der Philosophie und Naturkunde.

Aber auch das ersieht man, daß die uralte Eintheilung der sieben Künste sich nicht mehr festhalten ließ. Je mehr der Kreis der Kenntnisse sich erweiterte, desto schwieriger ließ er sich in den engen Rahmen einspannen. In zwölf Bücher getheilt ist daher auch die Margaritha philosophica des Gregor Reisch, Priors der Karthäuser bei Freiburg im Breisgau. Auf die sieben freien Künste folgen hier noch fünf weitere Bücher, welche von der Naturwissenschaft, der Seele und der Moralphilosophie handeln. Damit war eine Zusammenfassung des gesammten menschlichen Wissens geboten, welche nach den wiederholten Ausgaben zu schließen, bei den Zeitgenossen sehr beliebt war.[1]) Fügen wir hier noch gleich bei, daß Reisch's

[1]) Die erste Auflage erschien zu Heidelberg 1496 und nicht 1486, wie es durch Schreib- oder Druckfehler bei Humboldt, Kosmos I. 73 heißt. Spätere Auflagen erschienen 1503, 1504, 1508, 1512, 1515, 1517, 1535, 1583 und eine italienische Uebersetzung 1600.

berühmter Schüler, Dr. Johann Eck 1508 in Freiburg im Auftrag der philosophischen Fakultät eine lateinische Rede hielt: „De diva Catherina et artibus liberalibus“, die Vorzüge seines Jahrhunderts preisend, welches aus der Barbarei zu neuen Studien und Bildungszielen fortgeschritten sei.

Damit sind wir an der Schwelle der neuen Zeit angekommen, welche die Grenze unserer Abhandlung bildet. Die sieben freien Künste hatten ihr einstiges Ansehen eingebüßt und lebten nur mehr als historische Erinnerung fort im Andenken der folgenden Geschlechter. Dazu sollten auch die Denkverse dienen, in welchen am Schlusse des Mittelalters Nicolaus de Orbellis (Dorbellius † 1455) ihre Namen (in Abkürzung), Gegenstände und Reihenfolge zusammengefaßt hat:

Gram. loquitur, Dia. vera docet, Rhet. verba colorat,
Mus. canit, Ar. numerat, Ge. ponderat, Ast. colit astra.

I. Grammatik.

Wenden wir uns nun zu den einzelnen der sieben freien Künste. Keine Wissenschaft, die Theologie ausgenommen, ist im Mittelalter so eifrig gepflegt worden wie die Grammatik. Als Lehrbuch steht die *Ars* des Aelius Donatus oben an. Ueber seine Person wissen wir Nichts weiter, als was sein Schüler, der hl. Hieronymus, von ihm in seiner Chronik berichtet,[1]) daß er um das Jahr 355 zu Rom als Grammatiker lebte, und aus seiner Erwähnung kann man schließen, daß er ein angesehener Mann war. Im Mittelalter wurde Allerlei gefabelt über ihn, er habe sich als Lehrer der Grammatik eine Senatorenmütze verdient. In seinen Antworten sei er kurz und barsch gewesen, so daß die Schüler ihre Zweifel zu äußern sich nicht getrauten. Da er öfter in Wuth gerieth und überdieß in seinen Sitten sehr locker war, so sei er auf Befehl des Senates aus dem Rang der Senatoren und der Curie ausgeschlossen worden.[2])

Er schrieb ein kleines Lehrbuch genannt Ars minor oder Donatus minor, in Fragen und Antworten, für die Schüler berechnet und gedrängt die acht Redetheile behandelnd. Ausführlicher ist seine eigentliche Ars Grammatica, ein mehr für den Lehrer bestimmtes Handbuch, welches in einem ersten Theile (Editio prima nicht zu verwechseln mit Ars minor) zuerst über den Laut, Buchstaben, Sylben, Versfüße u. s. w. handelt, dann (Editio secunda) von den acht Redetheilen, Nomen, Pronomen, Verbum 2c.; daran schließen sich noch einige besondere Abschnitte über Barbarismen,[3]) Solöcismen, Tropen und dgl. Durch prägnante und praktische Fassung erwies sich dies Buch für den Unterricht sehr geeignet, den es dann auch während eines Jahrtausends sozusagen beherrscht hat.[1]) Der Name Donatus galt sogar als allgemeine Bezeichnung für Grammatik überhaupt. Noch im fünfzehnten Jahrhundert war es eines der ersten Bücher, welche durch Gutenberg's neue Kunst vervielfältigt wurden, und wurde mehr als fünfzigmal gedruckt.

Sehr bald gab es auch Commentare zu Donat, so von Servius, dem berühmten Erklärer des Virgil, von Pompejus, dessen Person sich nicht näher feststellen läßt. Viel Gemeinsames mit Servius und Pompejus enthält der Commentar des Cledonius.

An Donat reiht sich Priscian, genannt Caesariensis, der etwa ein halbes Jahrhundert nach ihm zu Konstantinopel am kaiserlichen Hofe öffentlicher Lehrer der Grammatik war. Steht er Donatus an Ruhm nach, so übertrifft er ihn entschieden an Gründlichkeit und Gelehrsamkeit. Seine Ars oder Institutio de arte grammatica ist mit großem Fleiße aus einer Menge von Schriftstellern, die zum großen Theil für uns verloren sind, zusammengetragen zu einem umfassenden Lehrgebäude, dem es nur an Klarheit und Kritik fehlt, um allen Anforderungen zu genügen. Dasselbe besteht aus achtzehn Büchern, wovon die sechzehn ersten die acht Redetheile besprechen, das siebenzehnte und achtzehnte die Construction oder was wir die Syntax nennen. Diese zwei Bücher führen daher auch die Aufschrift: De constructione oder wegen ihres geringen Umfanges Priscianus minor; Buch I.—XVI. heißen dann

[1]) Ad Eusebii Chron. Olymp. 283: Donatus grammaticus, praeceptor meus, Romae. Migne. P. L. 27. 687.

[2]) Reiner v. Lüttich. Vita Everacli c. 2. Mon. Germ. SS. XX. 562.

[3]) Von diesem Anfang wird dieser Theil auch oft einfach durch *Barbarismus* bezeichnet, doch erst im spätern Mittelalter.

[1]) Cassiodor. De arte grammat. bei Putsche Grammat. lat. auctores p. 2321: Placet in medium Donatum deducere, qui et pueris specialiter aptus et tironibus probatur accommodatus. Ed. Garet II. 529. — Rudimenta artis grammaticae, id est Donati doctrinam, quam sicut alphabetum, initia videlicet elementorum in schola discunt pueruli. Hincmar. De una et trina Deitate. VIII. Migne. P. L. 125. 540.

Priscianus maior. Eine Schlußbemerkung, die sich in mehrern ältern Handschriften findet, besagt, daß Theodorus, ein Schüler Priscian's, in den Jahren 526—527 eine Abschrift davon gemacht habe. Ihm ist es wohl auch zu danken, daß die Handschriften des Priscian uns durchgängig einen guten Text, ohne Lücken oder Varianten von Bedeutung erhalten haben. Wahrscheinlich aus Mißverstand dieser Quelle erzählt Aldhelm [1]) und nach ihm viele Andere, der Kaiser Theodosius habe eigenhändig ein Exemplar dieses Werkes abgeschrieben, was nicht möglich ist, da Theodosius schon im Jahr 450 starb. Von der Verbreitung Priscian's im Mittelalter kann man sich einen Begriff bilden aus einer Berechnung seines Herausgebers Hertz, welcher die Gesammtzahl der in den Bibliotheken von Europa befindlichen Handschriften auf tausend schätzt. Und wie viele sind zu Grunde gegangen? Außerdem verfaßte Priscian noch einige kleinere grammatische Schriften, darunter einen Traktat über zwölf Verse aus Virgil, der in Frage und Antwort abgefaßt uns die damalige Schulpraxis zeigt; ferner eine ziemlich gelungene Uebersetzung der Periegesis des Dionysius aus dem Griechischen ins Lateinische und zwei trockene Lehrgedichte, eines über die Gewichte und Maaße, das andere ein Auszug aus den Phänomena des Aratus über die Sternbilder.

Weniger bedeutend sind mehrere Grammatiker dieser Zeit, die nur darum zu nennen sind, weil sie hauptsächlich im frühern Mittelalter öfters abgeschrieben und folglich auch beim Unterricht verwendet wurden. Noch vor Priscian gehört Flavius Sosipater Charisius und seine Institutionum grammaticarum ll. V. und Diomedes, fünf Bücher Artis grammaticae. Um dieselbe Zeit verfaßte Phocas seine Grammatik Ars de nomine et verbo, womit auch der Inhalt seines für den Unterricht bestimmten Compendiums angegeben ist. Eine ähnliche kleine Schrift ist Aspri grammatici ars, welche kurz die Buchstaben, Silben, Versfüße und acht Redetheile behandelt.

Als Wörterbuch besaßen die Römer ein vielbändiges, gelehrtes Sammelwerk von Verrius Flaccus: De verborum significatione. Der Verfasser war Erzieher der beiden Enkel des Augustus, einer der angesehensten Lehrer der Grammatik und Vorsteher der palatinischen Bibliothek. Auf ihn wird die Einführung von Schulprämien zurückgeführt. Gegen Anfang des vierten Jahrhunderts machte Sextus Pompejus Festus einen Auszug aus dem Werke des Flaccus, ebenfalls mit dem Titel De verborum significatione in zwanzig Büchern. Dieser Auszug in alphabetischer Ordnung wurde viel verbreiteter als das Original, von dem sich sonst nichts erhielt. Aber auch er ist uns nicht mehr erhalten, wenn gleich er zur Zeit Karl's des Großen noch existierte, wo dann ein gewisser Paulus, den man jetzt allgemein für Paulus Diakonus hält, ihn wieder in einen Auszug brachte und dem Kaiser überreichte. Aus demselben läßt sich erkennen, wie sehr wir den Verlust des Werkes des Flaccus zu bedauern haben, das einen reichen Schatz von Gelehrsamkeit aus den verschiedensten Gebieten der Literatur enthalten haben muß. Hieher gehört auch die im Mittelalter öfter gebrauchte Schrift des Fabius Planciades Fulgentius: Expositio sermonum antiquorum ad Chalcidium grammaticum, auch unter dem Titel Expositio de abstrusis sermonibus eine Erklärung seltener und ungebräuchlicher Worte.

Unächt sind die Synonyma Ciceronis, in Form eines Briefes an den Veterius von einem unbekannten alten Grammatiker verfaßt und für den ciceronischen Sprachgebrauch nicht unwichtig. Sie werden bereits von Isidor citiert und kommen öfter in den Handschriften des neunten und zehnten Jahrhunderts vor. Sie wurden auch schon 1482 gedruckt und seither öfter. Theilweise gingen sie auch in die mittelalterlichen Wörterbücher über. Eine ähnliche Schrift sind die Differentiae sermonum Ciceronis.

Lehrbücher der griechischen Sprache scheinen selten gewesen zu sein, da man dieselbe vielmehr auf praktischem Wege sich aneignete. Es ist überhaupt keine lateinisch-griechische Grammatik bekannt als das magere Compendium (Ars) des Magisters Dositheus, nach dessen eigener Angabe im Jahre 207 nach Christus geschrieben. Auch dieses scheint wenig verbreitet gewesen zu sein, denn es findet sich nur in einer einzigen Handschrift in St. Gallen. Damit ist erklärt, daß die griechische Sprache im Mittelalter sehr wenig bekannt war. Zwar liebte man es mit einzelnen zusammengelesenen Ausdrücken zu prunken; bei näherm Zusehen aber erkennt man bald, daß es damit gar nicht weit her ist. Nur wenige griechische Werke besaß man in lateinischer Uebersetzung und mußte somit den wichtigsten und vorzüglichsten Theil der alten Literatur als Bildungsmittel entbehren.

Bei den Deutschen knüpfen sich die Anfänge der lateinischen Grammatik an einen hochberühmten Namen. Kein geringerer als der hl. Bonifatius († 755) war es, der eine lateinische Sprachlehre (Ars) verfaßte. Doch geschah dies wohl, bevor er seine Missionsthätigkeit in Deutschland begann, vielleicht schon während seiner Lehrthätigkeit im Kloster Nhutscelle (Nutshalling oder Nursling in Southamptonshire). Darin werden in gewohnter Ordnung die acht Redetheile behandelt an der Hand von Donat und einigen älteren Grammatikern. Große Verbreitung hat das

[1]) De septenario et metris. Migne, P. l. 89, 237.

Büchlein trotz des erlauchten Namens seines Verfassers nicht gefunden. Erst Cardinal Mai hat dasselbe in einer Handschrift des neunten Jahrhunderts, die einst dem Kloster Lorsch gehörte, wieder aufgefunden und so einer fast tausendjährigen Vergessenheit entrissen. [1])

Das Wiedererwachen der Wissenschaften unter Karl dem Großen kam auch der Grammatik zu gut, und es war in der That nothwendig. Doch sind es nicht originelle Werke, welche entstehen, sondern man machte entweder Auszüge aus frühern Werken, oder Commentare und Glossen zu denselben. Alkuin schrieb aus ältern Vorlagen eine solche zusammen in Form eines Zwiegesprächs zwischen Lehrer und Schüler, hier ein fünfzehnjähriger Sachse und ein Franke von vierzehn Jahren. Den Lehrer befragen sie gemeinschaftlich bei schweren Dingen, welche an die Dialektik anstreifen. Das Ganze ist ein zum Auswendiglernen bestimmtes Compendium, das die elementaren Lehren der Grammatik nach den acht Redetheilen enthält. Die einzelnen Regeln sind durch klassische Beispiele, hauptsächlich aus Virgil, illustriert. Von dem Ansehen, das diese Grammatik schon im neunten Jahrhundert genoß, zeugt Notker von St. Gallen, der dieselbe allen andern weit vorzieht. [2])

Auch Petrus von Pisa, den Karl der Große an seinen Hof berief, um sich von ihm die Grammatik lehren zu lassen, stellte aus ältern Grammatikern Auszüge zusammen, wobei das Paradigma Honorificabilitudinitas ihm eigenthümlich angehören dürfte. [3]) Hier sei auch erwähnt, daß der heute in der Syntax so viel gebrauchte Terminus „regieren" regere, der in früheren Zeiten selten vorkommt, (Priscian braucht statt dessen construi, coniungi, exigere etc.), nun öfter in grammatischen Schriften des achten und neunten Jahrhunderts gebraucht wird. Consentius, ein Grammatiker des neunten Jahrhunderts, scheint diesen Ausdruck zuerst gebraucht zu haben.

Bischof Erchanbert von Freising (835—853) ist hier zu nennen als Verfasser eines Commentars zu Donat, welcher bereits gegen Ende des neunten oder zu Anfang des zehnten Jahrhunderts im Katalog der St. Galler Bibliothek aufgeführt wird. Sehr geschätzt war auch die lateinische Grammatik, welche der gelehrte Abt Smaragdus von Saint-Mihiel an der Maas (um 835) in Form eines Commentars zu Donatus schrieb. Die Beispiele hat er der heiligen Schrift und nicht Virgil oder Cicero entnommen, „damit der Leser im stande sei, zugleich den Geist der Grammatik und den Sinn der göttlichen Schriften aus einem Kelche zu schlürfen."

Im zehnten Jahrhundert schrieb Rather, Bischof von Verona, († 974) für den Unterricht eines reichen Schülers eine eigene Grammatik, die er „Rückenschoner" (Sparadorsum, weil sie dem Rücken des Schülers die Schläge ersparen sollte) nannte. Leider ist nichts von ihr übrig geblieben. Es wäre nicht ohne Interesse, den Inhalt dieses Buches zu kennen, da der Titel, welchen der Verfasser ihm beilegte, zu der Vermuthung berechtigt, daß er im Gegensatz zur gewöhnlichen Lehrmethode, die im Erlernen von zusammenhangslosen Worten, Regeln und Redensarten bestand, den Unterrichtsstoff seinem Schüler besser zurechtgelegt hat.

Eine Anleitung zum Lesen oder eigentlich zum richtigen Betonen (De arte lectoria) schrieb im Jahre 1086 Aimaricus aus der Gegend von Angoulême. Die Fehler, die oft beim Lesen, auch in der Kirche, gegen die Quantität vorkamen, gaben Anlaß zu Aergerniß. (Unde et in loco sancto Deus inhonoratur et iratus frater simplex turbatur.) Er schreibt theils in Prosa, theils in Versen und theilt zahlreiche poetische Beispiele mit.

Daß daneben Donat nicht vergessen wurde, ersieht man aus der Uebersetzung desselben in die preußische Sprache, welche Wilhelm, Bischof von Modena, der als päpstlicher Legat von 1225—1242 häufig in den nordischen Gegenden verweilte, verfaßt haben soll. [1]) Ja Papst Honorius III. (1216—1227) setzte einen Bischof ab, welcher den Donat nicht gelesen hatte. [2]) Dante versetzte ihn

Che alla prim' arte degnò poner mano

sogar in den Himmel, neben Albert den Großen, Thomas von Aquin und Gratian.

Neben diesen alten treten nun aber im zwölften und dreizehnten Jahrhundert neue Namen auf, die jene theilweise verdunkeln. Um 1150 lehrte in Paris Petrus Elias. Er schrieb eine grammatikalische „Summe" in Form eines Commentars zu Priscian, den er in scholastischer Weise erklärt, wie die Dialektiker den Aristoteles, ohne auf den Sprachgebrauch der Klassiker

[1]) Classicorum auctt. e Vatican. codd. T. VII, 475—508 Ars domini Bonifacii archiepiscopi et martyris.

[2]) Illa talem grammaticam edidit, ut Donatus Nicomachus Dositheus et noster Priscianus . . . nihil esse videantur. Dümmler, Formelbuch Salomon's 71.

[3]) Hagen, Anecdota helvetica 104.

[1]) Alberici Trium Fontium Chron. anno 1228. Mon. Germ. SS. XXIII. 921.

[2]) Deposuit episcopum qui Donatum non legerat. Chronica Johannis de Deo. N. Archiv für ält. d. Geschichte IV, 330. Vgl. Decretal. Greg. IX. lib. X. Tit. XIV. c. XV. — Potthast, Regesta Pontif. 6753.

je Rücksicht zu nehmen. Außerdem verfaßte er einen Abriß der lateinischen Grammatik in Hexametern (gedruckt 1499 in Straßburg) und ein verschollenes Wörterbuch über seltene und ungebräuchliche Wörter.

Dasjenige Lehrbuch aber, das bald alle ältern, nur Donat und Priscian ausgenommen, überflügeln und die Schulen des spätern Mittelalters beherrschen sollte, war das Doctrinale puerorum des Magister Alexander zubenannt Gallus.

Ueber den Verfasser ist nur soviel mit Sicherheit bekannt, daß er um das Jahr 1200 lebte und von Ville-Dieu-les-Poeles in der Normandie, circa vier Stunden nordwestlich von Avranches gebürtig war;[1]) seines Berufes war er Cleriker und Lehrer der Grammatik. Daß er Franziskaner (Ordinis Minorum) gewesen sei, beruht auf einer Angabe des unzuverlässigen Trittheim. Seine Grammatik verfaßte er nach einigen Autoren schon 1199.

Das Ganze besteht aus 2454 Versen, die öfter gereimt sind. Der Verfasser vertheilte sie in zwölf Theile, deren Inhalt er im Prolog angibt; später fand man es praktischer, drei oder vier Theile zu machen, von denen der erste die Etymologie, der zweite die Syntax (de regimine), der dritte und vierte die Lehre von der Prosodie und den Figuren behandeln. Der letzte Theil von den Figuren ist fast wörtlich aus Donat übertragen. Sonst benutzte er keinen alten Grammatiker, namentlich den Priscian nicht, welchen er nie citiert und überhaupt nicht gekannt zu haben scheint. Folgendes sind die ersten Verse des Prologs:

> Scribere clericulis paro doctrinale novellis,
> Pluraque doctorum sociabo scripta meorum.

Die leichtern und einfachen Gegenstände der Grammatik berührt es gar nicht, sondern vorzüglich die Ausnahmen und die schwierigen Regeln, die im Gedächtniß nicht so leicht haften bleiben. Erklärungen fügt es keine hinzu, Beispiele sehr selten. Es scheint in mancher Beziehung mehr ein Vokabular, als eine Grammatik zu sein. Sieht man auf den Erfolg dieses Werkes, so kann man es füglich den Aristoteles der Grammatik nennen, da es vom dreizehnten bis zum sechzehnten Jahrhundert fast in allen Schulen Europa's das höchste Ansehen besaß, von den Universitäten offiziell vorgeschrieben, von den Theologen und Juristen gleich einem Gesetzbuche verehrt und durch unzählige Commentare erläutert wurde. Man zählt nach der Erfindung der Buchdruckerkunst über hundert Ausgaben dieses Werkes; vor mir liegt eine Brixener Ausgabe mit der Jahrzahl 1568.

[1]) Nach andern Nachrichten war er aus Dol in der Bretagne und heißt daher Dolensis.

Erst nach Ueberwindung eines hartnäckigen Widerstandes gelang es den Humanisten, das geist- und werthlose, aber qualvolle Buch zu beseitigen. Die Schüler rächten sich an demselben durch allerlei Parodien, die dem Doctrinale nachgebildet sind. Ein Bettellied, das beginnt: Scribere clericulis, hat Feifalik herausgegeben.[1]) Cardinal Bessarion soll sich zu Tode gegrämt haben, als König Ludwig XI. ihm wegen eines Verstoßes gegen die Etikette aus dem Gedächtniß den Vers des Doctrinale recitierte:

> Barbara, Græca, genus retinent, quod habere solebant.

Mit Alexander wetteiferte sein Zeitgenosse Ebrard von Bethune, der Verfasser des Græcismus, einer lateinischen Grammatik in 2200 Versen. Durch den Titel darf man sich nicht täuschen lassen; nur ein kleiner Theil handelt von den griechischen Wörtern, aber auf solche Weise, daß man bald sieht, der Verfasser verstand diese Sprache gar nicht. Auch er handelt über die Redetheile, die Tropen, Prosodie und Aehnliches, befaßt sich aber hauptsächlich mit Worterklärungen, so daß man sein Werk ebensowohl ein Lexikon, wie eine Grammatik nennen könnte. Bis ins fünfzehnte Jahrhundert war auch dieses Buch viel gebraucht, wie sich aus den mehrfachen gedruckten Ausgaben ergibt. Luther verwünscht es als eines von den „tollen, unnützen und schädlichen Mönchsbüchern, so von dem Teufel eingeführt."

Ein würdiger Genosse der beiden Vorhergehenden ist Johannes von Garlandia, der am meisten prosaische von allen Versemachern, unter den schlechten Dichtern des dreizehnten Jahrhunderts der dunkelste und uncorrecteste. Dennoch genossen seine Werke eines großen Rufes; auch sie wurden viel commentiert und noch im fünfzehnten Jahrhundert durch den Druck verbreitet.

Im Jahre 1317 verfaßte der Hildesheimer Canonicus Magister Ludolf von Luchow eine gereimte Syntax, die beginnt

> Flores grammaticæ propono scribere.

Sie erhielt daher den Namen Florista und scheint von Deutschland aus in den Niederlanden und nach Frankreich hinein ziemliche Verbreitung gefunden zu haben.

Bereits im vierzehnten Jahrhundert beginnen die Humanisten, zuerst in Italien, sich wieder dem Studium des klassischen Alterthums zuzuwenden und dadurch zur Scholastik mehrfach in Gegensatz zu treten. Es dauerte aber lange, bis in der lateinischen Grammatik der bessere Geschmack Anerkennung fand. Großes Verdienst hiefür erwarb sich Nicolaus Perotti, Erzbischof von Siponto (lebte von 1430–1480), der eine zweckmäßigere Schul-

[1]) Sitzgsber. d. W. Ak. Phil.-Hist.-Cl. (1861) 36, 183.

grammatik unter dem Titel Rudimenta grammatica schrieb. Sie wurde bekannt unter dem Titel Regulæ Sipontinæ und erhielt große Verbreitung.

Bernhard Perger von Stanz in der Schweiz († um 1502), Rektor der Wiener Universität, war der erste in Deutschland, welcher die Fortschritte der italienischen Humanisten in der lateinischen Grammatik beachtete und sie in einer lateinischen Sprachlehre verwerthete. In seiner Grammatica nova sind die Regulæ Sipontinæ mit aufgenommen; sonst lehnt er sich noch ziemlich genau an das System Priscian's an.

Auf den Perottus als einen würdigen Vorgänger beruft sich auch Johannes Despauterius (von Pauteren) aus der Brüderschaft des gemeinsamen Lebens der zu Nyssel und Herzogenbusch lehrte († um 1520). Seine grammatischen Arbeiten wurden lange und viel gebraucht. Im Jahre 1514 verordnete selbst eine Synode zu Mecheln, daß seine Grammatik, anstatt des schwierigen Doctrinale beim Unterrichte der Knaben einzuführen sei.

Gehen wir von der Grammatik zu den Wörterbüchern über, oder wie man früher sagte, Glossarien, weil sie aus Glossen zusammengesetzt wurden, die man später alphabetisch ordnete. Es sind zunächst zwei Arten derselben zu unterscheiden, specielle, ganz kurze, welche die schwierigern Wörter einer einzelnen Schrift enthalten, wobei die Zeitwörter im verbum finitum stehen, die Anordnung nicht immer alphabetisch ist, und allgemeine, welche sich auf kein bestimmtes Buch beschränken, aber nach den damaligen Verhältnissen besonders den Wortschatz der lateinischen Bibel berücksichtigen. In ziemlicher Anzahl haben sich solche Wortsammlungen mit oder ohne deutsche Glossen erhalten, sei es vollständig oder nur in einzelnen Fragmenten. Eine der ältesten Sammlungen, sechs Vocabulare in alphabetischer Ordnung, jedesmal von vorn anfangend, enthält eine St. Galler Handschrift des achten Jahrhunderts. Neben den zu erklärenden Worten steht rechts in einer Columne die Erklärung. Die Wörter stehen in der Form, welche sie im Autor haben, (in forma finita), so daß dies das älteste Specialwörterbuch sein dürfte. Oft sind Redensarten von drei bis vier Worten erklärt. Ein alphabetisch geordnetes Glossar aus dem achten oder neunten Jahrhundert aus der Reichenauer Bibliothek besitzt jetzt Karlsruhe. Aus dem siebenten und achten Jahrhundert stammen Bruchstücke eines Glossariums, die Buchstaben A—E enthaltend, das dem Ansileubus zugeschrieben wird, einer sonst nicht näher bekannten Persönlichkeit. Sein Werk war aber mehr als ein bloßes Wörterbuch, es bildete eine umfangreiche Encyclopädie, die daher auch keine weite Verbreitung finden konnte. Nähere Untersuchungen über den Inhalt und die Quellen dieses Werkes fehlen noch.

Große Verbreitung besaß das Glossarium Salomonis, so genannt von dem Bischof Salomon III. von Constanz († 919). Es ist eine umfangreiche Real-Encyclopädie in alphabetischer Ordnung, die Auszüge aus zahlreichen Autoren enthält und noch mehrfach in Handschriften vorhanden ist. Im zehnten Jahrhundert stand das Werk ohne Zweifel auf der Höhe der Bildung als eine umfassende Sammlung des gesammten Wissens dieser Zeit. Seine Einrichtung machte es bequem zum Nachschlagen und der Inhalt konnte eine Menge anderer Bücher entbehrlich machen. Im Kloster St. Ulrich bei Augsburg ließ Abt Heinrich von Mayisch (1172—1178) dieses Buch abschreiben und noch um das Jahr 1470 ging eine gedruckte Ausgabe aus der Presse dieses Klosters hervor. Von dem Exemplar, welches Abt Wernher II. von Einsiedeln (1173—1192) prachtvoll abschreiben ließ, ist heute nur noch die erste Hälfte (A—M) im Codex 293 erhalten. Dasselbe ist ganz lateinisch, wie alle älteren Abschriften. Erst in späterer Zeit wurden, wohl um Anfängern den Gebrauch des schwerfälligen Buches zu erleichtern, hie und da deutsche Glossen zur Erklärung an den Rand geschrieben. Aehnliche Wörterbücher, die aber im einzelnen vielfach abweichen, finden sich noch in vielen Exemplaren, einige davon sind auch mit deutschen Glossen versehen. Dieses Werk blieb bis zum Ende des Mittelalters im Gebrauch, wobei die deutschen Glossen unverändert mit abgeschrieben wurden. Deutsch-lateinische Lexiken kannte jene Zeit nicht und vor dem fünfzehnten Jahrhundert dürften solche wohl nicht vorkommen.

Die nothwendige Copia verborum mußte sich daher der Anfänger weniger aus dem Lexikon, als vielmehr im mündlichen Unterrichte des Lehrers anzueignen suchen.

Es gab daneben auch ein Hilfsmittel eigener Art, Vocabularien in poetischer Form aber von höchst prosaischem Inhalt. So der Vocabularius avium, beginnend:

> Hic volucres cœli
> referam sermone fideli.

Anderswo finden sich die Namen von Kräutern und Arzneien, die Namen der Bäume oder Fische, ebenfalls in Reime gebracht, z. B.

> Ecce stilo digna ponam campestria ligna.

Es folgt eine Aufzählung der Bäume, wobei die deutschen Namen zwischen die Zeilen gesetzt sind.

Aelfric, Erzbischof von Canterbury († 1016), schrieb ein Glossarium, worin die lateinischen Wörter nicht nach dem

Alphabet, sondern nach dem Inhalt geordnet und durch die entsprechenden angelsächsischen erklärt sind.

Alle andern Wörterbücher übertraf aber der Lombarde **Papias** mit seinem Elementarium doctrinae erudimentum das er im Jahre 1053 herausgab. Voran geht denselben ein kurzer Abriß der Grammatik. Er ist ein belesener, äußerst frommer Sprachgelehrter, der seine Leser bittet, sie möchten für ihn beten, damit er in den Himmel komme. Er widmet das Werk seinen Söhnen und sagt, daß er zehn Jahre an demselben gearbeitet habe. Er hat auch viel Grammatikalisches aufgenommen aus Priscian, Isidor und Remigius von Auxerre. Bei dem damaligen Stande der Literatur und Kritik konnte dieser erste Versuch eines vollständigen Lexikons nur mangelhaft ausfallen; dennoch fand das Werk große Verbreitung; es verdrängte die zahlreichen kleineren Glossarien, deren man sich bis dahin bedient hatte und diente den späteren Lexikographen Hugutius und Johannes de Janua zur Grundlage. Im fünfzehnten Jahrhundert wurde das Werk des Papias zuerst 1476 in Mailand und dann wiederholt in Venedig gedruckt.

Im zwölften Jahrhundert stellte der Mönch Osborn von Glocester in seiner Panormia einen Wörterschatz zusammen, der noch heute durch seinen Reichthum Staunen erregt.

Hugutio, oder Ugguccione von Pisa lebte nach dem Chronicon Nonantulanum um 1192 und starb als Bischof von Ferrara um 1212. Zu seinem Vocabularium seu magnae derivationes benutzte er Papias als Grundlage und Vorbild. Es ist das größte Wörterbuch des Mittelalters, übrigens nie gedruckt worden, und scheint auch sonst nicht stark verbreitet zu sein. Einen Auszug daraus, Hugutio abbreviatus aus dem dreizehnten Jahrhundert besitzt die Bibliothek von Laon. Hugutio wurde bald verdrängt durch ein anderes Werk, dem er selber wieder als Muster und Grundlage gedient, das **Catholicon des Johannes de Balbis von Genua**, eines Predigermönches. Als Jahr der Abfassung gibt er in der Vorrede 1286 an. Es ist eines der ersten Bücher, die gedruckt wurden, indem es schon 1460 aus Gutenberg's Presse selbst heraus kam. In den Jahren zwischen 1460 und 1520 erschienen noch achtundzwanzig andere Ausgaben.

Ein Wörterbuch speciell für die Medicin schrieb 1297 Mathäus Silvatius unter dem Titel Pandectae Medicinae. Andere behandelten nur die biblischen Wörter, wie das Glossarium des Gulielmus Brito († 1356) oder der **Mammotrectus** des Marchesini aus Reggio (um 1300). Letzterer ist noch besonders beachtenswerth als das erste in der Schweiz (1470 in Beromünster) gedruckte Buch.[1]) — Eine Reihe kleinerer Wörterbücher aus dem vierzehnten und fünfzehnten Jahrhundert wie der Vocabularius Theutonicus, Vocabularius optimus, Gemma gemmarum, Lucidarius, Summarium Heinrici haben für ihre Zeit Werth und Bedeutung gehabt; heute sind sie längst vergessen.

Der Grammatiker brachte aber dem Knaben nicht blos die Elemente der Sprachlehre bei; seine Aufgabe war eine viel höhere, die ganze wissenschaftliche Beschäftigung mit der Sprache überhaupt; dazu gehörte nun insbesondere die Lektüre, Erklärung und Kritik der klassischen Schriftwerke, also die humanistischen Studien bis zur Rhetorik. Den Anfang pflegte man hiebei mit den äsopischen Fabeln zu machen, worüber sich noch Luther mit Befriedigung äußert: „Es ist eine sonderliche Gnade Gottes, daß des Catonis Büchlein und die Fabeln Esopi in den Schulen sind erhalten worden, denn es sind beyde nutzliche und herrliche Büchlin.“ Man hatte verschiedene Bearbeitungen. Schon bei den Römern las man die Fabeln des **Phädrus**, fünf Bücher in wohlgebauten jambischen Senaren. Im Beginne des fünften Jahrhunderts etwa wurden dieselben verdrängt durch die Sammlung des **Avianus**, welche von da an bis ins sechzehnte Jahrhundert in den Schulen herrschend blieb. Vom Verfasser weiß man nichts. Seine Sammlung, wohl zunächst für das Bedürfniß der Schule und des Unterrichts berechnet, enthält zweiundvierzig äsopische Fabeln in elegischem Versmaß, die aber in bezug auf Sprache und Behandlung weit hinter Phädrus zurückstehen. Dennoch wurden sie viel gebraucht und auch mehrfach umgearbeitet.

Von den Dichtern war es besonders **Virgil**, welcher durch das ganze Mittelalter in den Schulen sich erhielt und weitaus am häufigsten von allen klassischen Auktoren gelesen, commentiert und citiert wurde. Diese Stellung hatte der Dichter schon in den römischen Schulen eingenommen, und daß er dieselbe auch in den christlichen zu behaupten vermochte, hatte er seiner vierten Ekloge zu verdanken, die als eine Weissagung auf das Christenthum gedeutet wurde.[2]) Man erzählte sich, daß der Apostel Paulus in Neapel das Grab Virgil's besucht habe, und als er das Buch der Eklogen öffnete und die vierte davon las, fing

[1]) Nach andern wäre ein gewisser Mamotrectus, Lector zu Erfurt und Zeitgenosse Ludwig's des Bayers der Verfasser.

[2]) Der hl. Hieronymus verspottet eine solche Deutung: Puerilia sunt haec et circulatorum ludo similia. Ep. 53 ed. Vallarsi. Ad Paulinum de studio Scripturarum. Ed. Migne P. lat. 22. 545.

er an zu weinen. Eine Sequenz, welche lange in der Cathedrale zu Mantua gesungen wurde, nahm hierauf Bezug mit den Worten:

Ad Maronis mausoleum
Ductus fudit super eum
Piae rorem lacrimae.
Quem te, inquit, reddidissem
Si te vivum invenissem
Poetarum maxime.

Im spätern Mittelalter bildete Virgil den Gegenstand eines eigenen Sagenkreises. Bereits Alexander Neckam in seinem Buche De naturis rerum berichtet allerlei Fabelhaftes über ihn, was dann Walter Burley weiter ausspann. Es dürfte genügen, noch auf die hohe Stellung hinzuweisen, die Dante unserm Dichter anwies.

Nach Virgil ist Lucan schon in den römischen Schulen häufig gelesen worden, daher im dritten und vierten Jahrhundert zahlreiche Commentare über ihn geschrieben wurden. Er wurde besonders im frühern Mittelalter viel gelesen und im dreizehnten Jahrhundert fing man in Frankreich an, ihn in die romanische Sprache zu übersetzen.

Horatius wurde schon zur Zeit Quintilian's in den Schulen gelesen und erklärt. Auffallend aber ist, daß Alkuin trotz des Namens Flaccus wenig von diesem Dichter erwähnt. Unter den Büchern in York wird er nicht genannt, und die noch vorhandenen Handschriften sind aus dem neunten und öfter noch zehnten Jahrhundert. Was Alkuin von Horaz anführt, sind sparsame Reminiscenzen, die sich aber doch über alle Dichtungsarten des Horaz erstrecken. Im späteren Mittelalter gehörte er zu den verbreitetsten Schriftstellern, und es sind von ihm mehr als zweihundert Handschriften vorhanden. Doch scheint es, daß die Satyren vor den künstlicheren Versmaßen der Oden bevorzugt wurden.

Ovid scheint in der spätrömischen Zeit seltener gelesen worden zu sein; seit Karl's des Großen Zeit fand er aber mehr Anklang und namentlich seine Metamorphosen gab man auch den Schulknaben in die Hände.

Ein im Mittelalter vielgelesenes Gedicht war die Thebais des Statius. Sie findet sich in mehr als siebenzig Handschriften, dagegen ein anderes Gedicht von ihm, die Achilleis nur in wenigen. Dante läßt ihn im Fegfeuer auftreten:

Cantai di Tebe, e poi del grande Achille:
Ma caddi 'n via con la seconda soma.

Das Letztere bezieht sich darauf, daß die Achilleis nicht vollendet ist.

Die Gedichte über den trojanischen Krieg wurden im Mittelalter gerne gelesen und auch nachgeahmt. Bei der Unkenntniß des Griechischen hielt man sich an einen dürftigen Auszug aus der Ilias, der in der Regel gemeint ist, wenn im Mittelalter von Homer die Rede ist. Dieses Gedicht wurde einem gewissen Pindarus Thebanus zugeschrieben und erhielt daher auch den Namen Pseudo-Pindar. Es enthält 1075 Verse, von denen viele wörtlich aus Ovid und Virgil entnommen sind, und ist im übrigen eines der formell besten Produkte des silbernen Zeitalters, vielleicht eine Schulübung aus der Mitte des ersten Jahrhunderts, wie man aus der Sprache schließt. Denn sonst fehlen uns alle Nachrichten über dieses Gedicht bis in die Mitte des neunten Jahrhunderts, wo es von Ermenrich von Ellwangen zuerst erwähnt wird. Dann citiert dasselbe der Dichter der Gesta Berengarii um 920 und im elften Jahrhundert Bonizo unter dem Namen Pindarus seu Homerus. Von da an war das Gedicht eine äußerst beliebte Lektüre; Zeugen dafür sind die Masse von Varianten, beinahe zu jedem Verse, zahlreiche schulmeisterliche Glossen und endlich eine Menge von Ausgaben im ersten Jahrhundert der Buchdruckerkunst. Dennoch sind die Handschriften eben nicht häufig; sie waren allzusehr dem Verderben ausgesetzt, dem gewöhnlichen Loose der Schulbücher. Die älteste Handschrift, in Erfurt, stammt aus dem elften Jahrhundert.

Eine andere prosaische Beschreibung des trojanischen Krieges verfaßte ein vorgeblicher Dictys von Creta, der als Augenzeuge denselben in sechs Büchern geschildert haben soll, die dann L. Septimus im vierten Jahrhundert ins Lateinische übertragen hätte. Es läßt sich aber nicht nachweisen, daß ein griechisches Original je existiert hat. Eine ähnliche Schrift, aber aus noch späterer Zeit, etwa dem fünften oder sechsten Jahrhundert angehörend, ist die Historia excidii Troiae von Dares aus Phrygien mit einem an Sallust gerichteten lateinischen Prolog des angeblichen Uebersetzers Cornelius Nepos. Dares und Dictys waren es hauptsächlich, aus denen man im Mittelalter die Sage vom trojanischen Kriege schöpfte.

Gleichfalls unter fremdem Namen cursierte im Mittelalter eine vielgelesene Spruchsammlung, die sogenannten Disticha Catonis. Cato hat wirklich ein Gedicht de moribus geschrieben, welches aber einen ganz andern Inhalt hatte. Es dürfte die Entstehung dieser Sammlung, welche gewöhnlich in vier Bücher abgeteilt wird, in das vierte Jahrhundert nach Christus fallen. Den Inhalt bilden moralische Lehren und Sittensprüche, wie sie zur Belehrung der Jugend sich eigneten, und auch der Gesinnung und sittlichen Strenge des letzten Römers entsprechen mögen. Inhaltlich sind sie meist ältern Schriftstellern entnommen und in einfacher Sprache wiedergegeben, so daß sie als Lehrbuch für die Jugend wohl paßten. Ob einige Anspielungen auf das alte Testament, die man darin finden will, auf einen christlichen Verfasser hinweisen, wage ich nicht zu entscheiden. Die älteste Handschrift im neunten Jahrhundert, wahrscheinlich in St. Gallen geschrieben, enthält alte Scholien. Seit jener Zeit ist das Buch in den Schulen und Bibliotheken der Klöster häufig, und wurde wegen seines ethischen Gehaltes ins Griechische und in die modernen Sprachen, Französisch, Böhmisch, Angelsächsisch und Deutsch übersetzt.

Mit dieser Sammlung dem Gegenstande nach verwandt und ebenfalls zum Unterrichte nach Form und Inhalt trefflich geeignet ist die Spruchsammlung des Publilius Syrus, hexametrische Sentenzen, die aus verschiedenen Dichtern gezogen und nach den Buchstaben des Alphabets geordnet sind.

Von den dramatischen Dichtern wurde Terenz ungemein häufig abgeschrieben und folglich auch gelesen. Namentlich zur Zeit der Karolinger ward Terenz ein eifriges Studium und selbst kritische Sorgfalt zu theil. Eine Recension desselben aus dem neunten Jahrhundert, die in mehreren Handschriften vorhanden ist, nennt als Urheber einen Calliopius, der auch das Prädicat scholasticus erhält; neben ihm nennt eine Handschrift als Schreiber Hrodgarius. Wer war dieser gelehrte (scholasticus) Textkritiker, der zur Zeit Karl's des Großen lebte? Wir kennen keinen, der zu einer solchen Aufgabe besser taugte, als Alkuin, und die Vermuthung erhält Wahrscheinlichkeit dadurch, daß dieser wirklich einmal in der Ueberschrift eines seiner Werke Caliopus genannt wird.

Von den römischen Prosaikern ist keiner im Mittelalter mehr abgeschrieben, gelesen und nachgeahmt worden als Sallust. Besonders hat ihn der Reimser Geschichtschreiber des zehnten Jahrhunderts, Richer, stark ausgebeutet, nicht immer auf glückliche und geschickte Art. Er läßt die von ihm geschilderten Persönlichkeiten Reden nach Weise der alten Römer halten, und Otto II. legt er einmal die gleichen Ausdrücke in den Mund, mit denen Catilina seine Gesellen haranguiert. Daneben las man Sueton und Livius. Daß dieser letztere nicht ganz erhalten blieb, ist nicht die Schuld des Mittelalters; schon in spätrömischer Zeit waren viele Bücher nicht mehr vorhanden, wozu die kürzere Epitome des Florus beigetragen haben mag.

Von Cicero wurden einzelne Schriften häufig abgeschrieben, während man andere vernachlässigte und zu Grunde gehen ließ. Die drei Bücher von den Pflichten fanden nicht nur in den spätern Zeiten Rom's, sondern auch in den folgenden Jahrhunderten des Mittelalters viele Bewunderer. Der hl. Ambrosius († 397) nahm sie zum Vorbild für sein christliches Pflichtenbuch, und Beda machte Excerpte daraus. Herbord, Scholasticus im Kloster Michelsberg bei Bamberg († 1168) schreibt in seinem Leben des hl. Otto von Bamberg ganze Kapitel daraus ab. Ueber dreißig alte, gute Handschriften sind davon vorhanden. Der Cistercienserabt Aelred von Rieval in Yorkshire, geb. 1109, gestorben 1166, schrieb ein Gespräch in drei Büchern „Von der geistlichen Freundschaft" in ciceronianischer Art. Die Veranlassung erzählt er im Prolog: Als Knabe habe er in der Schule einst Cicero's Büchlein über die Freundschaft gelesen. Als Mönch wolle er nun ein ähnliches in christlichem Sinne verfassen. Noch im Jahre 1414 fertigte der Franziskaner Simon Libben eine Abschrift von Cicero „De senectute" mit Interlinear- und Randnoten, die sich noch in der königlichen Bibliothek zu Dresden befindet. Dagegen waren Cicero's Reden und Briefe selten, so daß um das Jahr 1350 Petrarca die größte Mühe hatte, Exemplare zum Abschreiben zu finden.

Sehr beliebt war Seneca aus einem ähnlichen Grunde wie Virgil; man glaubte, er sei Christ gewesen und mit dem Apostel Paulus in Briefwechsel gestanden; doch sind die noch vorhandenen Briefe natürlich apocryph. Hieronymus führte ihn übrigens unter den kirchlichen Schriftstellern auf, und Otto von Freising erwähnt ihn mit großer Achtung in seiner Chronik.

Tacitus, der schon bei den spätern römischen Schriftstellern auffallend wenig citiert ist, war im Mittelalter fast ganz vergessen. Ausdrücklich wird er angeführt in den Annalen des Klosters Fulda zum Jahre 852. Seiner Germania hat Rudolph von Fulda seine Schilderung der heidnischen Sachsen entlehnt. Tacitus ward also im neunten Jahrhundert in Fulda gelesen, und es war vielleicht die gleiche Handschrift, welche unter Papst Leo X. aus Korvey nach Rom und nach seinem Tode 1521 in die Mediceische Bibliothek zu Florenz kam. Sie ist noch jetzt unsere einzige Quelle für die fünf ersten Bücher der Annalen. Eine Anspielung auf eine bekannte Stelle der Germania steht bei Guibert von Nogent: Modernum hoc saeculum corrumpitur et corrumpit.

Viel wurde im kriegerischen neunten Jahrhundert das Werk des Vegetius De re militari gelesen. Bischof Frechulph sandte ein Exemplar davon, das er möglichst correct zu machen gesucht hatte, an einen König, wohl Karl den Kahlen; dasselbe übersendet der Schotte Sedulius nebst einem Gedichte im Namen Hartgar's an den Grafen Eberhard von Friaul. Einen Auszug aus Vegetius, für König Lothar bestimmt, hat Hrabanus Maurus seinem Werke De anima angehängt, „wegen der häufigen Einfälle der Barbaren."

Ein seltenes Schulbuch nennt uns Bischof Hinkmar von Reims († 882), der von sich selbst sagt, er habe als Schulknabe das Jagdgedicht des Carthagers Aurelius gelernt.[1])

Cäsar's Commentarien scheinen weniger in den Schulen gelesen, als hie und da von einzelnen Gelehrten studiert worden zu sein. Sein Bellum Gallicum wird in den Gesta Trevirorum angeführt und zahlreiche Stellen wörtlich daraus abgeschrieben.

Gehen wir nun zu den christlichen Dichtern über, welche durch das ganze Mittelalter hindurch neben den genannten heidnischen Schriftstellern gelesen wurden. So lange das Heidenthum eine geistige Macht war, stand auch die schöne Literatur in seinem Dienste, und das Christenthum hat nie aufgehört, diese Einwirkung zu bekämpfen. Als Constantin dem Christenthum zum Siege verholfen, suchte man der klassischen Literatur eine christliche entgegenzustellen. Noch unter Constantin circa 330 lebte der spanische Priester Juvencus, der in vier Büchern eine Historia Evangelica in heroischem Versmaß schrieb, ein christliches Epos ohne alle poetische Erfindung, in dem der Dichter einfach im engen Anschluß an das Evangelium das Leben Jesu besingt. Doch empfiehlt sich das Werk durch seine verhältnißmäßig reine Sprache und die fließende, gefällige Diction. Für die Verbreitung desselben in den Schulen spricht die namhafte Zahl der noch vorhandenen Handschriften mit Glossen in lateinischer und althochdeutscher Sprache.

Ungleich berühmter und gelesener war sein Landsmann Aurelius Prudentius Clemens. Er lebte um das Jahr 400 in Spanien und dichtete eine große Anzahl religiöser Lieder, die entweder eine erbauliche Tendenz verfolgen oder eine polemisch-apologetische gegen die Häretiker und Heiden. Während Juvencus noch ganz in der heidnischen Bildung und Ruhmbegierde versunken ist, hat Prudentius einen entschieden ausgeprägten christlichen Charakter. Mehrere seiner Hymnen wurden in das kirchliche Officium aufgenommen und werden noch heute gesungen. Seine zahlreichen Schöpfungen sind ebenso mannigfaltig in den äußern Formen der Versmaße, wie im Stoffe. Mit poetischem Schwunge und einfach natürlicher Darstellung verbindet er eine Originalität der Erfindung, wie sie sonst seiner unselbständigen Zeit gänzlich abgeht. Steht auch seine Sprache wegen des christlichen Stoffes vor der klassischen erheblich zurück, so entschädigt dafür die Tiefe und Wärme seiner christlichen Gesinnung und einzelne schöne Stellen, in denen er Virgil gleichkommt. Sidonius Apollinaris vergleicht ihn mit Horaz, und vom siebenten Jahrhundert an ward er in den Schulen gelesen und ebenso häufig citiert, erklärt und glossiert, wie die besten römischen Dichter. Prudentissimus Prudentius nennt ihn Notker Balbulus. Raumer[1]) zählt einundzwanzig Handschriften auf mit althochdeutschen Glossen, während er von römischen Klassikern zusammen in allem nur elf mit Glossen aufführen kann. Dies läßt uns die Einwirkung errathen, welche unser Dichter beim Unterrichte, zu welchem vorzüglich solche glossierte Handschriften dienten, ausüben mußte

Um das Jahr 430 pflegt man Cölius Sedulius anzusetzen, über dessen Leben wir wenig Sicheres wissen. Sein berühmtes Osterlied ist eine versificierte Bearbeitung der heiligen Geschichte alten und neuen Testamentes und konnte somit dem doppelten Zwecke dienen, zugleich humanistisches Lesebuch der Klosterschulen und Lehrbuch der biblischen Geschichte zu sein. Diese Verwendung hat das Gedicht thatsächlich gefunden; daraus erklären sich die ungemein vielen Handschriften desselben, die über alle christlichen Länder verbreitet sind und von Glossen sozusagen strotzen. Schon im frühesten Mittelalter wurde Sedulius hochgeschätzt von Venantius Fortunatus, Aldhelm, Beda; ihn nahm sich der merowingische König Chilperich zum Muster für seine hinkenden Verse. Er hat auch dem Mittelalter zum Vorbild gedient für allerlei Verskünsteleien wie z. B. in seinem Hymnus „A solis ortus cardine" von dreiundzwanzig Strophen, deren Anfangsbuchstaben der Reihenfolge des Alphabets entsprechen. Uebrigens hatte schon der heilige Augustin einen ähnlichen Psalm gedichtet im Jahre 393, und das Vorbild dazu fand sich in den alphabetischen Psalmen der hebräischen Bibel. Eine andere Spielerei ist die Elegia des Sedulius, mit Beziehung auf den Inhalt Collatio veteris et novi testamenti; sie besteht aus fünfundfünfzig Distichen, wo jedesmal der Anfang des Hexameters als zweite Hälfte des Pentameters wiederholt wird, was man Epanalepsis nennt oder auch Ophites, Schlangengedicht, das sich hin- und herwindet.

Sein Osterlied übertrug Sedulius später selbst in Prosa und nannte dies Opus paschale. Demselben ertheilt Papst Gelasius in seinem Decret über die Bücher, welche anzunehmen oder zu verwerfen seien, ein ausgezeichnetes Lob. Welchen Werth man ihm für die Schule beilegte, ersieht man aus dem Beinamen scholasticissimus, der ihm im achten Jahrhundert gegeben wird.[2])

[1]) Auditu et lectione puer scholarius in libro qui inscribitur Cynegeticon Carthaginiensis Aurelii didici. Ad Hincmarum Laudunensem episcopum c. 20. Migne Patrol. lat. 126. 383.

[1]) Die Einwirkung des Christenthums auf die althochdeutsche Sprache. S. 104.

[2]) Gesta Abbat. Fontanell. c. 13. MG. SS. II. 287. 7. 37.

Mit dem gleichen Beinamen wird noch öfter ein anderer Dichter des angehenden Mittelalters bezeichnet, Venantius Fortunatus.[1]) Er war im Gebiete von Venedig geboren und machte seine rhetorisch- juridischen Studien in Ravenna. Noch in jungen Jahren machte er eine Wallfahrt zum Grabe des heiligen Martin in Tours und nahm dann seinen Wohnsitz in Poitiers, wo er der Freund der Aebtissin Radegunde und später Bischof der Stadt wurde. Er ist einer der letzten Repräsentanten jener verkünstelten Schulgelehrsamkeit, die längst innerlich leblos nur noch ein Scheinleben führte, und nach und nach verdorrte. Der Vollständigkeit wegen sei hier noch auf ein poetisches Machwerk hingewiesen, das der Zeit nach freilich längst hätte genannt werden sollen, der Panegyricus Constantini von Optation, mit seinem vollen Namen Publius Optatianus Porphyrius. Er suchte durch dieses Lobgedicht, das er 348 dem Kaiser überreichte, sich die Befreiung aus der Verbannung zu erwirken, was er auch erhielt. Seine Arbeit war nicht leicht gewesen, denn sie besteht aus lauter Künsteleien mit Figuren, Acrostichen, Telestichen, Mesostichen und dgl. Es scheint zwar nicht, daß dieses seltsame Kunstprodukt, dem es natürlich an aller wahren Poesie fehlt, als Lehrbuch in den Schulen eingeführt gewesen, aber es mußte erwähnt werden, weil hier zum erstenmal die Verskünsteleien auftauchen, welche dem Rhabanus Maurus, u. A. als Muster gedient haben.

Neben der Bewunderung für Römer und Griechen fehlt es aber im Mittelalter auch nicht an Stimmen gegen dieselben. Sogar Abälard in seiner „christlichen Theologie“ stellt den Satz auf, daß Hieronymus, Gregor und Augustin den Cicero, Aristoteles, und alle Weisheit der Philosophen bei weitem überwiegen.

Es fehlte nicht an solchen, welche die heidnischen Dichter aus der Schule verbannen wollten und die Erklärer derselben als götzendienerische Sekte bezeichneten.

Vom hl. Odo, Abt von Cluny († 942), erzählt sein Biograph Johannes, er wollte, da er noch Canonicus in Tours war, den Virgil lesen. Da sah er in einem Traumgesicht ein Gefäß, welches von außen sehr schön, innen aber voll Schlangen war. Nach dem Erwachen deutete er das Gefäß auf das Buch Virgil's, die Schlangen aber auf die in demselben enthaltene Lehre. So verließ er denn die Poesieen der Dichter und wandte sich gänzlich zu den Auslegern der Evangelien und Propheten.

In verwandtem Sinne spricht sich Hroswitha aus.[1]) Es gebe Katholiken, welche die eitle Beredtsamkeit heidnischer Bücher der hl. Schrift vorzögen, oder doch daneben auch die Lügen des Terenz fleißig lesen. Wenn daher Abt Grimlaich um das Jahr 900 in seiner Regel für Reclusen diesen das Lesen heidnischer Schriftsteller verbietet,[2]) so wundert man sich nur, daß ein solches Verbot überhaupt nöthig war.

Selbst dem hl. Brun, dem Erzbischof von Köln, wurde es von manchen verübelt und als Mangel an christlichem Sinn gedeutet, daß er die Alten studierte und mit ihrer Philosophie vertraut war. Der kaiserliche Kaplan Poppo sah ihn in einem Traumgesichte wegen eitler und nichtiger Anwendung der Philosophie verklagt, aber vom hl. Paulus vertheidigt. Die gewöhnliche Art der Vertheidigung war, wie schon der hl. Augustin gethan, der Hinweis auf die Israeliten, welche von den heidnischen Aegyptern goldene und silberne Gefäße borgten und für die Stiftshütte und den Gottesdienst verwendeten. So müsse es auch erlaubt sein, das Gold und Silber, das in den Schriften der Heiden verborgen liege, zur Ehre Gottes und zur Erklärung der hl. Schriften zu verwenden.

Hat es hiernach dem Mittelalter keineswegs an Lehrmitteln für die lateinische Sprache gefehlt, so drängt sich uns die Frage auf, was damit geleistet wurde. Da stellt sich entschieden das zwölfte Jahrhundert am vortheilhaftesten dar, wo die Beschäftigung mit der alten lateinischen Literatur noch ziemlich lebhaft getrieben wurde. Die bessern Schriftsteller bestreben sich eines reinen und zierlichen Ausdrucks, und die Geschichtschreiber verändern das bäuerische Latein der alten Urkunden und wollen dieselben nur mit einem anständigen Gewande in die gebildete Gesellschaft eintreten lassen. In den Schulen blüht neben der Dialektik auch die Grammatik und Rhetorik. Mit dem dreizehnten Jahrhundert, wo die scholastische Wissenschaft zur Herrschaft gelangt, ward es anders.

Ueber die Vernachlässigung, ja Verachtung der ernsten Wissenschaft klagt schon Johannes von Salisbury.[3]) Von der Sprachverderberei der Scholastik wollen wir hier nicht reden. Schlimmer war es, daß ihre Methode auch in die Grammatik Eingang fand. Nun wird auch hier alles in Zweifel gezogen, das Für und Wider disputiert, dann die Lösung gegeben und die entgegenstehenden Gründe widerlegt. Die ganze Argumentation bewegt sich in logischer Rüstung; man versteigt sich in die sonderbarsten

[1]) Latinorum scholasticissimus, nennt ihn der Mönch von St. Denis im achten Jahrhundert. Miracula S. Dionysii L. III. bei Mabillon. Acta SS. III. 2. 350.

[1]) Præf. ed. Barack 137: Gentilium vanitatem librorum utilitati præferunt sacrarum scripturarum.

[2]) Cap. 38. Migne P. l. 103, 628.

[3]) Reuter: Joh. von Salisbury 17.

Abstraktionen und verliert zuletzt allen Boden unter den Füßen. Die prosaischen Schriftsteller werden gar nicht mehr citiert, die Dichter selten; alles soll durch Vernunftschlüsse ergründet werden. Die Grammatik war eine speculative Wissenschaft geworden, die sich nicht mehr mit der Darlegung des Thatsächlichen abgab, sondern die metaphysischen Gründe davon aufsuchte. Hatten die Knaben nur erst aus dem Donatus minor die ersten Anfangsgründe sich zu eigen gemacht, so diktierte man ihnen im Alter von zwölf, dreizehn, vierzehn Jahren eine subtile grammatische Metaphysik, die sie nicht verstanden, die ihnen aber mittels Stock und Ruthe mundgerecht gemacht wurde, um ihnen baldmöglichst den Stoff zu dialektischen Spitzfindigkeiten und subtilen Argumentationen zu liefern. Man verbrauchte viel Pergament, um zu beweisen, daß es richtig sei zu sagen: Legitur Virgilium; man untersucht allen Ernstes, warum das Verbum, sum, es, est sich nicht auf o oder or ende. Daneben ist die grammatische Correctheit nirgends im Mittelalter eine absolute. Einzelne Verstöße gegen die Regeln der Grammatik finden sich sogar regelmäßig, so namentlich der Gebrauch des Deponens als Passiv, der Infinitiv Futuri fore statt esse; auch der Accusativus absolutus statt des Ablativ kommt namentlich im frühern Mittelalter oft vor. Gegen das Ende desselben war der Gebrauch des Accusativus cum Infinitivo abhanden gekommen und durch quod ersetzt worden.

Daneben macht sich häufig ein anderes Extrem geltend, die Ueberladung durch den Bombast ausgewählter Worte und Figuren, gekünstelte Wendungen und gesuchte Ausdrücke, gelehrte Spielereien, wodurch der Ausdruck höchst affectiert und oft geradezu unverständlich wird. Diese Geschmacklosigkeit dürfte auf Nachahmung des Martian Capella zurückzuführen sein. Immerhin dürfen wir diese Fehler nicht zu streng beurtheilen. Man könnte sie ein Uebersprudeln der jugendlichen Kraftfülle nennen, welcher das rechte Maß fehlt.

II. Dialektik.

Wenden wir uns nun zur zweiten Disciplin des Triviums nach der älteren Eintheilung, zur Dialektik, welche auch die Philosophie in sich begriff.

Von Plato's Werken kannte man in der ersten Hälfte des Mittelalters nur den Timäus in einer lateinischen Uebersetzung, welche freilich nicht einmal den ganzen Timäus, sondern nur den vordern Theil umfaßt. Der Uebersetzer wird Chalcidius genannt; Näheres über seine Person läßt sich aber nicht feststellen, außer daß er einigen Andeutungen zufolge Christ war. Er hat seine Uebersetzung mit einem Commentar begleitet, aus welchem die spätere Scholastik zum Theil ihre Terminologie, wie die Ausdrücke essentia, substantia entlehnt zu haben scheint. Dies ist die dürftige Quelle, aus der man im Mittelalter eifrig und mit Begierde Begeisterung für Plato's Ideenlehre schöpfte und die noch Abälard seine Kenntniß der platonischen Philosophie vermittelte.

Die Kenntniß des Aristoteles verdankte das Mittelalter, dem der griechische Urtext unzugänglich war, Boethius, der wegen des großen Einflusses, den er auf das ganze Zeitalter ausgeübt hat, eingehender zu besprechen ist. Insbesondere sind es seine Uebersetzungen einzelner Schriften des Aristoteles, durch welche er der Nachwelt einige philosophische Werke von ihm überlieferte, nämlich vier Bücher von dessen Analytika, acht Bücher Topika und die zwei Bücher von den Trugschlüssen (Elenchorum Sophisticorum ll. II.) Am häufigsten aber wurde durch das ganze Mittelalter die Schrift περὶ ἑρμηνείας in der Uebersetzung des Boethius abgeschrieben und commentiert. Ein sehr verbreitetes Lehrbuch war die Εἰσαγωγὴ εἰς τὰς Ἀριστοτέλους κατηγορίας des Porphyrius, der 233—305 n. Chr. lebte, der angesehenste von der Schule der Neuplatoniker. Boethius übersetzte auch dieses Werk und schrieb dazu einen Commentar in fünf Büchern. — Die Kategorien des Aristoteles las man im Mittelalter in der Uebersetzung, welche vermeintlich der hl. Augustin veranstaltet und an seinen Sohn Adeodatus gerichtet hatte. Es ist aber dies Werk mit Recht unter die unächten Schriften Augustin's verwiesen. Dieses übersandte Alkuin an Karl den Großen mit einem poetischen Begleitschreiben.[1]) Es scheint auch, daß Alkuin dieses Werk mit Glossen versehen habe. Dieselben sind jedoch nicht gedruckt. Sonst ist das karolingische Zeitalter ungemein arm an dialektischen Leistungen. Eine einzige Schrift ist hier zu nennen, Alkuin's Abhandlung über die Seele an Gundraba, an sich freilich ohne Bedeutung, aber in so weit von Interesse, als sie an eine Dame am Hofe gerichtet ist, und weil wir hier doch wieder einmal nach langer Zeit ein philosophisches Werk vor uns haben, die erste leise Regung germanischen Geistes auf dem Gebiete der Philosophie; es ist ein Keim, den Alkuin's Lieblingsschüler Hraban fortentwickelt hat.

[1]) Alcuin carm. 73 Mon. Germ. Poet. lat. I. 295.

Diesem galt die Dialektik als die Disciplina disciplinarum, und er empfahl daher, daß besonders die Geistlichen diese höchst vornehme Kunst verstehen und ihre Gesetze fleißig erforschen sollen, damit sie die Verschlagenheit der Ketzer klar zu durchschauen lernten und im stande seien, die sehr gefährlichen Trugschlüsse derselben zu widerlegen.

Daneben scheint Dialektik besonders in den Schulen der Schotten Pflege gefunden zu haben. Benedict von Aniane klagt über die täuschenden Syllogismen der schottischen Schulgelehrten [1]) und bei Johannes Scotus ist vor allem die streng syllogistische Form auffallend, in welcher er seine Lehre vorträgt. Daneben macht Prantl [2]) auf den günstigen Einfluß der Schule von Fulda aufmerksam, wohin mannigfache Fäden aus Frankreich und der Schweiz zurückführen. Ein Commentar zu Porphyrius ist interessant, indem der unbekannte Verfaßer bereits auf dem Standpunkte des Nominalismus steht, während Remigius von Auxerre in seinem Commentar zu Martian Capella sich bereits für den Realismus erklärt. Somit sehen wir bereits am Ende des neunten Jahrhunderts die beiden Parteien vertreten, die durch die folgenden Jahrhunderte sich so schroff gegenüber standen.

Beim Unterrichte aber behalf man sich mit den Compendien des Boethius und Augustin, mit Porphyrius und Chalcidius, oder gar nur mit Martian Capella, Caissodor, Isidor und Alkuin. Aus Isidor sind auch mit geringen Ausnahmen die philosophischen Artikel des Salomonischen Lexikons entlehnt. Die schriftstellerische Thätigkeit auf diesem Gebiete beschränkt sich darauf, zu den genannten Autoren Glossen oder Commentare zu liefern. Außerdem erwähnt Ritter die Commentare des Manno von der Hofschule Karl's des Kahlen über Aristoteles und Plato, die aber dem späteren Mittelalter unbekannt blieben. Endlich sind aus einer St. Galler Handschrift des neunten Jahrhunderts, welche die Periermeniæ des Apulejus enthält zweiundvierzig Hexameter, Gedächtnißverse eines unbekannten Verfassers, über die Kategorien zu erwähnen. Der Anfang lautet:

Tu quicumque velis verum discernere falso.

Im zehnten Jahrhundert ist auf dem Gebiete der Dialektik eine lebhafte Thätigkeit bemerkbar. Plato's Timäus, natürlich in lateinischer Uebersetzung, befand sich unter den Büchern, die Gunzo aus Italien brachte. Sonst herrscht als Lehrbuch ausschließlich Aristoteles in den Uebersetzungen von Boethius nebst den eigenen Schriften des letzteren. In zahllosen

[1]) Syllogismus delusionis apud modernos scholasticos, maxime apud Scotos. Baluze Miscell. II. 97 ed. Muratori.

[2]) Gesch. der Logik II. 40.

Abschriften waren dieselben verbreitet. Insbesondere führt Richer [1]) in seinem Bericht über Gerbert's Lehrthätigkeit in Reims der Reihe nach alle Uebersetzungen und eigenen Arbeiten des Boethius, welche die Logik betreffen, auf, ausgenommen Aristoteles' Analytiken und Topik, die man damals noch nicht kannte. Theilweise wurden dieselben auch von Notker Labeo in die deutsche Sprache übersetzt. Wohl nie ist vielleicht Boethius fleißiger gelesen worden, als im zehnten Jahrhundert. Erzbischof Adalbero von Metz (969—988) las noch in seinen letzten Tagen neben der Bibel den Boethius. Er schreibt an Thietmar von Mainz, die Philosophie, besonders die Lektüre des Boethius, sei ihm ein Trost. Weil aber in seinem Exemplar der Schrift περὶ ἑρμηνείας eine Lücke sei, möge er ihm behilflich sein, das Fehlende zu ergänzen. [2]) Zu den poetischen Stücken der consolatio philosophiæ schrieb Brun, Mönch von Corbie auf den Wunsch seiner Mitbrüder einen Commentar, der freilich den Sinn des Autors nicht immer trifft. [3]) Endlich ist erwähnenswerth, daß Kaiser Otto III. Boethius' Bildniß in seinem Zimmer hatte und Gerbert auf dasselbe ein ganz gelungenes Epigramm machte. [4]) So haben Kaiser und Papst des zehnten Jahrhunderts das Andenken des Boethius geehrt.

Groß war übrigens die neuschaffende Thätigkeit auf dem Gebiete der Logik im zehnten und elften Jahrhundert keineswegs, so daß auch Compendien dieser Wissenschaft aus dieser Zeit selten sind. Eine Ausnahme macht die Schule von St. Gallen; aus derselben ist noch ein anonymes Compendium der Dialektik auf sechs Blättern anzuführen, das aus Pseudo-Augustin, Martian Capella, Apulejus und Victorin zusammengetragen ist. Ein andrer Anonymus hat am Anfang des elften Jahrhunderts Aristoteles Isagoge und Katagorien in Reime gebracht, um dadurch den Inhalt seiner Bücher dem Gedächtniß mundgerecht zu machen in Form von fünfthalbhundert Hexametern. [5])

[1]) Hist. III. 46. MG. SS. III. 617.

[2]) Ep. 40, Migne P. l. 137, 517.

[3]) Herausgegeben von Mai, Class. Auct. III. 164.

[4]) Hock, Gerbert 225. — Vergl. Hist. lit. VI. 585. Nach Cantor, Vorlesungen I. 738 war es die Inschrift zu einem Denkmal des Boethius, womit Otto dessen Grab in Pavia schmückte.

[5]) Herausgegeben von Cousin, Ouvrages inéd. d'Abélard p. 657. Das Werk richtet sich an einen Bischof Bruno, der einst mit dem Verfasser Mitschüler war, einst selbst Lehrer, für die Wissenschaft Interesse zeigt und aus dem Exil zurückgekehrt ist. Bei einer Handschrift des zehnten bis elften Jahrhunderts darf man natürlich nicht an Bischof Bruno von Meißen (1060—1106) denken, wie Cousin thut. Eher könnte man an Bruno von Metz (927—929) denken, welcher durch eine feindliche Partei von seinem Stuhle vertrieben wurde, worauf er in den finstern Wald nach Einsiedeln sich zurückzog, wo er 940 starb.

Wie der Ueberschätzung der heidnischen Klassiker, so trat die strengkirchliche Richtung öfters auch den Ausschreitungen der Dialektik warnend entgegen.

Der hl. Petrus Damiani weist der Dialektik den Beruf an, als fromme Magd im Dienste der Kirche zu stehen und ihrer Gebieter in demüthig auf dem Fuße zu folgen. Sein Zeitgenosse Othloh klagt über die dialektischen Fanatiker, welche an das Schriftwort den Maßstab der Logik anwenden und dem Boethius in vielen Dingen mehr Glauben beimessen als den heiligen Autoren. Abt Seifrid von Tegernsee (1038—68), in der Lütticher Schule gebildet, sagt, daß die weltliche Philosophie wenig Nützliches enthalte und daß ihr Studium gefährlich werden könne.

Anfangs des dreizehnten Jahrhunderts kamen allmählich auch die vorher nicht gekannten Werke des Aristoteles in Umlauf, die theils aus griechischen, theils aus arabischen Quellen übersetzt wurden. Besonders Friedrich II. war hiefür sehr thätig. Er übersandte an die Lehrer an den italienischen Universitäten eine Uebersetzung von Aristoteles' Werken, begleitet von einer Encyklika[1]) worin er ihnen empfiehlt, sich derselben beim Unterrichte zum allgemeinen Nutzen zu bedienen (ad communem utilitatem studentium.) In seiner reichen Sammlung von Büchern seien auch solche von Aristoteles in griechischer und arabischer Sprache. Diese habe er zum allgemeinen Nutzen durch kundige Männer übersetzen lassen und wolle nun dieses Vortheils auch andere theilhaftig machen. Die Zeit dieser Encyklika läßt sich nur annähernd um 1230—35 festsetzen. Friedrich's Sohn, Manfred, sandte später ebenfalls eine Uebersetzung des Aristoteles an die Pariser Universität. Eine auf seinen Befehl verfertigte Uebersetzung eines aristotelischen Buches bewahrt die Bibliothek in Erfurt.[2])

Es ist bekannt, wie Aristoteles bald zur Alleinherrschaft in der Philosophie gelangte und auch einfach den Namen „der Philosoph" führte. Wohl kein Schriftsteller ist soviel gelesen, übersetzt, erklärt worden, keiner hat auf die Nachwelt einen solchen Einfluß ausgeübt, wie Aristoteles.[3]) Speciell verdient noch sein Einfluß auf das erwachende Studium der Natur Erwähnung. Man braucht nur an Albert den Großen und Roger Baco zu denken. Den großartigen Umschwung, welcher infolge des Studiums des großen Stagyriten in allen Wissenschaften erfolgte, zu schildern, fällt der Geschichte der Philosophie zu und daher außerhalb den Bereich unserer Aufgabe. Hier sind nur noch einige kleinere dialektische Lehrmittel zu nennen. Eine Summula logica schrieb Petrus Hispanus, der 1277 als Johann XXI. den päpstlichen Stuhl bestieg. Gerson († 1429) erwähnt das Büchlein als Lehrmittel für den Anfänger.[4]) Noch im Jahre 1516 schrieb Dr. Eck eine Explanatio dazu.

Wie bereits oben erwähnt, gewann seit dem dreizehnten Jahrhundert die Dialektik mehr und mehr die Herrschaft über alle andern Fächer des Triviums. Zuletzt gelang es ihr, der Grammatik das Scepter zu entwinden und als Königin in den Schulen zu herrschen.

III. Rhetorik.

Die dritte der Künste des Triviums, die Rhetorik hatte bei den Römern wegen ihrer praktischen Verwendbarkeit auf dem Forum und im Senat von Anfang an eifrige Pflege gefunden. Man bediente sich im Unterrichte viel der libri quatuor rhetoricorum ad Herennium, ein Werk, das speciell ad hoc verfaßt ist, als vollständiges, faßliches, wohlgegliedertes Lehrgebäude die größten Vorzüge besitzt, daher auch die Zurücksetzung, die ihm heute beim Unterricht geworden ist, nicht verdient. Das Mittelalter dachte anders. Die Zahl der Handschriften reicht nahezu an hundert, und mehrere gehören noch der Karolingischen Zeit an. Die praktische Verwendung ist dann freilich auch Ursache mehrfacher Interpolationen gewesen.

---

[1]) Huillard Bréholles, Hist. dipl. Friderici II. 383.

[2]) Aristotelis problemata, S. XIII. Hunc librum transferri fecit Menfridus princeps filius Friderici imperatoris de Greco in Latinum. Pertz., Archiv XI. 726.

[3]) Bezeichnend für die mittelalterliche Anschauung über Plato und Aristoteles ist ein Altar-Gemälde in der Kirche der hl. Katharina, der Patronin der Philosophie, in Pisa. Dasselbe wurde von Francesco Traini im Jahre 1344 gemalt und stellt den hl. Thomas von Aquin in nachdenkender Stellung dar, umgeben von den Repräsentanten des Alten und des Neuen Bundes. Auf beiden Seiten des Heiligen, aber tiefer als er, stehen Aristoteles und Platon mit einem offenen hebräischen Buche in der Hand. Ganz oben im Gemälde ist Gott, von dessen Munde goldene Strahlen auf die Lehrer der ersten Kirche herabgehen, von welchen sie auf den hl. Thomas zurückgeworfen worden, um sich wieder auf eine große Menge späterer Theologen zu vertheilen. Zwei solcher Strahlen steigen auch von den Lippen des Platon und Aristoteles aufwärts zum hl. Thomas.

[4]) Apud logicos Summulae Petri Hispani traduntur ab initio novis pueris ad memoriter recolendum etsi non statim intelligant. Gerson, Opera ed. Dupin I. 21.

Von Cicero's Werk De oratore waren schon in karolingischer Zeit vollständige Exemplare selten, von den übrigen sind nur spärlich und theilweise erst aus dem fünfzehnten Jahrhundert stammende Handschriften vorhanden. Dies gilt leider auch von den meisten Reden Cicero's, die Catilinarischen ausgenommen, welche öfters abgeschrieben wurden.

Verschiedene Lehrbücher der Rhetorik verfaßte Marius Victorinus, der in Afrika geboren war, aber in Rom zu gleicher Zeit mit Donat Rhetorik lehrte. In hohem Alter trat er zum Christenthum über. Er schrieb Commentare zu Cicero's rhetorischen Schriften und anderes grammatischen und auch theologischen Inhalts. Seine vier Bücher: De orthographia et ratione metrorum nennt Bähr [1] „das umfassendste und bedeutendste wissenschaftliche Werk, das wir noch über diesen Gegenstand besitzen, aber auch ein in allen seinen Theilen wohlgearbeitetes und wohlgeordnetes Ganze, das in seinem Inhalte auf umfassenden Studien der älteren griechischen und lateinischen Grammatiker, welche die Metrik behandelt haben, beruht." Victorin erhielt zur Belohnung seiner Verdienste eine Statue auf dem Forum Trajani.[2]

Aus späterer Zeit ist ein anderer Rhetor zu nennen, der ebenfalls theils auf heidnischem, theils auf christlichem Grunde steht, Ennodius geboren 473, Bischof von Pavia, 511—521.[3] Man hat von ihm noch Schulreden (Scholastica), gehalten bei verschiedenen Anlässen, z. B. wenn er einen Verwandten in die Schule eines Grammatikers einführt, ein Auditorium verlegt u. dergl. Seine Dictiones sind eigentliche Schularbeiten, welche uns das Exercierfeld vor Augen führen, auf welchem die rhetorische Jugend sich übte. Da findet sich die Klage der Thetis über ihren Sohn Achilles, ein Monolog des Menelaus über das zerstörte Troja, Dido's Nachruf an den abziehenden Aeneas. Später verfaßte er dann eben dergleichen Musterstücke geistlicher Beredtsamkeit, so eine Dictio für einen erstmals auftretenden Bischof. Sie mögen in den folgenden Zeiten öfters praktische Verwendung gefunden haben als kurze und passende Formulare.

Dies führt uns zu den Formeln, die von jeher zum Ressort der Rhetorik gezählt wurden. Schon bei den Römern hatte sich ein reiches Formelwesen ausgebildet durch die ihnen eigenthümliche Auffassung der Rechtsverhältnisse; es blühte vorzüglich auch in Galliens Rhetorenschulen und ging von diesen zu den Formeln über in den Schulen der Klöster und Cathedralen. Es sind diese Mustersammlungen im Grunde nichts anderes als Briefsteller, von denen es zu allen Zeiten eine reiche Literatur gab, indem der veränderliche Geschmack der Zeit stetsfort neue Ausgaben nothwendig machte. Schon insofern sind diese literarisch nicht hochstehenden Produkte für die Bildungsgeschichte nicht ohne Bedeutung. Sehr wichtig werden aber viele dieser Sammlungen als Geschichtsquellen, weil man oft wirkliche Briefe in dieselben aufnahm, freilich mit Weglassung der individuellen Namen, die nur durch den Anfangsbuchstaben angedeutet werden, oft nur durch N. oder ille. Andere verdanken ihren Ursprung den Bedürfnissen des Unterrichtes. Der Lehrer legte sich eine solche Sammlung an, die Schülern Muster bieten sollte, und er nahm dann wohl öfter auch darin einen Brief auf, den einer seiner Knaben im Namen eines Grafen oder Bischofs abgefaßt hatte.

Aus der Zeit der Karolinger kennen wir kein anderes rhetorisches Werk als Alkuin's Rhetorik. Sie hat die Form eines Gespräches zwischen ihm und König Karl, und es scheint, daß darin der vorausgegangene mündliche Unterricht wiederholt wird. Karl hatte diese Anleitung hauptsächlich gewünscht wegen der gerichtlichen Beredtsamkeit, daher auch Alkuin vorzüglich aus Cicero schöpft, nebenbei auch aus Julius Victor und der Bibel. Weitere literarische Leistungen auf unserm Gebiete sind nicht nennenswerth. In der Homilien-Sammlung des Paulus Diaconus, welche Karl dem Clerus vorschrieb, war diesem ein Muster in die Hand gegeben und damit der Anstoß auch zur Hebung der deutschen Predigt. In Karl's letztem Lebensjahre sehen wir die Conzilien sich auch mit diesem Gegenstand befassen. Das Conzil von Mainz 813 handelt von der Pflicht des Bischofs zu predigen; es ist vorausgesetzt, daß er dies regelmäßig an Sonn- und Feiertagen thue; wenn er es aus irgend welchem Grunde nicht vermöchte, so soll ein anderer, der Fassungskraft des Volkes angemessen, reden. Das Conzil von Tours vom gleichen Jahr bezeichnet die Gegenstände und die Sprache, in welcher gepredigt werden soll.[1] Zu gleicher Zeit beschließt die Synode von Reims, die Bischöfe sollen dem Volke die Reden und Homilien der hl. Väter verständlich vortragen. Auch bei dem sogenannten „Mönch von St. Gallen" hat sich die Erinnerung an Karl's Eifer für die Predigt erhalten. Er habe nämlich verordnet, daß alle Bischöfe des weiten Reiches dem Volke predigen sollten, und wer das bis zu einem bestimmten Tage nicht gethan, der sollte seiner bischöflichen Ehre verlustig gehen. Er habe sich auch darüber berichten lassen, wie diesem Befehle nachgekommen wurde.

[1] Gesch. der röm. Lit. III, 380.

[2] S. August. Confess. VIII, 2.

[3] Vergl. Acta SS. 17. Julii IV, 271. Op. Migne Patrol. lat. 63.

[1] In rusticam romanam linguam aut theodiscam.

Einen wesentlichen Theil des Schulunterrichtes und speziell des rhetorischen, bildete die Uebung im Briefschreiben. Es war dies eine Hauptanforderung an den Geistlichen, solange die Laien der Kunst des Schreibens entbehrten. Da Kaiser Karl examiniert, bringen ihm die Schüler Briefe und Gedichte. Dazu wurden theils Muster in Formelsammlungen benutzt, theils aber auch wirkliche Briefe verwendet. Hauptsächlich Alkuin's Briefe waren deswegen hochgeschätzt und häufig abgeschrieben. Daneben blieben auch die ältern Sammlungen, ergänzt und erweitert, fortwährend im Gebrauch. So entstehen die nach verschiedenen äußern und zufälligen Umständen benannten: Formulæ Andegavenses, Lindenbrogianæ, Baluzianæ u. s. w.

Eine Rhetorik für seine Schüler auf sechsundzwanzig Pergamentblättern schrieb Gerbert. Ein Compendium verfaßte auch Notker von St. Gallen; es ist nur ein Auszug aus Boethius. Ein ähnliches Werk aus älteren Quellen entnommen, in einer ehemals St. Gallischen, jetzt Zürcher Handschrift, De materia artis rhetoricæ, ist in Fragen und Antworten, also für den Schulgebrauch abgefaßt.

Eine poetische Anleitung zur Rhetorik (Carmen de figuris) gab Marbod, Bischof von Rennes († 1121) in seinem Gedichte De ornamentis verborum in dreißig Paragraphen. Im Epilog verspricht der Verfasser eine ähnliche Anleitung für die Poetik zu geben, aber zuerst müsse diese auswendig gelernt werden:

Sed prius hæc debes studio versare frequenti,
Et velut his vacuæ committas cetera menti.

Von einem Thema, welches den Schülern aufgegeben wird, spricht schon Abt Heriger von Laubach (990—1007). Sie haben es auszuarbeiten, wobei sie sich in die Lage und Redeweise desjenigen hineinzudenken haben, welcher Unrecht erleidet oder solches gethan hat und dabei etwas „Frivoles" oder Zweifelhaftes ersinnen.[1]

Die Universitäten haben wenig gethan, das Studium der Rhetorik zu heben. Man legte den Vorlesungen über diese Kunst Aristoteles und Boethius zu Grunde. Es fehlte aber an der nothwendigen Vorbedingung, ohne die ächte Beredsamkeit nicht gedeihen kann, die Gelegenheit zum öffentlichen Auftreten vor großen Versammlungen. Von eigentlicher Rhetorik war in der Schule wenig die Rede, zumal einzelne Lehren derselben, wie z. B. von den Figuren, der Grammatik zugetheilt waren.

Von praktischer Bedeutung war nur die Anleitung zum Briefschreiben und zum Geschäftsstil. Hiezu dienten die mehrfach erwähnten Formelbücher, für die man seit dem zwölften Jahrhundert sich die Muster meistens aus Italien und Frankreich holte. Leider ließ man von der guten alten Weise ab, wirkliche Briefe als Muster zusammenzustellen, wie noch 1125 Udalrich von Bamberg mit seiner wichtigen Sammlung gethan hatte. Statt dessen griff man nun zu den kunstvollern, namentlich italienischen Mustern, die zahlreich vorhanden und bei der vielfachen Beziehung zum Süden auch leicht zu erhalten waren. Solche sind z. B. Anleitungen zur Ars dictandi von Albert von Semovia und dem Bologneser Tombert Huga. Ein libellus dictaminum, also ein Formelbuch, mit Beispielen aus Halberstadt wurde in den Jahren 1193 und 1194 verfaßt. Eine Summa dictaminis (das ist der Titel, der nun für diese Lehrbücher Mode wurde) stellte im Anfang des dreizehnten Jahrhunderts ein Hildesheimer Cleriker zusammen. Eine andere Sammlung unter dem gleichen Titel enthält die Formeln und Edicte des Bischofs Gernand von Brandenburg (1221—1241) und der Kanzlei von Magdeburg, womit eine theoretische Anleitung in Form von Vorträgen verbunden ist. Eine andere Sammlung, die aus Frankreich, wahrscheinlich aus der damals blühenden Schule von Orleans stammt, ist noch besonders merkwürdig durch einen Briefwechsel zwischen Lehrer und Schüler.

Im dreizehnten Jahrhundert sind es zwei Sammlungen, die alle andern beherrschen und durch beständige Vermehrung und Umgestaltung nach praktischen Rücksichten verschiedene Formen annehmen. Sie entstanden an den beiden Mittelpunkten der damaligen Welt, am kaiserlichen und päpstlichen Hofe. Die Briefe des großen Kanzlers Petrus de Vinea genossen lange Zeit hindurch ein ähnliches Ansehen, wie einst die Variæ des Cassiodor. Sehr bald nach seinem Tode wurden sie zu einer Summa dictaminis zusammengestellt und als Muster des Briefstils allgemein gebraucht. Sie sind darum in zahllosen Abschriften verbreitet, aber auch nicht minder durch Interpolationen entstellt. Sein päpstlicher Gegner, Thomas von Capua, ist auf ähnliche Weise zum Urheber einer Summa dictaminis, einer Sammlung geistlicher Musterbriefe geworden.

Eine poetische Aufsatzlehre (Poetria de arte prosaica) verfaßte um 1260 Johannes von Garlandia.

Im Jahre 1418 verfaßte ein Cleriker und Schulmeister in Iglau die Candela Rhetoricæ. Vom Titel darf man sich nicht täuschen lassen. Es ist nichts als eine Anweisung zum Briefstil in auffallend pedantisch gezierter und gewundener Schreibweise. Eine andere Anleitung, wohl eine der ersten in deutscher Sprache, enthält die Bibliothek in Einsiedeln in einer Handschrift des fünfzehnten Jahrhunderts:

Got dem almechtigen zu lob und ere, auch einem ieglichen

[1] Gest. Epp. Leod. I. MG. SS. VII. 105 Scolares posito themate.

vernünftigen lesen der schreiben und lesen kan zu underwisung, damit ein ieglicher samlicher dest kluger subtiler wyser und fürsichtiger werden möge, hat meister fridrich von nürz, sand Benedicten ordens disse kunst uss latinischem Grunde gesetzt, die man nennen mag die tütschen rethorica, uss der man lernet tütsch brieff machen, och (auch) hoflich reden.

Daneben gedieh die lateinische Schulpoesie in fast allzu üppiger Blüthe durch das ganze Mittelalter. Es müssen poetische Jahre gewesen sein unter der Regierung Karl's des Großen, wenn man eine Zeit so nennen kann, wo alles dichtet, jedermann Verse schreibt, wo solche am Ende der Bücher, wie der Briefe stehen, wo auf jeden Heiligen Hymnen verfaßt, auf jede Kirche Aufschriften gemacht werden. Namentlich an Epigrammen ist diese Zeit vorzüglich reich, und diese Generation, welche kaum erst schreiben gelernt hat, ist auch hierin den Kindern ähnlich, daß sie alle Wände vollkritzeln will. Die Sitte hatte sich wohl unmittelbar noch aus dem römischen Alterthum erhalten und mit ihr zugleich auch die theoretische Unterweisung. Beda schrieb über die Metrik, Alkuin besang ihr Lob in Versen[1]) und gibt eine Anzahl Gedächtnißverse zum Auswendiglernen über die Prosodie. Auch in seiner Grammatik handelt er kurz von der Länge und Kürze der Sylben. Damit ist aber die Theorie erschöpft; weder Alkuin noch ein anderer hat über dieselbe geschrieben, offenbar wurden die Regeln mündlich gelehrt. Aber alles, was wir aus dieser Zeit an Versen besitzen, ist voll Fehler gegen die Regeln der Prosodie. Selten findet die Elision statt und der Hiatus bleibt. Theodulf achtet nicht darauf, ob die erste Hälfte des Pentameters mit einer langen oder kurzen Sylbe schließe. Die Verse des Paulinus von Aquileia († 802) schlagen endlich den Regeln der Prosodie geradezu ins Gesicht.

Eine Eigenthümlichkeit dieser Poesie ist die sogenannte scinderatio phonorum, wobei ein Wort in zwei Theile gespalten und dazwischen eines, oder mehrere andere eingeschoben werden. Alkuin schreibt einem seiner Schüler[2])

Te cupiens apol—peregrinis—lare camoenis.

Aehnlich schreibt Angelomus von Luxeuil:

ANGE Deus LOMI dic misere mei.

Die Mannigfaltigkeit in den Versmaßen, wie sie noch in spätrömischer Zeit namentlich Prudentius zeigt, schwand immer mehr dahin, und bald bleibt davon fast nur mehr der Hexameter, etwa noch mit dem Pentameter verbunden. Bei Alkuin finden sich noch sapphische Strophen, und der Brief an Eulalia (d. i. Gundrada) über die Seele schließt mit Adonischen Versen. Dafür sucht man nun durch verschiedene Künsteleien mit dem Hexameter größere Abwechslung zu erreichen; man läßt die Hexameter in der Mitte und am Ende reimen. Die Angelsachsen liebten mehr andere Spielereien wie Acrostichen und dergleichen. Eine Mustersammlung dazu sind die Gedichte des hl. Bonifatius. Eine andere Curiosität ist das seltsame Lob der Kahlköpfe zu Ehren Karl's des Kahlen, verfaßt vom Mönche Hucbald von St. Amand († 930). Jedes Wort darin fängt mit dem Buchstaben C an. Wieder Andere gaben sich die undankbare Mühe, Hexameter zu schmieden, die vorwärts und rückwärts gelesen werden können z. B.

Esse sitas olli sedes illo satis oro.

Natürlich war die Form hier die Hauptsache, der Inhalt bedeutungslos; darin liegt aber auch der Werth dieses Bildungsmittels für die Schule. Ein noch so beschränkter Ideenkreis bot für die jugendlichen Gemüther Stoff genug dar, um ihn in neue Form zu gießen und zu hämmern. Zur Bekleidung nahm man einige klassische Lappen aus Virgil und Ovid, oder aus einem christlichen Dichter. Das war gut genug für Gelegenheitsgedichte, Räthsel, poetische Episteln und dergleichen Fabrikarbeit. Dagegen verrathen Angilbert und Theodulf wahres poetisches Talent und ein sorgfältiges Studium der Alten. Die Nachahmung derselben hatte auch zur Folge, daß das Latein der Verse oft besser ist, als in der Prosa. Die wahre Poesie aber lebte im Volke, in seinen Sprüchen und Liedern, an denen diese gelehrten Herren vornehm vorübergingen, während Karl der Große sie sammeln und aufschreiben hieß, Ludwig der Fromme sie wieder vergaß.

Im zehnten Jahrhundert finden sich nur noch selten Spuren der antiken Metrik. Allgemein kam nun die Mode auf, Mitte und Ende des Hexameters zu reimen, wozu sich Beispiele auch bereits bei Klassikern finden. Es ist der sogenannte leoninische Hexameter, wie er aber erst viel später, nach dem Abt Leo im Kloster St. Victor zu Paris (um 1090) genannt wurde. Zu einem größern Gedicht verwendet, finden wir ihn zuerst um das Jahr 840 in einem poetischen Briefe Gotschalk's an Ratramnus, in der Widmung eines Evangeliars an Ebbo von Reims und in der Grabschrift Ludwig's des Frommen († 840). Er ist dann, namentlich vom elften bis sechzehnten Jahrhundert der Lieblingsvers der lateinischen Hof-, Kloster- und Schulpoesie geblieben. Während das Wort metrum oder versus in der Regel nur die metrische Dichtung bezeichnete, brauchte man für die zweite Gattung, wo an die Stelle der quantitativen Silbenmessung der Wortaccent trat, die Benennung

[1]) Carmen XVIII. de laude metricae artis. Mon. Germ. P. L. I. 347.

[2]) Carmen XXXII. Mon. Germ. P. L. I. 249.

Rhythmus, was auch zu rigmus entstellt, und im Deutschen mit Reim wiedergegeben wurde. Beide finden wir im Jahre 918 in voller Blüthe in St. Gallen, wo die ganz Kleinen sich mit Prosa begnügen, die mittlern rhythmisch, die größern Schüler in metrischen (übrigens auch gereimten) Hexametern sprechen, was wohl dem St. Galler Schulplane gemäß ist. Auch Walahfried Strabus unterscheidet hymni metrici ac rhythmici.[1]) Freilich bessere Dichter wie Walahfrid und Hraban blieben den antiken Mustern treu. In antiken Versmaßen, Hexameter und Distichen besang am Ende des neunten Jahrhunderts „der sächsische Poet", das Leben Kaiser Karl's. Er ist weder Sachse noch Poet, sein Gedicht übrigens kein unwürdiger Anfang poetischen Schaffens bei einem erst der Civilisation gewonnenen Volke.

Etwa seit dem zwölften Jahrhundert rechnete man öfter die Lehre von der Verskunst zur Grammatik, statt wie früher, zur Rhetorik, daher die Metrik, wie bereits erwähnt, einen Theil des Doctrinale Alexander's ausmacht. Vielfach betrachtete man sie als die Hauptsache, als die Kunst der Künste:

Inter artes igitur, quae dicuntur trivium
Fundatrix grammatica vendicat principium.
Sub hac chorus militat metrice scribentium.
Quae se solam aestimat artem esse artium.

Hatte die Poesie schon in den Klosterschulen so unverdrossene Pflege gefunden, welche Entfaltung mußte sie erfahren bei der Erweiterung und Erhebung des geistigen Lebens an den Universitäten, wo aus allen Ländern sich die ungebundene Jugend zusammen fand. So gewinnt denn auch erst um diese Zeit der schulmäßige Betrieb der Dichtkunst seine vollausgeprägte Gestalt und einen eigenthümlichen Charakter. Das Resultat davon ist eine Ueberproduction von Versen, von denen wir Proben bereits in den poetischen Schulbüchern des Alexander, Eberhard, Johann von Garlandia und Anderen kennen gelernt haben. Es war eine wirkliche Vers- und Reimwuth aufgekommen. Bald gibt es keine Wissenschaft mehr, die nicht in den Versen einer Summula oder eines Doctrinale beschlossen wäre, keine Jahrzahl, die nicht in einen Denkvers sich zwängen ließe, wie auch die Chroniken immer häufiger in poetischem, deutschem oder lateinischem Gewande auftreten.[2]) In Machwerken derart steht dann natürlich der Wärmegrad der Poesie tief unter Null, und auch die Form ist mangelhaft und unbehilflich; dagegen werden wir auch poetische Blüthen treffen, die es zu nahezu klassischer Formvollendung gebracht haben. Den Vorrang nimmt auch auf diesem Gebiete Frankreich ein, sowohl in bezug auf Qualität als Quantität. Doch sprechen wir hier von der Poesie nur in so weit sie als Unterrichtsgegenstand in Betracht kommt. Vorab also von den Lehrbüchern. Man hatte einen Anfang von gradus ad Parnassum, alphabetisch geordnete Reihen von Wörtern, neben jedem den Vers eines Dichters, in welchem dasselbe vorkommt. Auch gibt es Regeln über die Quantität in Prosa oder Poesie, wie das zehnte Kapitel in Alexanders Doctrinale.

Um das Jahr 1200 schrieb der Engländer Galfrid Vinesauf ein Handbuch zur Erlernung der Dichtkunst, die Poetria nova. Sie besteht aus 2114 Versen und ist dem Papste Innocenz III. gewidmet. Er gibt eine klare und praktische Anleitung, wozu er auch selbst die Beispiele gedichtet hat. Hervorgehoben zu werden verdient noch, daß man einen sehr großen Werth auf solche Verse legte, die aus dem Stegreife gemacht wurden. War ein solcher gelungen, so ward er durch die Tradition vielleicht Jahrhunderte lang fortgepflanzt und in die Chronik aufgezeichnet. So die Verse der St. Galler Schulknaben, mit denen sie sich vor Salomon III. von der Strafe loskauften. Die Chronik von St. Hubert[1]) fand es der Mühe werth, aufzuzeichnen, daß Marbodo, ein englischer Cleriker, als er an der Tafel des Königs Wilhelm von der Normandie saß, auf ein silbernes Schiff, das als Trinkgefäß diente, den Vers gemacht habe:

Nec pice nec clavis eget haec argentea navis.

Erfreulicher ist die Wahrnehmung, daß man im zwölften Jahrhundert mit erneuertem Eifer auf die antiken Muster zurückging, ja theilweise sich ganz in ihren Gedankenkreis hineinsenkte. Als Früchte dieser klassischen Studien haben wir eine ordentliche Anzahl Gedichte anzuziehen, welche nach Form und Auffassung täuschend das antike Gepräge nachahmen. So das Gedicht von Ganymedes und Helena,[2]) von einem unbekannten französischen Verfasser wahrscheinlich aus dem zwölften Jahrhundert. Trotz seines lüsternen Inhaltes diente dieses Gedicht als Vorlage zur Schulpoesie. Zwei rhythmische Stücke, die darnach gemodelt sind, haben sich erhalten unter dem Titel: Altercatio hyemis et aestatis.[3]) Ein Gedicht über Orpheus bewegt sich nach dem Urtheile Wattenbach's[4]) so vollständig im Alterthum, ohne eine Spur vom Christenthum, daß es in dieser

---

[1]) De rebus ecclesiasticis, c. 25. Migne P. L. 114. 954.

[2]) St. Peter in Salzburg besitzt sogar zwei in Hexametern abgefaßte Urkunden. Meiller. Regesta archiepisc. Salisburg p. 428. 431.

[1]) c. 17 M. G. SS. VIII. 571.

[2]) Altercatio Ganymedis et Helenae: „Taurum sol intraverat" herausgegeben von Wattenbach, Zeitschrift für deutsch. Alterthum XVIII. 127.

[3]) Notices et Extr. XXIX. II. 275.

[4]) Münchener Sitzungsberichte. 1873, 7.

Beziehung ebensogut dem heidnischen Alterthum angehören könnte. Ein anderes Gedicht über Jupiter und Danae[1]) ist ebenfalls eine freie und geschickte Nachahmung eines antiken Stoffes. Sehr häufig findet sich in Handschriften eine Klage über den Untergang Trojas „Pergama flere volo“, die bereits sechsmal gedruckt ist. Die Klage des Oedipus über den Tod seiner Söhne hat P. Gall Morel aus einer Einsiedelischen Handschrift des zwölften Jahrhunderts herausgegeben.[2])

Die bedeutendste Leistung dieser Art ist aber wohl die Alexandreis des Walter von Chatillon oder von Lille. In der Nähe dieser Stadt mag Walter um 1140 geboren sein. Nachdem er in Paris und Bologna studiert hatte, ward er Schulmeister in Chatillon-sur-Marne. Erzbischof Heinrich I. von Reims machte ihn später zu seinem Notar. 1201 starb er zu Amiens am Aussatz. Sein berühmtes Gedicht, die Alexandreis, dichtete er um das Jahr 1170. Sie besteht aus 5461 Versen in zehn Büchern. Den Stoff hat er fast ganz aus Curtius geschöpft; in einigen Stellen besteht allerdings Verwandtschaft mit Julius Valerius und Justin. Seine Vorzüge sind antike Gesinnung, gute, nicht leoninische Hexameter und zahlreiche Sentenzen. Fehler gegen die Quantität finden sich fast nur in den griechischen und orientalischen Eigennamen. Das Gedicht fand in den Schulen großen Beifall, und Heinrich von Gent, der 1293 starb, sagt,[3]) daß durch dasselbe die Klassiker aus der Schule verdrängt worden seien. Aus demselben (V. 301) stammt auch das geflügelte Wort:

Incides in Scyllam cupiens vitare Caribdim.

Man trifft öfter Handschriften, die mit Glossen versehen sind; aus einer solchen von St. Gallen, die jetzt verloren ist, und einer andern weniger stark glossierten aber ältern in Engelberg hat Gugger 1659 die erste seltene Ausgabe erstellt.

Eine ziemlich sklavische Nachahmung der Alexandreis liegt uns vor im Gedichte eines gewissen Odo auf Herzog Ernst[4]) in 8 Büchern um 1215 verfaßt und dem Erzbischof Albert von Magdeburg gewidmet. Nicht nur die ganze Anlage und der mythologische Apparat, auch zahlreiche Verse und einzelne Ausdrücke hat der Dichter aus seiner Vorlage herübergenommen.

Vielleicht noch bekannter als Walter war aber Hildebert, geboren 1055 in Lavardin, 1097 Bischof von Le Mans, 1127 Erzbischof von Tours († 1134). Seine Schriften sind reich an klassischen Reminiscenzen. Orderich Vitalis[1]) stellt seine Gedichte denen der Alten gleich und fügt hinzu, sie seien von den römischen Kardinälen, welche oft nach Frankreich kommen, nach Rom gebracht und in die dortigen Schulen verpflanzt worden. Petrus von Blois erzählt, er habe als Knabe in der Schule die Briefe Hildebert's, die sich durch eleganten Stil und feine Bildung auszeichneten, auswendig lernen müssen, und sie seien ihm von großem Nutzen gewesen.[2]) Hildebert werden auch die häufig handschriftlich vorkommenden Denkverse über die zehn Plagen Aegyptens zugeschrieben. Uebrigens waren seine Schriften im vierzehnten Jahrhundert bereits aus den Schulen verbannt und im fünfzehnten mit Ausnahme des Physiologus total vergessen.

Verfolgen wir die Spuren der Antike weiter im zwölften Jahrhundert, so ist hier Alexander Neckam zu erwähnen, den wir bereits als Verfasser einer Grammatik kennen. Er schrieb nämlich auch eine Anleitung zur Poetik unter dem Titel Scintillarium Poeseos, worin er die heidnischen Götter, ihre Namen und die Ansichten der Philosophen über sie behandelte. Ein anderer Engländer Joseph Iskan von Exeter schrieb im zwölften Jahrhundert ein Gedicht über den trojanischen Krieg. Ein anderes „Antiochus“ ist verloren. In Italien schrieb Guido delle Colonne im Jahr 1287 eine Historia Trojana.

Die Leistungen der Deutschen auf diesem Gebiete kommen sowohl zeitlich wie nach ihrer Bedeutung erst nach den übrigen Nationen. Hieher gehört das ganz unselbständige Gedicht Odo's über Herzog Ernst. Gleichzeitig verfaßte Hermann, Custos von Verden, ein großes Werk in Distichen, Hortus deliciarum, eine Nachahmung des Petrus von Riga.[3])

Eine Leistung von höchster Auszeichnung ist dagegen der Ligurinus des Gunther, den wir nun nach den fleißigen und trefflichen Untersuchungen Pannenborgs[4]) für uns in Anspruch nehmen dürfen. Es ist ein Epos über die Thaten Friedrich Rothbart's, 1187 geschrieben, zehn Bücher mit 6576 Versen. So groß ist die Kunstfertigkeit in bezug auf Versbau, Reinheit

[1]) Herausgegeben von Wattenbach, Zeitschrift f. d. Alterth. l. c. 157.

[2]) Anzeiger für deutsche Vorzeit 1869, 308.

[3]) De script. eccles. 20: Qui liber in scholis grammaticorum tantae dignitatis est hodie, ut pro ipso veterum poetarum lectio negligatur. Vergl. M. G. SS. XXV, 868.

[4]) Mart. et Dur. Thes. nov. III. 307.

[1]) Multa carmina priscis poematibus aequalia vel eminentia condidit . . . quae [illegible] scholis et didascalis Quiritum admiranda censentur. Hist. Eccles. III., X. 6, Migne P. L. 188, 732.

[2]) Vergl. Wattenbach, Archiv für österreichische Geschichte 14, 33. – Derselbe im Anzeiger des Germanischen Museums 1867, 100 gibt Nachricht über eine Pergamenthandschrift Hildebert's in der Heidelberger Bibliothek. Sie ist im zwölften Jahrhundert geschrieben und enthält gleichzeitige Interlinearglossen und Randnoten, diente also zur Schullektüre.

[3]) Pitra, Spicileg. Solesm. III. Introd. XXXV.

[4]) Forschungen zur deutschen Gesch. XI. 161–300, XIII. 225–234.

der Sprache und dichterische Anlage, daß in Deutschland aus jener Zeit nichts Aehnliches von so hoher Vollendung nachzuweisen ist. So treffliche Behandlung des Metrums, solchen Schwung der Poesie hatte man dem Mittelalter nicht zugetraut und darin eine Schöpfung der Humanisten erblickt, welche diesen Schatz zuerst ans Licht zogen und darüber um 1507 zu Wien und Ingolstadt öffentliche Vorlesungen hielten. Hier haben wir also einen neuen Beweis davon, zu welcher Höhe im zwölften Jahrhundert die klassische Bildung gestiegen war. Von Verwendung des Gedichtes im Unterricht findet sich aber keine Spur und es ist auch keine Handschrift davon vorhanden. Eine ganz vorzügliche poetische Leistung ist auch das Lippiflorium, das der Magister Justinus am Kollegium der großen Marienkirche zu Lippstadt in den Jahren 1259—61 verfaßte. Er besingt darin die Gründung der Stadt durch Leonhard von Lippe, und seine Distichen zeigen ächt dichterische Anlagen und eine große Gewandtheit der poetischen Form.

Endlich ist auch der Troilus des Albert von Stade zu erwähnen. Der Verfasser war Abt des St. Marienklosters und schrieb 1249. Er kannte, wie auch seine Jahrbücher zeigen, die römischen Dichter und hatte dieselben in der Schule erklärt. In sechs Büchern, die zusammen 5320 elegische Verse enthalten, schildert er die Kämpfe der Griechen mit den Trojanern, wie er sagt, nicht den Erfindungen der Dichter folgend, sondern auf Grund des Augenzeugen Dares Phrygius.[1])

Kein Gedicht ist aber wichtiger für die Geschichte des Unterrichts als der Labyrinthus, De miseriis rectorum scholarum[2]) von Eberhard dem Deutschen. Er schrieb im dreizehnten Jahrhundert und ohne Zweifel in der ersten Hälfte desselben; das ergibt sich aus den von ihm angegebenen Autoren. Zum Gegenstand hat er das Leben und die Pflichten des Grammatikers oder Schulmeisters genommen. Sein Werk zerfällt in vier Theile; der erste handelt von dem Unterricht im allgemeinen, der zweite behandelt die Lehre von den Figuren, was so viel ist als Rhetorik; im dritten wird eine Aufzählung der Schulautoren gegeben und im vierten die Theorie des Versemachens. Ueber das Leben Eberhard's wissen wir nichts, als was er selbst uns mittheilt, daß er in Orleans und Paris seine Studien machte und als ein armer Schulmeister viel Hunger litt. Anleitung zur Dichtkunst gibt er im dritten und vierten Buch. Sein Werk ist vorzüglich darum interessant, weil daraus sich ersehen läßt, wie noch im dreizehnten Jahrhundert die römischen Dichter in den Schulen heimisch waren. Aber wir treffen neben ihnen auch die gefeierten Zeitgenossen, die bald vollständig die Oberhand gewinnen und die Klassiker verdrängen, welche dann die Humanisten wieder aufs neue einführen mußten.

Nur im Vorbeigehen sei hier berührt, daß auch die gleichzeitige deutsche Poesie mit Vorliebe antike Stoffe behandelte, theilweise die gleichen, wie die lateinischen Epiker. So das Alexanderlied vom Pfaffen Lambrecht und Rudolph von Hohenems. Den trojanischen Krieg besangen Konrad von Würzburg und Herbort von Fritzlar; Heinrich von Veldecke schrieb um 1180 seine Eneidt. Freilich rücken diese Dichter die antike Welt in ihren eigenen höfischen Kreis und führen die römischen und trojanischen Helden „in hovelicher stote" auf den Plan.

Lange dauerte übrigens diese Blüthe der lateinischen Dichtkunst nicht; sie ging zu Grunde aus einem Mangel an innerer Wahrheit, aus dem Ueberwuchern der Form über den Inhalt. Daher wir auch hier die gewöhnliche Erscheinung sinkender Literaturepochen wahrnehmen, die Uebertreibung und Verkünstelung der Form. Mit dem leoninischen Hexameter werden alle möglichen Variationen versucht, z. B. durch eine Reihe von Versen beginnen alle Wörter der Ordnung nach mit dem gleichen Buchstaben; zur Abwechselung macht man dann wieder lipogrammatische Verse, wie die vierundzwanzig Gedichte des Petrus Riga, das erste ohne a, das zweite ohne b u. s. w. Auch retrograde Verse tauchen wieder auf, solche die vorwärts und rückwärts gleichlauten u. s. w. Damit ist der eigentliche Zweck der Poesie verkannt, der Inhalt mußte unter der oft schwierigen Form leiden, und wenn dann oft noch persönliche oder politische Anspielungen hinzukommen, so ist es nicht möglich, einen Sinn herauszubringen. Und das that man mit Bewußtsein; absichtlich wurden die Hyperbeln, die synonymen Ausdrücke und Umschreibungen gehäuft; wenn man die Quantität der Wörter nicht beachtete, so wollte man gerade durch Neuheit reizen, wurde aber dadurch raffiniert, verbildet und spitzfindig.

Uebrigens standen diese Dichter auch im Leben der Schule nahe; sie waren aus ihr hervorgegangen, die meisten waren selbst Lehrer der Grammatik und Rhetorik, und selbst Gunther, der Dichter des Solymarius und Ligurinus, war Scholastikus gewesen, bevor er sich in das Cisterzienser-Kloster Pairis in den Vogesen zurückzog.

[1]) Mon. Germ. SS. XXI. 272—74.

[2]) Leyser. Hist. poet. 796—854.

(Schluß folgt.)

Gymnasium.

I. Gymnasialklasse oder erste Grammatik.

Lehrgegenstände.

Religionsunterricht, wöchentlich 2 Stunden. a) Katechismus: Vom Glauben im Allgemeinen; die zwölf Glaubensartikel im Besondern, nach Deharbe. b) Biblische Geschichte: Das alte Testament.

Lateinische Sprache, wöchentlich 9 Stunden. a) Grammatik: Formenlehre bis zu den unregelmäßigen Zeitwörtern, nach Kühner's Elementar-Grammatik. b) Schriftliche Uebungen im Declinieren und Conjugieren; schriftlich und mündlich übersetzt wurden Uebungsaufgaben in der Grammatik und zahlreiche Dictate. c) Lateinisches Lesebuch von Dr. J. Lattmann: Fabulae Aesopiae übersetzt, mündlich und schriftlich analysiert und zum Theil memoriert.

Deutsche Sprache, wöchentlich 3 Stunden. a) Formenlehre nach Bone's grammatischer Grundlage; die Lehre von der Rechtschreibung. b) Aus Bone's Lesebuch, I. Theil, wurden ausgewählte Stücke gelesen, erklärt und theilweise memoriert. c) Schriftliche Arbeiten: Erzählende und beschreibende Aufsätze und Briefe.

Mathematik, wöchentlich 3 Stunden. Lehre von den ganzen Zahlen, von den gemeinen und Decimalbrüchen; Verhältnisse und Proportionen, Durchschnittsrechnung, einfacher und zusammengesetzter Bruchsatz, Regeldetri, Kreuzmethode, Kettensatz, Procentrechnungen, nach Zelderer.

Geschichte, wöchentlich 2 Stunden. Geschichte des Alterthums, nach Welter.

Geographie, wöchentlich $1\frac{1}{2}$ Stunden. a) Beschreibung der Schweiz im Allgemeinen und Besondern, nach Etlin. b) Die nothwendigsten Erläuterungen aus der mathematischen und physikalischen Geographie; Oceanographie; Länder- und Völkerkunde, Beschreibung der Erdtheile im Allgemeinen, nach Pütz.

Naturgeschichte, wöchentlich $1\frac{1}{2}$ Stunden. Die Wirbelthiere nach Pocorny. Allgemeine äußere Pflanzenbeschreibung und Kenntniß einiger häufig vorkommenden Pflanzen.

Fortschrittsnoten.

Religionsunterricht.	Lateinische Interpretation.	Lateinische Composition.	Deutsche Sprache.	Mathematik.	Geschichte.	Geographie.	Naturgeschichte.
I.	I.	I.	I.	I.	I.	I.	I.
Lagler Joseph von Unteriberg, Kt. Schwyz.	Lagler.	Lagler.	Räber.	Räber.	Binkert.	Räber.	Binkert.
Späni Anton von Schübelbach, Kt. Schwyz.	Kunz.	Binkert.	Bossart.	Binkert.	Räber.	Kurer.	Räber.
Wolz Anton von Richtersweil, Kt. Zürich.	Späni.	Kurer.	Binkert.	Kurer.	Lagler.	Binkert.	Bossart.
Räber Joseph von Küßnacht, Kt. Schwyz.	Kurer.	Kunz.	Lagler.	. . .	Wolz.	Kunz.	Sprecher.
Kunz Emil von Einsiedeln.	Wolz.	Räber.	Wolz.	Guthauser.	Bossart.	Wolz.	Kunz.
Bossart Franz von Altishofen, Kt. Luzern.	Räber.	Wolz.	Kurer.	Kunz.	Späni.	Weishaupt.	Lagler.
Stocker Peter von Ruswyl, Kt. Luzern.	Binkert.	II.	Kunz.	Rieth.	Kunz.	Pfister.	Rieth.
Sprecher Wilhelm von Vättis, Kt. St. Gallen.	II.	Weishaupt.	II.	Stocker.	Kurer.	Schumacher.	Stocker.
Binkert Sigismund von Basel.	Rieth.	Sprecher.	Holdener.	Schumacher.	II.	II.	Wolz.
Jost Karl von Lenz, Kt. Graubünden.	Köhler.	Holdener.	Rieth.	Sprecher.	Pfister.	Stocker.	II.
Rieth Thomas von Oestrich, Prov. Nassau.	Stocker.	Späni.	Hoster.	II.	Köhler.	Guthauser.	Köhler.
Weishaupt Franz von Appenzell.	Pfenninger.	Rieth.	Späni.	Bossart.	Traber.	Bossart.	Pfister.
Fuchs Adeli von Freienbach, Kt. Schwyz.	Bossart.	Köhler.	Sprecher.	Späni.	Guthauser.	Traber.	Zehnder.
Zehnder Bernard von Unterägeri, Kt. Zug.	Holdener.	Jost.	Weishaupt.	Holdener.	Hoster.	Lagler.	Kurer.
Kurer Johann von Berneck, Kt. St. Gallen.	Jost.	Stocker.	Guthauser.	Wolz.	Pfenninger.	Sprecher.	Jost.
Pfister Albert von Tuggen, Kt. Schwyz.	Traber.	Guthauser.	Jost.	Lagler.	Rieth.	Achermann.	Pfenninger.
Guthauser Arnold von Zeiningen, Kt. Aargau.	Pfister.	Traber.	III.	Zehnder.	Sprecher.	Köhler.	Späni.
Hoster Peter von Einsiedeln.	Weishaupt.	Bossart.	Schumacher.	Pfister.	Achermann.	Meier Lud.	Schumacher.
Holdener Richard von Einsiedeln.	Sprecher.	III.	Traber.	Köhler.	Stocker.	Zehnder.	Weishaupt.
Achermann Alfred von Oberkirch, Kt. Luzern.	Guthauser.	Pfister.	Lud.	Pfenninger.	Meier Jos.	Späni.	Traber.
Köhler Wendelin von Weiher, Grh. Baden.	. . .	Zehnder.	Pfister.	Traber.	Schumacher.	Meier Jos.	III.
Pfenninger Emil von Rapperswil, Kt. St. Gallen.	Schumacher.	Pfenninger.	Pfenninger.	Weishaupt.	Jost.	Fuchs.	Holdener.
Traber Eugen von Winterthur, Kt. Zürich.	Zehnder.	Hoster.	Meier Jos.	III.	Holdener.	Jost.	Guthauser.
Lutz Ulrich von Thal, Kt. St. Gallen.	Meier Jos.	IV.	Stocker.	Meier Jos.	Weishaupt.	Pfenninger.	Hoster.
Meier Joseph von Knutwil, Kt. Luzern.	Hoster.	Achermann.	Achermann.	Jost.	Zehnder.	Holdener.	Lutz.
Meier Ludwig von Andermatt, Kt. Uri.	III.	Meier Jos.	Koppel.	Lutz.	III.	Rieth.	Rollin.
Schumacher Karl von Luzern.	Meier Lud.	Schumacher	Meier Lud.	. . .	Koppel.	Rollin.	Koppel.
II.	Rollin.	Keller.	. . .	Amstad.	Meier Lud.	III.	. . .
Keller Johann von Kirchberg, Kt. St. Gallen.	Achermann.	Fuchs.	Keller.	Keller.	Keller.	Hoster.	Achermann.
Rollin Gustav von Châtel St. Denis, Kt. Freiburg.	Koppel.	. . .	Zehnder.	Hoster.	Lutz.	Amstad.	Amstad.
Amstad Otto von Hinwyl, Kt. Zürich.	Fuchs.	Rollin.	Köhler.	Achermann.	IV.	Lutz.	Meier Jos.
Koppel Robert von Radolfzell, Baden.	Lutz.	V.	Amstad.	IV.	Fuchs.	IV.	Meier Lud.
	. . .	Meier Lud.	IV.	Fuchs.	Rollin.	Keller.	Keller.
	Keller.	Lutz.	Fuchs.	Rollin.	V.	Koppel.	Fuchs.
	IV.	Koppel.	Rollin.	Meier Lud.	Amstad.		
	Amstad.	Amstad.		Koppel.			

1. Ausgetreten sind: Blattmann Joseph von Oberägeri, Kt. Zug; Füchsle Joh. Baptist von Einsiedeln; Herb Emil von Winterthur, Kt. Zürich; Sinn Emil von Klingnau, Kt. Aargau. 2. Rigg Marcell von Gersau, Kt. Schwyz, konnte wegen Krankheit, und Rosenberg Alfred von Beinwyl, Kt. Aargau, der erst im zweiten Semester eintrat, wegen ungenügender Vorbereitung, nicht eingereiht werden. 3. Rollin war wegen

II. Gymnasialklasse oder zweite Grammatik.

Lehrgegenstände.

Religionsunterricht, wöchentlich 2 Stunden. a) Katechismus: Die Gebote Gottes und der Kirche; die Uebertretung der Gebote; die Tugenden und die christliche Vollkommenheit; die hl. Sacramente der Buße und des Altars, nach Deharbe. b) Biblische Geschichte: Das neue Testament.

Lateinische Sprache, wöchentlich 9 Stunden. a) Grammatik: Wiederholung der Formenlehre; Bildung der Perfecta und Supina; unregelmäßige Verba; Syntax — nach Kühner's Elementar-Grammatik. b) Composition: Schriftliche und mündliche Uebersetzung sämmtlicher Uebungsaufgaben in der Grammatik; aus Süpfle's Stilübungen I. Theil, 105 Nummern aus der 1., 2 und 3. Abtheilung; 60 Dictate als Schulaufgaben. c) Interpretation: Schriftlich und mündlich wurde übersetzt und analysiert: Colloquia aus der Grammatik; aus Lattmann's Lesebuch: Res Asiaticæ: De Assyriis, de Persis, de Scythis, septem opera mirabilia: historiæ Græcæ: Miltiades; Themistocles; Xerxes; Aristides; Cimon; Pericles; triginta tyranni; Thrasybulus; Iphicrates. d) Memoriert wurden mehrere kirchliche Sequenzen und Hymnen.

Deutsche Sprache, wöchentlich 3 Stunden. a) Grammatik: Wiederholung der Formenlehre; Lehre vom Satze und von den Redefiguren, nach Bone. b) Lesen, Erklären und freies Vortragen ausgewählter Stücke aus Bone's Lesebuch, I. Theil. c) Wöchentliche Uebung in freien Aufsätzen, Beschreibungen, Erzählungen, Um- und Nachbildungen.

Mathematik, wöchentlich 3 Stunden. a) Arithmetik: Wiederholung der Bruchlehre, der Proportionen und des Dreisatzes; Procentrechnung, Gewinn-, Verlust- und Rentenrechnung; Contocorrent-, Termin- und Gesellschaftsrechnung, nach Felderer. b) Geometrie: die Linien, die Geraden, Winkel an Parallelen, Winkel der Drei- und Vielecke, Congruenzlehre.

Geschichte, wöchentlich 1½ Stunden. Geschichte des Mittelalters nach Welter.

Geographie, wöchentlich 2 Stunden. Repetition, Beschreibung von Europa, nach Pütz.

Naturgeschichte, wöchentlich 1½ Stunden. Mineralogie, nach Pocorny. Botanik: allgemeine äußere Pflanzenbeschreibung, die Obst- und Getreidearten, Kenntniß einiger häufig vorkommenden Pflanzen.

Fortschrittsnoten.

Religionsunterricht.	Lateinische Interpretation.	Lateinische Composition.	Deutsche Sprache.	Mathematik.	Geschichte.	Geographie.	Naturgeschichte.
I.	I.	I.	I.	I.	I.	I.	I.
Stocker Martin von Meienberg, Kt. Aargau.	Stocker.	Bondolfi.	Grüninger.	Pfister.	Langenstein.	Bondolfi.	Stocker.
Pfister Martin von Altishofen, Kt. Luzern.	Zoller.	Stocker.	Pfister.	Bondolfi.	Pfister.	Zoller.	Pfister.
Langenstein Joseph v. Stans, Kt. Unterwalden.	Pfister.	Zoller.	Langenstein.	Stocker.	Stocker.	Stocker.	Langenstein.
Zoller Oskar von Au, Kt. St. Gallen.	Bondolfi.	Lang.	Stocker.	Langenstein.	Bondolfi.	Pfister.	Grüninger.
Bondolfi Peter von Puschlav, Kt. Graubünden.	Langenstein.	Pfister.	Meier.	Brändli.	Zoller.	Brändli.	Brändle.
Grüninger Jakob von Berneck, Kt. St. Gallen.	Lang.	Brander.	II.	Zoller.	Grüninger.	Langenstein.	Lang.
Brändli Johann von Ganterswyl, St. Gallen.	Grüninger.	II.	Brändli.	Grüninger.	Brändli.	Lang.	II.
Oberholzer Robert von Goßau, Kt. St. Gallen.	Brändli.	Grüninger.	Lang.	Meier.	II.	II.	Erni.
Erni Bernard von Butzwyl, Kt. St. Gallen.	II.	Oberholzer.	Oberholzer.	Erni.	Zürcher.	Grüninger.	Zoller.
Wößner Heinrich von Rapperswyl, St. Gallen.	Benz.	Langenstein.	Wößner.	Lang.	Wößner.	Brander.	Bondolfi.
Meier Placid von Buttisholz, Kt. Luzern.	Erni.	Meier.	Erni.	Oberholzer.	Oberholzer.	Erni.	Brander.
Zürcher Josef von Eschenbach, Kt. St. Gallen.	Oberholzer.	Erni.	Zoller.	II.	Erni.	Henggeler.	Wößner.
Kuriger Fidelis von Einsiedeln.	Wößner.	Benz.	Roppel.	Wößner.	Lang.	Zürcher.	* * *
Brander Johann von Bütschwyl, St. Gallen.	Brander.	Brändli.	Bondolfi.	Brander.	Kuriger.	Oberholzer.	Zürcher.
Benz Karl von Montlingen, Kt. St. Gallen.	Meier.	Wößner.	* * *	Kuriger.	Meier.	III.	Broger.
Henggeler Leo von Aegeri, Kt. Zug.	Zürcher.	III.	Henggeler.	Henggeler.	Broger.	Wößner.	Meier.
Lang Hubert von Freiburg i. B.	Kuriger.	Broger.	Müller O.	Müller O.	Henggeler.	Meier.	Henggeler.
Broger Josef von Appenzell.	III.	Zürcher.	Kuriger.	Broger.	Brander.	Broger.	III.
Roppel Friedrich von Radolfzell, Baden.	Broger.	Kuriger.	Brander.	Roppel.	III.	Kuriger.	Kuriger.
Müller Otto von Frankfurt a. M.	Henggeler.	IV.	III.	Zürcher.	Roppel.	Roppel.	Müller O.
II.	Müller O.	Müller O.	Broger.	III.	Benz.	Müller O.	Roppel.
Wismer Adolph von Winterthur, Kt. Zürich.	Roppel.	Henggeler.	Zürcher.	Müller F.	Müller O.	Müller F.	Oberholzer.
* * *	IV.	Roppel.	Wismer.	Benz.	Müller F.	IV.	Müller F.
Müller Ferdinand von Muri, Kt. Aargau.	Müller F.	Wismer.	IV.	IV.	IV.	Benz.	Benz.
Knobel Anton von Schwyz.	Wismer.	V.	Knobel.	Wismer.	Knobel.	Wismer.	IV.
	* * *	Knobel.	Benz.	Knobel.	Wismer.	* * *	Knobel.
	Knobel.	Müller F.	Müller F.			Knobel.	Wismer.

Wegen Krankheit verließen die Schule: Estermann Alois von Littau, Kt. Luzern; Hagmann August von Mosnang, Kt. St. Gallen; Kiefer Edmund von Tobel, Kt. Thurgau; Rohner Wilhelm von Au, Kt. St. Gallen konnte wegen längerer Kränklichkeit nicht eingereiht werden.

III. Gymnasialklasse oder erste Syntax.

Lehrgegenstände.

Religionsunterricht, wöchentlich 2 Stunden. Katechismus: Lehre von der Gnade und den Gnadenmitteln, nach Deharbe.

Lateinische Sprache, wöchentlich 7 Stunden. a) Grammatik: Syntaxis convenientiæ, Gebrauch der Casus, Präpositionen, Orts-, Raum- und Zeitbestimmungen, Bedeutung und Gebrauch der Tempora und Modi, Imperativ, Infinitiv und Accusativus cum Infinitivo nach der Grammatik von Ellendt-Seyffert. b) Composition: Schriftliche und mündliche Uebersetzungen aus Haacke's Aufgabensammlung I. und II. Theil (160 Nummern) mit Correctur in der Schule, sowie 50 Dictate als Schulaufgaben. c) Interpretation: Lattmann's lateinisches Lesebuch: Res Sicilienses und Res Carthaginienses. Cäsar: De bello Gallico, lib. I. 1—38; der Krieg gegen die Helvetier und lib. II. 15 Kapitel wurden memoriert.

Griechische Sprache, wöchentlich 5 Stunden. a) Grammatik: Die Formenlehre bis zu den Verben mit verstärktem Präsensstamm, nach Kühner's Elementar-Grammatik. Mündliche und schriftliche Uebersetzung der eingereihten Uebungsstücke, nebst Aufgaben zur Einübung der Declination und Conjugation. b) Aus Jakobs' Elementarbuch wurden ganz oder theilweise übersetzt die einschlägigen grammatischen Uebungen, sowie einige Aesopische Fabeln.

Deutsche Sprache, wöchentlich 2 Stunden. Gelesen und erklärt wurden prosaische und poetische Stücke aus Bone's Lesebuch (I. Theil). Gedichte und Dialoge wurden memoriert und vorgetragen. Aufsätze verschiedener Art, vorzüglich Beschreibungen und Schilderungen.

Mathematik, wöchentlich 3 Stunden. a) Algebra: Die vier ersten Operationen mit ganzen und gebrochenen Zahlen. b) Geometrie: Fortsetzung der Planimetrie, bis zum pythagoräischen Lehrsatz, nach Lübsen.

Geschichte, wöchentlich 1½ Stunden. Geschichte der Schweiz, nach Dr. S. Etlin.

Geographie, wöchentlich 1½ Stunden. Die außereuropäischen Welttheile, nach Pütz.

Fortschrittsnoten.

Religionsunterricht.	Lateinische Interpretation.	Lateinische Composition.	Griechische Sprache.	Deutsche Sprache.	Mathematik.	Geschichte.	Geographie.
I.	I.	I.	I.	I.	I.	I.	I.
Kälin Karl von Einsiedeln.	Scherwiller.	Hegner.	Scherwiller.	Scherwiller.	Comte.	Durrer.	Kälin.
Hegner Benedikt von Galgenen, Kt. Schwyz.	Kälin.	Scherwiller.	Kälin.	Kälin.	Benz.	Kälin.	Scherwiller.
Scherwiller Alois v. Oberbüren, Kt. St. Gallen.	Benz.	Durrer.	Benz.	Stoffel.	Kälin.	Höfliger.	Wehrli.
Höfliger Ferdinand von Freienbach, Kt. Schwyz.	Lichtensteiger.	Kälin.	Stoffel.	Durrer.	II.	Scherwiller.	Durrer.
Huber Gottfried von Sarmenstorf, Kt. Aargau.	Manser.	Lichtensteiger	Lichtensteiger	Benz.	Stoffel.	Hegner.	Höfliger.
Manser Joseph von Schwendi, Kt. Appenzell.	Benziger O.	Benz.	Comte.	II.	Lichtensteiger.	Hidber.	Lichtensteiger.
Benz Joseph von Goldach, Kt. St. Gallen.	Hegner.	Comte.	II.	Hegner.	Wehrli.	Stoffel.	Hidber.
Benziger Otto von Einsiedeln.	II.	II.	Hidber.	Benziger O.	Scherwiller.	Benz.	Stoffel.
Walter Andreas von Oberuntereggbach, Baden.	Christen.	Huber.	Boos.	Huber.	Höfliger.	II.	II.
Durrer Robert von Stans, Kt. Unterwalden.	Huber.	Benziger O.	Huber.	Hidber.	Manser.	Huber.	Benz.
Fuchs Heinrich von Wrendorf, Baden.	Durrer.	Manser.	Hegner	Benziger K.	Hidber.	Christen.	Huber.
Herzog Emil von Lommis, Kt. Thurgau.	Boos.	Stoffel.	Höfliger.	Lichtensteiger.	Eberle	Gmür.	Pfiffner.
Hidber Albert von Mels, Kt. St. Gallen.	Comte.	III.	Fuchs.	Riesen.	III.	Herzog.	Manser.
Christen Eugen von Altdorf, Kt. Uri.	Hidber.	Walter.	Manser.	Manser.	Boos.	Wehrli.	Christen.
Boos Christian von Amden, Kt. St. Gallen.	Stoffel.	Hidber.	III.	Gmür.	Huber.	Manser.	Benziger O.
Stoffel Adolf von Arbon, Kt. Thurgau.	Fuchs.	Boos.	Riesen.	III.	Herzog.	Benziger O.	Hegner.
Eberle Richard von Schwyz.	III	Pfiffner.	Benziger O.	Herzog.	Walter.	Lichtensteiger.	Comte.
Wehrli Albert von Wyl, Kt. St. Gallen.	Eberle.	Christen	Christen.	Christen.	Riesen.	Pfiffner.	Boos.
Gmür Clemens von Mueg, Kt. St. Gallen.	Wehrli.	Gmür.	Wehrli.	Boos.	Fuchs.	Comte.	III.
Pfiffner Benedikt von Gams, Kt. St. Gallen.	Höfliger.	Fuchs.	Herzog.	Wehrli.	Benziger O.	III.	Walter.
Riesen Wilhelm von Basel.	Gmür.	IV	Eberle.	Comte.	Christen.	Eberle.	Fuchs.
Lichtensteiger August von Neu St. Johann, Kt. St. Gallen.	Pfiffner.	Wehrli.	Pfiffner.	Eberle.	* . *	Boos.	Herzog.
Comte Louis von Freiburg.	Herzog.	Herzog.	IV.	Pfiffner.	Hegner.	Walter.	Eberle.
Benziger Karl von Einsiedeln.	Walter.	Höfliger.	Walter.	IV.	Pfiffner.	Benziger K.	Benziger K.
	IV.	Eberle.	Gmür.	Walter.	Durrer.	Fuchs.	Gmür
	Riesen.	Benziger K.	Benziger K.	Höfliger.	IV.		
	Benziger K.	Riesen.		Fuchs.	Benziger K.		
					Gmür.		

1. Gorini Karl von St. Gallen, und Kuriger Alois von Einsiedeln traten im I. Semester aus. 2. Läthi Johann von Lommis, Kt. Thurgau, wurde entlassen. 3. Riesen Wilhelm war von Geschichte und Geographie dispensiert und wegen Krankheit öfter am Studium gehindert. 4. Rudigier Joh. Bapt. von Säckingen, Baden, mußte wegen Krankheit die Schule verlassen. 5. Durrer Robert war vom Griechischen dispensiert. 6. Pirngle August von Schaffhausen trat erst zu Ostern ein und besuchte nur das Lateinische und Griechische. 7. Müller Gustav von Tegerfelden, Kt. Aargau, ist im I. Semester ausgetreten und bald nachher gestorben. R. I. P.

IV. Gymnasialklasse oder zweite Syntax.

Lehrgegenstände.

Religionsunterricht, wöchentlich 2 Stunden. a) Sittenlehre: Das gottgefällige Leben des Christen in seiner Stellung zu Gott und zur unmittelbaren Stellvertreterin Gottes, der heiligen Kirche, nach Martin (II. Theil). b) Kirchengeschichte: Die Kirche im heidnischen Römerreiche, nach Feßler.

Lateinische Sprache, wöchentlich 7 Stunden. a) Grammatik: Wiederholung und Vollendung der Syntax, nebst der Lehre von der Prosodie, nach Seyffert. b) Composition: Aus Haacke's Aufgabensammlung, I. und II. Abtheilung, 120 Nummern schriftlich und mündlich übersetzt und theilweise repetiert; im II. Semester freie Aufgaben und metrische Uebungen. c) Interpretation: 1. Sallust: De bello Jugurthino, mit Auswahl. 2. Cicero: Aus Frey's ausgewählten Briefen 7 Nummern. 3. Ovid: Ex libris Tristium I, 1. IV, 10. Ex libris Metam.: Die vier Weltalter (89—162); Deucalion und Pyrrha (163—415); Baucis und Philemon (611—724); Dädalus und Icarus (183—235). Ausgabe von Grysar. Aus Sallust und Ovid wurde memoriert.

Griechische Sprache, wöchentlich 5½ Stunden. a) Grammatik: Wiederholung der regelmäßigen Formenlehre, die Verba mit verstärktem Präsensstamme und die Verba auf μι, nach Kühner's Elementar-Grammatik. Uebersetzung der eingereihten Uebungsstücke; Dictate. b) Interpretation: Xenophon's Anabasis lib. I. Ausgabe von Hug.

Deutsche Sprache, wöchentlich 3 Stunden. Einläßlich wurden erklärt die Stillehre und Poetik (Versbau und poetische Darstellung), nach Bone's Lesebuch, II. Theil. Im Anschlusse an die Theorie wurden Mustergedichte neuerer Dichter, sowie prosaische Stücke gelesen und erklärt, einzelne memoriert und vorgetragen. Schriftliche Aufgaben in Prosa und metrische Versuche.

Mathematik, wöchentlich 3 Stunden. a) Algebra: Gleichungen des ersten Grades mit einer und mehreren Unbekannten, Potenzierung, Ausziehen der Quadrat- und Cubikwurzel aus besonderen Zahlen. b) Geometrie: Schluß der Planimetrie, nach Lübsen.

Geschichte, wöchentlich 1½ Stunden. Geschichte des Alterthums bis zum römischen Zeitalter, nach Pütz.

Fortschrittsnoten.

Religionsunterricht.	Lateinische Interpretation.	Lateinische Compositionen.	Griechische Sprache.	Deutsche Sprache.	Poesie.	Mathematik.	Geschichte.
I. Lutz Gebhard von Thal, Kt. St. Gallen. Benz August von Montlingen, Kt. St. Gallen. Hunwiler Burkard von Buttwil, Kt. Aargau. Knoß Jakob von Schäbelbach, Kt. Schwyz. Kalt Joseph von Laufenburg, Kt. Aargau. Melliger Kaspar von Buttwil, Kt. Aargau. Helbling August von Jona, Kt. St. Gallen. Bucholzer Thomas von Malters, Kt. Luzern. Oeschger Albin von Gansingen, Kt. Aargau. Ebneter Eduard von St. Gallen. Knüsel Jakob von Inwyl, Kt. Luzern. Kilian Georg von Bienfeld, Bayern. Jäger Anton von Mels, Kt. St. Gallen. Schilling Anton von Bischofszell, Kt. Thurgau. Triner Emanuel von Schwyz. Schreiber Joseph von Schwyz. Bühlmann Anton von Eschenbach, Kt. Luzern. Schlumpf Friedrich von Alt St. Johann, Kt. St. Gallen. Widmer Moriz von Unterägeri, Kt. Zug. Eberle Eduard von Einsiedeln. Huber Pius von Jonen, Kt. Aargau. Keller Ferdinand von Bettwiesen, Kt. Thurgau. Hunwyler Kaspar von Reußegg, Kt. Aargau. Pfyffer Alphons von Döttingen, Kt. Aargau. Stöckli Adolf von Besenbüren, Kt. Aargau. Loser Joseph von Schwyz. * * * Meister Casimir von Murten, Kt. Freiburg. Butscher Konrad von Tettnang, Württemberg.	I. Lutz. Benz. Melliger. Eberle. Knoß. Hunwiler B. Kalt. II. Schreiber. Knüsel. Bucholzer. Keller. Pfyffer. Oeschger. Helbling. Loser. Triner. Widmer. Huber. Ebneter. Hunwyler K. III. Jäger. Schilling. Schlumpf. Bühlmann. Meister. Kilian. * * * Butscher. Stöckli.	I. Eberle. Lutz. Benz. Melliger. Knoß. II. Keller. Jäger. Schreiber. Hunwiler B. Bucholzer. Helbling. Kalt. Knüsel. III. Pfyffer. Ebneter. Widmer. Loser. Schlumpf. Triner. Meister. Hunwyler K. Bühlmann. Huber. Oeschger. Butscher. * * * Kilian. Schilling. IV. Stöckli.	I. Knoß. Lutz. Melliger. Kalt. Benz. Pfyffer. Hunwiler B. Oeschger. II. Bucholzer. Keller. Helbling. Huber. Knüsel. Jäger. III. Schlumpf. Schilling. Schreiber. Ebneter. Triner. Meister. Hunwyler K. IV. Bühlmann. Widmer. Kilian. Butscher. Loser. Stöckli.	I. Lutz. Ebneter. Benz. Helbling. Eberle. Melliger. Kalt. Hunwiler B. Keller. II. Huber. Knüsel. Jäger. Loser. Widmer. Hunwyler K. Triner. Schreiber. Kilian. Knoß. Schilling. Pfyffer. III. Stöckli. Bucholzer. Schlumpf. Meister. Bühlmann. Oeschger. Butscher.	I. Lutz. Ebneter. Eberle. Bühlmann. Triner. Kilian. Keller. II. Benz. Helbling. Huber. Jäger. Kalt. Knüsel. Hunwiler B. Schreiber. Melliger. III. Pfyffer. Schilling. Butscher. Widmer. Hunwyler K. Knoß. * * * Oeschger. Meister. Loser. Bucholzer. Stöckli. Schlumpf.	I. Melliger. Huber. Hunwiler B. Schilling. Helbling. II. Knoß. Oeschger. Knüsel. Kalt. Keller. Ebneter. Bucholzer. III. Eberle. Bühlmann. Kilian. Pfyffer. Benz. Lutz. Stöckli. Meister. Triner. Jäger. Butscher. Schreiber. Widmer. Hunwyler K. IV. Schlumpf. Loser.	I. Lutz. Melliger. Hunwiler B. Kalt. Helbling. Oeschger. Benz. Knoß. Huber. Eberle. Widmer. Ebneter. Bucholzer. Knüsel. Schreiber. Triner. II. Schilling. Hunwyler K. Schlumpf. Pfyffer. Stöckli. Bühlmann. Butscher. Keller. Jäger. III. Kilian. Loser. Meister.

Engster Jakob von Altstätten, Gräzer Joseph von Einsiedeln, Reichlin Leonz von Schwyz, traten im I. Semester krankheitshalber aus. Arenn Joseph von Stürvis, Kt. Graubünden, verließ wegen Kränklichkeit die Anstalt und erhielt die Weisung, nicht wieder zurückzukehren. Hunwiler Burkard, Melliger und Oeschger traten an Ostern ein. Hampp Karl von Augsburg, Bayern, besuchte nur das Lateinische. Häggi Joseph von Nunningen, Kt. Solothurn, war durch anhaltende Kränklichkeit am Studium verhindert und konnte darum in die Fachlisten nicht eingereiht werden.

V. Gymnasialklasse oder erste Rhetorik. Abthl. A.

Lehrgegenstände.

Religionsunterricht, wöchentlich 2 Stunden. a) Glaubenslehre: Das Werk der Heiligung; von der Gnade, von der Rechtfertigung, von den Gnadenmitteln bis zur heil. Eucharistie als Opfer, nach Martin, II. Theil. b) Kirchengeschichte: Von Constantin bis zu den Kreuzzügen, nach Feßler.

Lateinische Sprache, wöchentlich 6 Stunden. a) Interpretation nach Inhalt und Form mit schriftlicher und mündlicher Uebersetzung und deren Correctur: 1. Cicero: Erste Rede gegen Catilina, für das Imperium des Pompejus, §. 1—50; für Archias; Ausgabe von Klotz. 2. Virgil: Georgikon IV, 1—149; Aeneis, Buch I, 1—613; II, 1—438; VI, 264—724. Textausgabe von Ladewig. 3. Livius: XXI, 30—40. Ausgabe von Wölfflin. Aus Virgil wurden 200 Verse memoriert. b) Composition: Uebersetzung aus Süpfle's Stilübungen, II. Theil: Nr. 118—157; freie lateinische Aufsätze, besonders Abhandlungen, Chrieen, kleinere Reden. Metrische Uebungen in elegischem Versmaße.

Griechische Sprache, wöchentlich 5 Stunden. a) Grammatik, nach Kühner: Die Syntax bis zum V. Curs; der Homerische Dialekt. Uebersetzung der eingereihten Uebungsstücke. b) Interpretation: 1. Lysias, die Reden XII, XVI, XXII, XXIII, XXIV. Ausgabe von Scheibe. 2. Homer, Odyssee: Buch I, 1—360; V, 262—493; IX, XVI. Ausgabe von Dindorf. Aus Homer wurden 100 Verse memoriert.

Deutsche Sprache, wöchentlich 3 Stunden. a) Rhetorik: Der Stil im Allgemeinen, nach Kleutgen. b) Poetik: Die drei Grundformen der Poesie; im Besondern die lyrische und epische Poesie, nach Bone, II. Theil. Im Anschluß an die Theorie wurden Musterstücke jeder Gattung analysiert und erklärt. c) Literaturgeschichte des Mittelalters und der neuern Zeit bis 1725, nach Bone, II. Theil. Aus dem Mittelhochdeutschen wurde auch in der Ursprache gelesen. d) Schriftliche Aufgaben: Aufsätze aus dem Gebiete der Literatur, Abhandlungen, Chrieen, kleinere epische und lyrische Gedichte.

Mathematik, wöchentlich 3 Stunden. a) Algebra: die Logarithmen; die bestimmten und unbestimmten Gleichungen des ersten Grades, die Gleichungen des zweiten Grades, die Exponentialgleichungen, nach Kambly. b) Geometrie: Die Stereometrie, nach Lübsen.

Geschichte, wöchentlich 1½ Stunden. Die Römer, nach Pütz.

Naturgeschichte, wöchentlich 1½ Stunden. Aeußerer Pflanzenbau; Linne's System; Kenntniß einiger häufig vorkommender Pflanzen.

Fortschrittsnoten.

Religionsunterricht.	Lateinische Interpretation.	Lateinische Composition.	Griechische Sprache.	Rhetorik u. deutsche Sprache.	Poesie und Literatur.	Mathematik.	Geschichte.	Naturgeschichte.
I. Fey Georg von Ems, Kt. Graubünden. Lienert Eduard von Einsiedeln. Rüst Karl von Rapperswyl, Kt. St. Gallen. Germann Anton von Goßau, Kt. St. Gallen. Köhler Wilhelm von Saarlouis, Preußen. Weber Joseph von Aschaffenburg, Bayern. Arnold Joseph von Ettiswyl, Kt. Luzern. Bleß Fridolin von Flums, Kt. St. Gallen. Meier Benedict v. Disentis, Kt. Graubünden. Städli Anton von Flawyl, Kt. St. Gallen. Husmann Xaver von Malters, Kt. Luzern. Widmer Joseph von Eschenbach, Kt. Luzern. Ammann Albert von Bünzen, Kt. Aargau. Benziger Arnold von Einsiedeln. Moser Robert von Hohenrain, Kt. Luzern. Seitz Franz v. Tauernfeld, Bayern. Heß Alfred von Zug. Müller Edmund von Hospenthal, Kt. Uri. Kälin Adelrich von Euthal, Kt. Schwyz. Weber Franz Joseph von Schwyz. Perret Eugen von Mels, Kt. St. Gallen.	I. Lienert. Fey. Germann. II. Köhler. Weber Jos. Städli. Arnold. Rüst. Moser. Meier. Widmer. III. Ammann. Seitz. Müller. Husmann. Kälin. Bleß. Weber Fr. J. Benziger. . . . Perret. Heß.	I. Germann. Fey Lienert. II. Arnold. Widmer. Meier. Köhler. Moser. Städli. Husmann III. Weber Jos. Rüst. Weber Fr. J. Benziger Müller. Ammann. Kälin. IV. Heß. Seitz. Bleß. V. Perret.	I. Germann. Lienert. Fey. II. Widmer. Städli. Arnold. Meier. Weber Jos. Rüst. Köhler. III. Ammann. Husmann Seitz. Moser. Kälin. Müller. Benziger. Weber Fr. J. . . . Bleß. IV. Perret. Heß.	I. Lienert Fey. Germann. Städli. II. Meier. Weber Jos. Rüst. Arnold Widmer. Köhler. III. Bleß. Husmann. Ammann. Benziger. Moser. Müller. Kälin. Seitz. Weber Fr. J. Heß. Perret.	I. Germann. Rüst. Weber Fr. J. Weber Jos. Lienert. Moser. II. Meier. Fey. Benziger. Husmann. Ammann. Köhler. Heß Widmer. III. Städli. Perret. Müller. Arnold. Kälin. Seitz. Bleß.	I. Fey Lienert. Germann. Weber Jos. II. Meier. Widmer. Städli. Ammann. III. Arnold. Rüst. Bleß. Köhler. Weber Fr. J. Benziger. Heß. Husmann. IV. Kälin. Müller. . . . Seitz. Moser. Perret.	I. Köhler. Germann. Weber Jos. Lienert. Städli. Rüst. Meier. Fey. II. Heß Widmer. Ammann. Husmann. Arnold. Moser. Müller. Benziger. III. Bleß. Seitz. Kälin. Weber Fr. J. Perret.	I. Lienert. Arnold. Fey. Weber Jos. Rüst. Germann. Husmann. Benziger. Meier. II. Widmer. Weber Fr. J. Heß. III. Müller. Kälin. Ammann. Moser. Bleß. Köhler. Perret. IV. Städli. Seitz.

V. Gymnasialklasse oder erste Rhetorik. Abthl. B.

Lehrgegenstände.

Religionsunterricht, wöchentlich 2 Stunden. a) Glaubenslehre: Das Werk der Heiligung; von der Gnade, von der Rechtfertigung, von den Gnadenmitteln, bis zur heiligen Eucharistie als Opfer, nach Martin II. Theil. b) Kirchengeschichte: Von Constantin bis zu den Kreuzzügen, nach Feßler.

Lateinische Sprache, wöchentlich 6 Stunden. a) Interpretation nach Inhalt und Form mit schriftlicher und mündlicher Uebersetzung und deren Correctur. 1. Cicero: Erste Rede gegen Catilina, für das Imperium des Pompejus, §. 1—49, für Archias. Ausgabe von Klotz. 2. Virgil: Georgikon IV, 1—148; Aeneis, Buch I, 1—612, II, 1—437, 634—804, VI, 264—702. Textausgabe von Ladewig. 3. Livius: Buch XXI, 30—42. Ausgabe von Wölfflin. Aus Virgil wurden 199 Verse memoriert. b) Composition: Uebersetzung aus Süpfle's Stilübungen, II. Theil: Nr. 118—155; wöchentlich ein Dictat; freie lateinische Aufsätze, besonders Abhandlungen, Chrieen, kleinere Reden. Metrische Uebungen in eleglschem Versmaße.

Griechische Sprache, wöchentlich 5 Stunden. a) Grammatik, nach Kühner: Die Syntax bis zum V. Kurs; der Homerische Dialekt. Uebersetzung der eingereihten Uebungsstücke. Wöchentlich ein Dictat. b) Interpretation: 1. Lysias, die Reden VII, XVI, XXII, XXIII, XXIV, XXXI. Ausgabe von Scheibe. 2. Homer, Odyssee: Buch I, 1—364, V, 1—115, 145—193, IX, XIII, 1—95. Inhaltsangabe der andern Bücher. Ausgabe von Dindorf. Aus Homer wurden 101 Verse memoriert.

Deutsche Sprache, wie in Abtheilung A.

Mathematik, wöchentlich 3 Stunden. a) Algebra: die Logarithmen: die bestimmten und unbestimmten Gleichungen des ersten Grades, die Gleichungen des zweiten Grades, die Exponentialgleichungen, nach Kambly. b) Geometrie: die Stereometrie, nach Lübsen.

Geschichte, wöchentlich 1½ Stunden. Die Römer, nach Pütz.

Naturgeschichte, wie in Abtheilung A.

Fortschrittsnoten.

Religionsunterricht.	Lateinische Interpretation.	Lateinische Composition.	Griechische Sprache.	Rhetorik u. deutsche Sprache.	Poesie und Literatur.	Mathematik.	Geschichte.	Naturgeschichte.
I.	I.	I.	I.	I.	I.	I.	I.	I.
Renggli Karl v. Entlebuch, Kt. Luzern	Schönenberger	Schildknecht.	Schönenberger	Schönenberger	Schönenberger	Schildknecht.	Suter.	Stäger.
Schönenberger Fridolin von Bütschwyl, Kt. St. Gallen.	Suter.	Schönenberger	Schildknecht	Renggli.	Renggli.	Schönenberger	Renggli.	Schönenberger
Suter Ludwig v. Weggis, Kt. Luzern	Schildknecht.	Renggli.	Renggli.	Bühler.	Bühler.	Wild.	Meier Jos.	Hildebrand.
Hildebrand Emil v. Cham, Kt. Zug.	Renggli.	Suter.	Hildebrand.	Stäger.	Stäger	Maier Franz	Hildebrand.	Renggli.
Meier Jos. v. Hilfikon, Kt. Aargau.	Meier Jos.	II.	Bühler.	Schildknecht	Meier Jos.	II.	Schildknecht.	Schildknecht.
Schildknecht Jakob von Waldkirch, Kt. St. Gallen.	Artho.	Stäger.	Suter.	Meier Jos.	II.	Renggli.	Bühler.	Suter.
Wild P. v Steinach, Kt. St. Gallen.	Hildebrand	Bühler.	Meier Jos.	Suter.	Schildknecht	Hildebrand.	Wild.	Meier J.
Stirnimann Eduard von Ruswyl, Kt. Luzern.	Bühler.	Hildebrand.	II.	Hildebrand	Wild.	Galliker.	Schönenberger	Wild.
Maier Fr. Sales von Bechtenroth, Württemberg.	Stäger.	Meier Jos.	Galliker.	II.	Krachenfels.	Meier Jos.	Maier Franz.	Maier Franz.
Wichert Martin von Altendorf, Kt. Schwyz.	Krachenfels.	Pfister.	Artho.	Maier Franz.	Hildebrand.	Hutschmid.	II.	II.
Artho Jos. v. Walde, Kt. St. Gallen.	II.	Maier Franz.	Krachenfels	Krachenfels.	Pfister.	Bühler.	Stirnimann.	Epp.
Nüßle Joseph von Reichenbach, Württemberg.	Wild.	Wild.	Maier Franz	Epp	Suter.	Suter.	Pfister.	Arnold.
Bühler Nikolaus von Einsiedeln.	Arnold.	Hürlimann.	Nüßle.	Artho.	III	III.	Stäger.	Bühler.
Galliker Xav. v. Gunzwyl, Kt. Luzern	Wichert.	Nüßle.	Stäger.	Galliker.	Maier Franz.	Krachenfels.	Wichert.	Galliker.
Stäger K. v. Villmergen, Kt. Aargau	Galliker.	Krachenfels	Wild.	Nüßle.	Galliker.	Nüßle.	Galliker.	Artho.
Epp Wilhelm von Altdorf, Kt. Uri.	Nüßle.	Artho	Wichert.	III.	Nüßle.	Stäger.	Nüßle.	III.
Arnold A. v. Schlierbach, Kt. Luzern	Pfister.	Galliker.	Stirnimann.	Wild.	Epp.	Epp.	Krachenfels.	Stirnimann.
Pfister Erh. v. Tuggen, Kt. Schwyz.	Epp.	III.	Pfister.	Wichert.	Artho.	Pfister.	Epp.	Nüßle.
Hutschmid Joseph von Ermensee, Kt. Luzern.	Maier Franz.	Hutschmid.	III.	Arnold.	Schuster.	Schuster.	III.	Krachenfels.
Krachenfels Joh. v. Kappel, Baden	Hutschmid.	Schuster.	Epp.	Stirnimann.	Hutschmid.	Artho.	Artho.	v. Hornstein.
II.	Stirnimann.	Epp.	Arnold.	Pfister.	Wichert.	Wichert.	Arnold.	Hutschmid.
v. Hornstein Hermann von Binningen, Baden.	III.	Stirnimann.	Hutschmid.	Schuster.	Arnold.	Hürlimann.	Hutschmid.	Pfister.
Zell Theodor von Eggelshausen, Württemberg.	Hürlimann.	Arnold.	v. Hornstein.	Hürlimann.	Stirnimann.	IV.	Zell.	Wichert.
Schuster Karl von Main, Bayern.	v. Hornstein.	v. Hornstein.	IV.	Hutschmid.	Hürlimann.	Zell.	v. Hornstein.	Hürlimann.
Hürlimann Anton von Walchwyl, Kt. Zug.	IV.	Zell.	Hürlimann.	IV.	IV.	v. Hornstein	IV.	IV.
	Zell.	IV.	Schuster.	v. Hornstein.	v. Hornstein.	Arnold.	Schuster.	Zell.
	Schuster.	Wichert.	Zell.	Zell.	Zell.	Stirnimann.	Hürlimann.	Schuster.

Arnold, Artho und Suter waren wegen Krankheit längere Zeit am Schulbesuche gehindert.

VI. Gymnasialklasse oder zweite Rhetorik.

Lehrgegenstände.

Religionsunterricht, wöchentlich 2 Stunden. a) Glaubenslehre: Die Sacramente der Eucharistie (als Communion und Opfer), der letzten Oelung, der Priesterweihe, der Ehe; das Werk unserer Vollendung, nach Martin, II. Theil. b) Kirchengeschichte: Von den Kreuzzügen bis in die neueste Zeit, nach Feßler.

Lateinische Sprache, wöchentlich 6 Stunden. a) Interpretation nach Inhalt und Form mit schriftlicher und mündlicher Uebersetzung und deren Correctur. 1. Cicero: Die Reden für Milo und Ligarius; Orator cc. 10—29. Ausgabe von Klotz. 2. Horaz: Oden I. Buch: 1, 2, 3, 12, 14, 15, 20, 24, 29, 31, 34; II. Buch: 2, 3, 6, 7, 10, 13, 14, 15, 16, 17; III. Buch: 1, 2, 3, 4, 5, 10, 23, 29, 30; IV. Buch: 2, 4, 8, 9, 12, 14, 15. Epoden 2, 4, 6, 7, 13. Satiren I. Buch: 1, 6, 9; II. Buch: 1, 6. Episteln I. Buch: 7, 19, 20; II. Buch: 3. Der Brief an die Pisonen und einige Oden wurden memoriert. Ausgabe v. Müller. b) Composition: Aus Süpfle, II. Theil, schriftlich und mündlich übersetzt Nummern: 278—342. Alle vierzehn Tage ein Extemporale in der Schule. Freie Aufsätze, besonders Chrieen. Metrische Versuche.

Griechische Sprache, wöchentlich 5 Stunden. a) Grammatik: Wiederholung des letztjährigen Pensums; Syntax des zusammengesetzten Satzes, mit schriftlicher und mündlicher Uebersetzung der Uebungsstücke, nach Kühner. b) Interpretation 1. Demosthenes: I. und II. olynthische, I. und III. philippische Rede. Ausgabe v. Dindorf. 2. Homer: Ilias I, II, 1—483; V, VI, 237—529; XII, XXII, XXIV. Größere Partieen wurden cursorisch gelesen. I, 1—100 wurde memoriert. Ausg. v. Dindorf.

Deutsche Sprache, wöchentlich 3 Stunden. a) Rhetorik: Theorie der Rede: Auffindung, Anordnung und Einkleidung des Stoffes; der Vortrag, nach Kleutgen. b) Poetik: Die dramatische Poesie, nach Bone, II. Theil. c) Literaturgeschichte: Von 1725—1805, nach Bone, II. Theil. Analyse und Kritik mehrerer dramatischer Stücke v. Lessing und Schiller. d) Schriftliche Arbeiten: Freie Aufsätze (Reden, Abhandlungen u. s. f.); poetische Uebungen.

Mathematik, wöchentlich 3 Stunden. a) Algebra: Repetition der Gleichungen des ersten und zweiten Grades; die Gleichungen des dritten Grades; die arithmetischen und geometrischen Reihen und Anwendung der letztern auf Zinseszins- und Rentenrechnungen, die Combinatorik, der binomische Lehrsatz, nach Kambly. b) Geometrie: Goniometrie und ebene Trigonometrie.

Geschichte, wöchentlich $1\frac{1}{2}$ Stunden. Das Mittelalter, nach Pütz.

Naturgeschichte, wöchentlich $1\frac{1}{2}$ Stunden. Der innere Pflanzenbau und das natürliche Pflanzensystem.

Fortschrittsnoten.

Religionsunterricht.	Lateinische Interpretation.	Lateinische Composition.	Griechische Sprache.	Rhetorik u. deutsche Sprache.	Poesie und Literatur.	Mathematik.	Geschichte.	Naturgeschichte.
I.	I.	I.	I.	I.	I.	I.	I.	I.
Meier Frid. v. Villmergen, Aargau.	Benz.	Benz.	Benz.	Benz.	Gyr.	Bigger.	Bigger.	Bigger.
Bigger K. v. Vilters, Kt. St. Gallen.	Meier.	Stocker.	Bigger	Meier.	Benz	Benz.	Benz.	Kindler
Benz Salomon von Röthenbach, Großh. Baden.	Bigger.	Meier.	Meier.	Bigger.	Gerschwyler.	Meier.	Meier.	Benz.
Zell Karl v. Friedingen, Württemb.	Stocker.	Kindler.	Stocker A.	Stocker.	Graf.	Graf.	Kindler.	Meier.
Kindler A. v. Ippingen, Großh. Bad.	Kindler.	Bigger.	Ackermann.	Kindler.	Stocker.	Ackermann.	Stocker.	Zell.
Ackermann Felix von Stans, Kt. Unterwalden.	Gerschwyler.	Graf.	Gerschwyler.	Graf.	Meier.	Stocker.	Gaßmann.	Nußbaumer.
Hophan Joh. v. Näfels, Kt. Glarus.	Zell.	Zell.	Zell	Gerschwyler.	Bigger.	Gaßmann.	Zell.	Gyr.
Widmer Jos. v. Unterägeri, Kt. Zug	II.	II.	Hophan	II.	Kindler.	Kindler.	Ackermann.	Hophan.
Wick Karl v. Wuppenau, Thurgau.	Ackermann.	Gerschwyler	II.	Zell.	II.	II.	II.	Widmer.
Gerschwyler Albert v. Flawyl, Kt. St. Gallen.	Hophan.	Hophan.	Kindler.	Ackermann.	Suter.	Widmer.	Wick.	II.
Stocker A. v. Abtwyl, Kt. Aargau.	Heß.	Ackermann.	Heitz.	Gyr.	Ackermann.	Bischof.	Nußbaumer.	Suter.
Gaßmann J. v. Wauwyl, Kt. Luzern.	Heitz.	Wick.	Gaßmann.	Gaßmann.	Bischof.	Hagmann.	Gerschwyler.	Wick.
Gyr Joseph v. Baden, Kt. Aargau.	Wick.	Gyr.	Nußbaumer.	Nußbaumer.	Zell.	Hophan.	Widmer.	Heß.
Nußbaumer Gottlieb von Mümliswyl, Kt. Solothurn.	Gyr.	Gaßmann.	Widmer.	Hophan.	Högger.	Wick	Heitz.	Graf.
Högger Anton von Zuckenrieden, Kt. St. Gallen.	Widmer.	Heß.	Heß.	Widmer.	Wick.	Heerlein.	Hophan.	Ackermann.
Graf Gallus von Zuckenrieden, Kt. St. Gallen.	Gaßmann.	Nußbaumer.	Wick	Heitz.	Heerlein.	Zell.	Heerlein.	Egloff.
Hagmann Arnold von Degersheim, Kt. St. Gallen.	Nußbaumer.	Heitz.	Gyr.	Heß.	Widmer.	Heß.	Heß.	Mauser.
Heß Oswald v. Oberwyl, Kt. Zug.	III.	Bischof.	Graf.	Bischof.	Heitz.	Gerschwyler.	Gyr.	Huber.
Mauser A. v. Brülisau, Kt. Appenz.	Graf.	III.	III.	Heerlein.	Hagmann.	Nußbaumer.	III.	Stocker.
Hüffer Arnold von Bremgarten, Kt. Aargau.	Hüffer.	Widmer.	Hagmann.	Hagmann.	Hophan.	Gyr.	Dolber.	Högger.
Bischof Ulrich v. Wyl, Kt. St. Gallen.	Suter.	Mauser.	Högger.	Högger.	Dolber.	Dolber.	Suter.	III.
Heerlein Oskar v. Würzburg, Bayern.	Heerlein.	Dolber.	Stoffel.	Wick.	Egloff.	Mauser.	Stoffel.	Gerschwyler.
Suter Fridolin von Tobel, Kt. Thurgau.	Stoffel.	Hagmann.	Dolber.	Dolber.	III.	Hüffer.	Mauser.	Hagmann.
Huber Aug. v. Arni, Kt. Aargau.	Dolber.	Högger.	Heerlein.	Suter.	Mauser.	III.	Hüffer.	Hüffer.
Stoffel Alfred von St. Gallen.	Högger.	Stoffel.	Bischof.	Egloff.	Heß.	Högger.	Hagmann.	Gaßmann.
Heitz Karl von Wolxheim, Elsaß.	Bischof.	Suter.	Suter.	III.	Hüffer.	Suter.	Högger.	Dolber.
Dolber J. v. Münster, Kt. Luzern.	Hagmann.	Mennel.	Mauser.	Mauser.	Nußbaumer.	Egloff.	Bischof.	Stoffel.
Egloff Sigmund von Wettingen, Kt. Aargau.	Mauser.	Heerlein	Hüffer.	Stoffel.	Stoffel.	Huber.	Graf.	Bischof.
Mennel Gregor, von Hüttenweiler, Württemberg.	IV.	Hüffer.	IV.	Hüffer.	Mennel.	Heitz.	Huber.	Heerlein.
	Egloff.	IV.	Mennel.	Huber.	Huber.	IV.	Egloff.	Mennel
	Mennel.	Egloff.	Egloff.	Mennel.	Gaßmann.	Stoffel.	Mennel.	Heitz.
	Huber.	V.	Huber.			Mennel.		
		Huber.						

Lyceum.

I. Philosophischer Curs.

Vorlesungen.

1. **Philosophie**, wöchentlich 7 Stunden. Der theoretische Theil: Einleitung, empirische Psychologie, Logik, Noetik, Ontologie, Kosmologie, metaphysische Psychologie, Theodicee — nach dem Lehrbuch von Stöckl. Mit der Noetik wurde die Geschichte der neuern Philosophie von Cartesius an verbunden.

2. **Aesthetik**, wöchentlich 3 Stunden. Allgemeine, philosophische Aesthetik. Allgemeine Kunstlehre. Aesthetische Einleitung zur Malerei. Ueberblick über die geschichtliche Entwickelung derselben in Italien und Deutschland.

3. **Literatur**, wöchentlich 2 Stunden. Geschichte der griechisch-klassischen Literatur. Göthe's Leben und Werke.

4. **Weltgeschichte**, wöchentlich 2 Stunden. Die neuere Zeit, von der Entdeckung Amerika's bis zur französischen Revolution, nach dem Grundriß von Pütz.

5. **Mathematik**, wöchentlich 3 Stunden. Repetition der ebenen Trigonometrie. Anwendung der Trigonometrie auf die Algebra; Operationen mit complexen Zahlen. Elemente der sphärischen Trigonometrie, analytische Behandlung der Geraden und Kegelschnittlinien. Elemente der Geodäsie mit Uebungen.

6. **Naturgeschichte**, wöchentlich 3 Stunden. Die Somatologie. Zoologie, vergleichende Uebersicht der Wirbel- und wirbellosen Thiere nach Thomé (mit besonderer Berücksichtigung der Biologie). Besprechung der Descendenztheorie.

7. **Philologie**, wie im II. Curs.

Verzeichniß der Herren Candidaten des I. philosophischen Curses.

Fr. Athanasius Staub von Stans, Nidwalden.
Hr. de Courten Heinrich von Sitten, Kt. Wallis.
„ Endres Joseph von Kemmern, Bayern.
„ Grassi Joseph von Olivone, Kt. Tessin.
„ Kälin Mathias von Einsiedeln.
„ Kaufmann Beat von Günsberg, Kt. Solothurn.
„ Lutiger Franz von Zug.
„ Lutz Joseph von Thal, Kt. St. Gallen.
„ Maier Alois von Armstorf, Bayern.
„ Meier Paul von Basel.

Kaufmann wurde entlassen.

Hr. Senn August von Wyl, Kt. St. Gallen.
„ Staub Johann von Einsiedeln.
„ Stürmle Alois von Bronschhofen, Kt. St. Gallen.

Hospitanten:

Hr. Bernasconi Marius von Mendrisio, Kt. Tessin.
„ Franzoni Jakob von Locarno, Kt. Tessin.
„ Molo Anton von Bellenz, Kt. Tessin.
„ Roseda Alfred von Vaccallo, Kt. Tessin.

II. Philosophischer Curs.

Vorlesungen.

1. **Physik**, wöchentlich 6 Stunden. Die physikalischen Disciplinen nach ihrem gewöhnlichen Umfange: Mechanik, Wellenlehre, Akustik, Optik, Calorik, Magnetismus, Elektricität und Astronomie nach Krebs, mit vielen Experimenten erläutert.

2. **Chemie**, wöchentlich 3 Stunden. Anorganischer Theil, nach Lorscheid, mit vielen Experimenten erläutert.

3. **Philosophie**, wöchentlich 4 Stunden. Praktische Philosophie: Ethik, Social- und Rechtsphilosophie. — Religionsphilosophie, nach Stöckl. — Geschichte der griechischen Philosophie, nach Dictat.

4. **Mathematik**, wöchentlich 2 Stunden. Repetition der Algebra, Geometrie, Trigonometrie und analytischen Geometrie.

5. **Naturgeschichte**, wie im I. Curs.

6. **Weltgeschichte**, wie im I. Curs.

7. **Philologie**, a) Lateinisch, wöchentlich 3 Stunden. Quintilian: Anleitung zur Redekunst (Ausg. von Bonnel-Meister) B. X, 1. und 7. Cap. Horaz: Briefe II, 2. Oden und Epoden zur Repetition der lyrischen Versmaße. Cicero: Tusculanen B. I, Cap. 1—21; cursorische Lectüre aus dem II. Buche. Wöchentlich eine schriftliche Stilübung. Literaturgeschichte: Vorgeschichte; archaistische und ciceronisch-augusteische Zeit, nach Bender.

b) Griechisch, wöchentlich 3 Stunden. Plato's Vertheidigungsrede des Sokrates und Kriton. (Ausg. von Cron). Euripides' Iphigenie im Taurierland (Ausgabe von Wecklein).

Verzeichniß der Herren Candidaten des II. philosophischen Curses.

Fr. Franz Huber von Ruswil, Kt. Luzern.
„ Claudius Hirt von Solothurn.
„ Johann Baptist Lüthi von Escheuz, Kt. Thurgau.
„ Felix Wagner von Eschenbach, Kt. St. Gallen.
Hr. Appius Jakob von hl. Kreuz, Kt. St. Gallen.
„ Blättler Alois von Sins, Kt. Aargau.
„ Bruggmann Alois von St. Gallen.
„ Chicherio Peter von Bellinzona, Kt. Tessin.
„ De Cocatrix Eugen von St. Moriz, Kt. Wallis.
„ Eberle Otto von St. Gallen.
„ Fäh Beat von Benken, Kt. St. Gallen.
Hr. Hagen Johann von Buch, Kt. Thurgau.
„ Lambert Anton von Rengetsweiler, Hohenzollern.
„ Meier Johann vom Bremgarten, Kt. Aargau.
„ Nicolet Peter von Chenans, Kt. Freiburg.
„ Roseda Romeo von Vaccallo Kt. Tessin.
„ Pittet Kasimir von Villars, Kt. Waadt.
„ Roggiero Karl von Locarno, Kt. Tessin.
„ Schumacher Albert von Bern.
„ Zürcher Clemens von Zuzwil, Kt. St. Gallen.

Hospitant:

„ Beßmer Jos. von Oberägeri, Kt. Zug.

Eberle fand sich am Schlusse des ersten Semesters zum Austritt veranlaßt; Nicolet besuchte den Curs nur zeitweilig im ersten Semester; Pittet ist vor den Schlußprüfungen ausgetreten. — Schumacher ist an Ostern eingetreten.

Freifächer.

I. Französische Sprache.

Lehrgegenstände.

I. Klasse, wöchentlich 3 Stunden. a) Grammatik: Die Formenlehre bis zum zurückzielenden Zeitwort, nach Ahn. b) Uebersetzung: Schriftliche und mündliche Uebersetzung der beigefügten Uebungs- und Lesestücke.

II. Klasse, wöchentlich 3 Stunden. a) Grammatik: Repetition des letztjährigen Pensums; das unregelmäßige Zeitwort und die Syntax, nach Ahn. b) Uebersetzung der eingereihten Uebungsstücke. Uebersetzung ausgewählter Stücke aus Ahn's Lesebuch, I. Theil.

III. Klasse, wöchentlich 3 Stunden. a) Grammatik von Borel: Formenlehre und Syntax, erster Curs. Uebersetzung der eingereihten Uebungsstücke. b) Lectüre: Uebersetzung ausgewählter Stücke und Memorierung mehrerer Gedichte aus Ahn's Lesebuch, II. Theil. Der Unterricht wurde in französischer Sprache gegeben.

IV. Klasse, wöchentlich 3 Stunden. a) Grammatik von Borel: Der zweite Curs mit theilweiser Repetition des ersten. b) Lectüre ausgewählter prosaischer und poetischer Stücke aus der «France littéraire». c) Stilübungen: Uebersetzung der Uebungsstücke der Grammatik, freie Aufsätze. Gedächtnißübungen. Der Unterricht wurde in französischer Sprache ertheilt.

V. Klasse, wöchentlich 3 Stunden. a) Französische Literatur: Corneille, Molière, Racine; die vorzüglichsten Schriftsteller des 19. Jahrhunderts, nach der «France littéraire». b) Lectüre aus demselben Handbuch, im Anschluß an die Theorie. c) Stilübungen nach Borel, freie Aufsätze.

Fortschrittsnoten.

Erste Klasse.		Zweite Klasse.		Dritte Klasse. Abtheilung A.	Dritte Klasse. Abtheilung B.		Vierte Klasse.	Fünfte Klasse.
I. Bleß. * . * Scheuwiller. II. Benz J. Lang. Fell Th. Bontolfi. Pfister M. Naber. Benziger. III. Kuriger. Hieber. Brander. Langenstein. Wolf. Widmer. Zürcher J.	Fräuble Kälin A. Manser J. Schumacher K. Kilian. IV. Müller F. Weishaupt. Meier Plac. Traber. Gutscher. Oberholzer. Grüninger. * . * Henggeler. V. Hoster.	I. Eberle Ed. II. Rüssi. Keller. Steffel Ad. Kälin K. Stocker M. Bühler. Hagmann. Buholzer. III. Müller. Knüsel. Erni. Egloff. Schreiber. Bühlmann. Huber.	IV. Triner. Loser. Walter. Stöckli. Roppel.	I. Lienert. Hophan. Pfyffer. II. Gral. Meier Jos. Stimmann. Oeschger. Weber. Fell. Wick. Hornstein. Epp. Stäger. III. Küßle. Hüsser.	I. Widmer Jos. II. Kalt. Gallifer. Ebneter. Lup G. Schilling. Endres. Ruoß. * . * Binkert. Wichert Dutschmid. Helbling. Benz Aug	III. Husmann. Huber Aug Wößner. Telber.	I. Benz E. Sutter L. Fey. Stocker A. II. Meier G. Mengali. Ackermann F. Weber Fr. J. III. Meister. Appius. Fäh. Ammann. Nußbaumer. Moser. Gaßmann. IV. Steffel Alfr.	I. Meier Joh. Blöttler. Schönenberger Köhler. Germann. Meier Fridol. Reggiero. II. Gyr. Senn. Zürcher. III. Hagen. Heß Osw. Kalin M. Arnold Jos.

II. Italienische Sprache.

Lehrgegenstände.

I. Klasse, wöchentlich 2 Stunden. a) Grammatik von Fornasari-Verce: Formenlehre bis zur Syntax. b) Uebersetzung der eingereihten deutschen Uebungsstücke; memoriert wurden einige poetische Stücke.

II. Klasse, wöchentlich 2 Stunden. a) Grammatik: Wiederholung der Formenlehre; die Syntax, nach Fornasari-Verce, mit Ergänzungen aus Melga's Nuova Grammatica Italiana. b) Lectüre: Auswahl aus dem der Grammatik beigefügten Lesebuch: Silvio Pellico's «Le mie Prigioni», Cap. 1—25; ausgewählte Stellen aus Tasso und Dante, theilweise memoriert. c) Uebersetzungen deutscher Dictate; freie kleinere Aufsätze. Der Unterricht wurde in italienischer Sprache ertheilt.

Fortschrittsnoten.

Erste Klasse.	Zweite Klasse.
I. Bruggmann, Bigger, Kindler, Eberle E., Fell K., Mengali, Hildebrand. — II. De Courten, Kohler W., Ruoß, Widmer M., Zoller, Benziger O., Bischof.	I. Lup J., Benz E., Fey, Schönenberger. — II. Meier Fr., Schildknecht, Arnold Jos., Stocker A., Ackermann F.

III. Englische Sprache.

Lehrgegenstände.

I. Klasse, wöchentlich 2 Stunden. Elementarbuch von Behn-Eschenburg: I.—VI. Abschnitt; Uebersetzung der eingereihten Uebungsstücke; einzelne Gedichte wurden memoriert.

II. Klasse. Elementarbuch von Behn-Eschenburg; VI—IX. Abschnitt; Uebersetzung der eingereihten Uebungsstücke; Ergänzungen der Syntax aus Baskerville's «English Grammar for the use of the Germans»; Uebersetzung deutscher Dictate (Briefe und Erzählungen); Shakespeare's Julius Cäsar, I. Akt; Einzelnes wurde memoriert; der Unterricht wurde in englischer Sprache ertheilt.

IV. Zeichnen.

Wöchentlich 2 Stunden. Freies Handzeichnen nach Zeichnungen an der Tafel, nach Vorlagen und nach Gyps. Ornamente, Köpfe, Figuren u. s. w.

Benziger A.
Benziger K.
Bischof.
Bossart.
Brander.
Eberle E.

Gyr.
v. Hornstein.
Kälin K.
Knobel.
Knüsel.

Köhler W.
Langenstein.
Müller Otto.
Pfenninger.
Rieth.

Schlumpf.
Stürmli.
Suter Ludwig.
Traber.
Wolf.
Zürcher Jos.

V. Kalligraphie.

Obligatorisch für die I. und II. Klasse, wöchentlich je eine Stunde. Deutsche und lateinische Currentschrift.

VI. Musik.

a) Gesangunterricht in 2 Abtheilungen, jede wöchentlich 1½—2 Stunden. Die erste Abtheilung beschäftigte sich mit den Elementarkenntnissen des Gesanges an der Hand des einsiedlischen „Quodlibet", aus welchem auch etliche Lieder eingeübt wurden. Die zweite Abtheilung bildete einen gemischten Chor, der aus der Liedersammlung von Waldmann von der Au ca. 20 Nummern und außerdem noch größere Chöre aus Oratorien und Opern, Cantaten u. s. w. einübte und vortrug. Die meisten Mitglieder dieser Abtheilung fanden überdies beim Kirchengesang Verwendung. Daneben bestand noch bei den Internen und Externen ein Männerchor.

b) Instrumentalmusik. Nebst den besondern Sectionen betheiligten sich die geübteren Zöglinge beim Kirchenorchester; in den Wintermonaten bis Ostern bestand ein Orchesterverein; in den Sommermonaten trat an dessen Stelle eine Feldmusik, welche Märsche, Ouvertüren, Hymnen, Potpourris u. s. w. producierte; bei den Externen bestand eine Blechmusik. Das Orchester übte klassische Symphonieen, Ouverturen etc. ein, die bei Abendunterhaltungen und ähnlichen Anläßen zur öffentlichen Aufführung kamen.

a) Gesang.

Erste Abtheilung.

Benz Carl.
Fuchs Ad.
Gutheuser.
Henggeler.
Keller.
Kurer Joh.

Koppel Rob.
Pfister Alb.
Rieth.
Sprecher.
Traber.
Weishaupt.
Wöhner.

Zweite Abtheilung und gemischter Chor.

Sopran.

Fuchs.
Gutheuser.
Lang.
Langenstein.
Luz Gebh.
Luz Ulrich.
Müller F.
Rigg.
Pfenninger.
Mällin.
Rosenberg.
Schumacher.

Alt.

Amstad.
Binkert.
Boos.
Brändli.
Broger.
Henggeler.
Jost.
Knobel.
Müller O.
Pfister.
Riel.
Traber.

Tenor.

Ligger.
Bischof.
Bruggmann.
Graffi.
Högger.
Mauler.
Meier Paul.
Roseda.

Baß.

de Courten.
Franzoni.
Graf.
Hagen.
Heß Edw.
Heß Alfr.
Hildebrand.
Kall.
Meister.
Neidhardt.

Oberholzer.
Pilet.
Riesen.
Senn.
Suter Fried.
Stirnemann.
Stürmle.
Weber J.
Widmer J.

b) Instrumentalmusik.

Klavier.

Amstad.
Benz Salom.
Benziger A.
Binkert.
Boos.
Bühlmann.
Comte.
Dolder.
Epp.
Erni.
Franzoni.
Germann.
Gmür.
Graf.
Graffi.
Grüninger.
Guthauser.
Hagmann.
Hern.
Herzog.
Heß Edw.
Huber.

Hürlimann.
Jost.
Keller Ferd.
Knüsel.
Kurer.
Langenstein.
Luthiger.
Meier Pl.
Meister.
Koppel Fr.
Koppel Rob.
Pfister Alb.
Rieth.
Rölin.
Scheiwiller.
Schönenberger.
Schumacher Alb.
Senn.
Staub.
Stocker A.
Traber.
Triner.
Walter.
Weber J.

Wick.
Widmer.
Wöhner.
Zürcher.

Violin.

Arnold.
Benz Jos.
Benziger K.
Bühlmann.
Comte.
de Courten.
Eberle.
Fuchs.
Gmür.
Grüninger.
Henggeler.
Heß Alfr.
Husmann.
Hüsler.
Knobel.
Lang.
Langenstein.
Lichtensteiger.

Luz Gebh.
Luz Ulr.
Meister.
Müller Ferd.
Müller Otto.
Pfenninger.
Pfyffer.
Raber.
Schönenberger.
Schumacher K.
Senn.
Stäger.
Stocker.
Stoffel.
Triner.
Widmer J.

Cello.

Hüsler.

Blasinstrumente.

Flöte.

Christen.
Eberle.
Graffi.
Meier Fried.
Meier Jos.
Widmer Jos.

Oboe.

Widmer J.

Fagott.

Heß Edw.

Horn.

Luthiger.
Weber Fr. J.

Clarinette.

Graffi.
Hildebrand.

Lichtensteiger.
Roseda.
Widmer Joseph.

Feldmusik der Internen.

Ackermann J.
Benziger Ar.
Bischof.
Bühlmann.
Buholzer.
Christen.
de Courten.
Dolder.
Eberle.
Epp.
Eugster.
Graffi.
Heß Alfr.
Heß Edw.

Hildebrand.
Huber Aug.
Huber Gottfr.
Hufschmid.
Husmann.
Hunkeler.
Kall.
Keller.
Langenstein.
Lichtensteiger.
Luthiger.
Meier Frid.
Meier Jos.
Moser.
Müller Otto.
Neidhardt.
Roseda A.
Riesen.
Stocker.
Stürmle.
Weber Fr. Jos.

Widmer J.
Widmer Joseph.

Blechmusik der Externen.

Bühler.
Eberle D.
Huber.
Jäger.
Kälin M.
Kaufmann.
Lienert.
Maier A.
Perret.
Steiner D.
Zürcher Cl.

Schulnachrichten.

1. Das Schuljahr 1885/86 wurde am 8. October 1885 mit feierlichem Gottesdienst und einer Ansprache eröffnet und ebenso am 26. Juli 1886 geschlossen.

2. An der Anstalt wirkten 23 Professoren, mit Ausnahme eines Musiklehrers sämmtlich Mitglieder des Stiftes.

3. Die Schule war im Ganzen von 251 Schülern besucht, von welchen 225 auf 19 Kantone der Schweiz, 26 auf das Ausland entfallen. Auf die einzelnen Klassen vertheilen sie sich folgendermaßen:

Gymnasium.							Lyceum.	
I.	II.	III.	IV	V A.	V B.	VI.	VII.	VIII.
37	27	30	34	25	24	36	17	21

4. Die Lehrmittel der Anstalt umfassen eine gutausgestattete Schülerbibliothek, ein physikalisches Kabinet, die für Unterrichtszweige verfügbaren literarischen, naturwissenschaftlichen und Kunst-Sammlungen des Stiftes. Sie erhielten auch dieses Jahr bedeutenden Zuwachs. Das physikalische Kabinet unter Anderm durch eine Contact-Glühlampe und mehrere Hofmann'sche Apparate für Elektrolyse ꝛc.

5. An Geschenken haben wir mit bestem Danke zu verzeichnen: Vom Hochwürdigsten Bischof Marty O. S. B. von Dakota eine vollständige Indianerkleidung, ein Büffelfell, eine Friedenspfeife u. s. w.; vom Hochwürdigsten Abt Fintan O. S. B. von St. Meinrad in Amerika eine kleine Sammlung amerikanischer Insekten; von Hochw. P. Benedikt Litschi ein Birkhuhn; von Hochw. P. Moriz Egger ein Hermelin; vom Schüler Joseph Hänggi einige Versteinerungen aus dem Jura.

6. Zur Pflege des religiösen Lebens dienten neben den gewöhnlichen Hausandachten die Theilnahme der Zöglinge am Gottesdienste in der Stiftskirche, die Marianische Sodalität, die geistlichen Exercitien in der hl. Fastenzeit.

7. Im Anschlusse an die Marianische Sodalität bildeten Schüler des Lyceums und der beiden rhetorischen Klassen einen freiwilligen Verein, die Akademie, welche sich unter der Anleitung von Lehrern die Pflege der deutschen Sprache und die Uebung im Vortrag als Hauptziel gesetzt hat. Für die wöchentlichen Versammlungen lieferten die Mitglieder schriftliche Arbeiten in Prosa und Poesie aus den verschiedenen dem Kreise der betreffenden Schulstufen angehörigen Gebieten, welche sodann schriftlich und mündlich besprochen wurden. Damit waren immer Declamationsübungen verbunden. Die rhetorische Abtheilung behandelte zur Winkelriedfeier als öffentliche Production „die Schlacht bei Sempach".

8. Der Declamationsunterricht wurde bis zur Rhetorik in den Klassen gegeben und durch öffentliches Auftreten bei verschiedenen Anlässen, namentlich bei den regelmäßigen musikalisch-declamatorischen Abendunterhaltungen während des Winters, gefördert.

9. In freien Stunden des Wintersemesters wurde den Schülern der obern Klassen Anlaß zur Erlernung der Stenographie (System Gabelsberger) geboten.

10. Im Fasching wurden die „Preciosa" von C. M. Weber, für das Schultheater bearbeitet und „Fiesko" von Schiller, nach der Bearbeitung von P. Gall Morel nebst einigen Lustspielen aufgeführt.

11. Das nächste Schuljahr beginnt am 7. October.

12. Neu eintretende Schüler und solche, deren Aufsteigen in eine höhere Klasse von einer Vorprüfung abhängt, müssen am 5., die übrigen, Interne wie Externe, am 6. October eintreffen. Die Neueintretenden sollen Heimatschein und Schulzeugnisse mitbringen und letztere bei der Aufnahmsprüfung vorweisen.

U. I. O. G. D.

Alphabetisches Verzeichniß der Schüler.

(Die Gymnasialklassen sind durch arabische, die Specialcurse durch römische Ziffern, die externen Schüler durch * bezeichnet.)

Achermann Alfred. 1.
Ackermann Felix. 6.
Ackermann Jos. 5.
* Ammann. 5.
Amstad. 1.
Appius. II.
Arnold Joseph. 5.
* Arnold Joseph. 5.
Arthe. 5.
Benz August. 4.
Benz Joseph. 3.
Benz K. 2.
Benz Salomon. 6.
Benziger A. 5.
Benziger K. 3.
* Benziger O. 3
Bernasconi. I.
* Betzmer. II.
Bigger. 6.
Binkert. 1.
Bischof. 6.
Blattmann. 1.
* Blättler. II.
* Bleß. 5.
Bondolfi. 2.
Boos. 3.
Bossart. 1.
Brander. 2.
Brändli. 2.
Brunn. 4.
Bruger. 2.
Bruggmann. II.
* Bühler. 5.
Bühlmann. 4.
Bucholzer. 4.
Butscher. 4.
* Chicherio. II.
Christen. 3.
* de Cocatrix. II.
Comte. 3.
de Courten. I.
Dolder. 6.
* Durrer. 3.
* Eberle Eduard. 4.
* Eberle Otto. II.
Eberle Richard. 3.
Ebneter. 4.
Egloff. 6.
* Endres. 1.
Epp. 5.
Erni. 2.
* Estermann. 2.
Engster. 4.
Fäh. II.
Fetz. 5.
Franzoni. I.
Fuchs Adolf. 1.
* Fuchs Heinrich. 3.
* Füchsle. 1.
Galliker. 5.
Gaßmann. 6.
Germann. 5.
* Gerschwyler. 5.

Gmür. 3.
Gorini. 3.
Graf. 6.
* Gräther. 4.
Grassi. I.
Grüninger. 2.
Guthauser. 1.
Gyr. 6.
Hagen. II.
* Hagmann Arnold. 6.
Hagmann August. 2.
* Hampp. 4.
Hänggi. 4.
* Herlein. 6.
Hegner. 3.
* Heiz. 6.
Helbling. 4.
Henggeler. 2.
Herr. 1.
Herzog. 3.
Heß Al. 5.
Heß Oswald. 6.
Hidber. 3.
Hildebrand. 5.
Hirt Fr. Claudius. II.
Höfliger. 3.
Hägger. 6.
* Holdener. 1.
* Hophan. 6.
v. Hornstein H. 5.
* Hosler. 1.
Huber August. 6.
Huber Fr. Franz. II.
Huber Gottfried. 3.
* Huber Pius. 4.
Hürlimann. 5.
Hüffer. 6.
Hufschmid. 5.
Husmann. 5.
Huwiler B. 4.
Huwyler Kaspar. 4.
* Jäger. 4.
Jost. 1.
Kalt. 5.
Kälin Adelrich. 5.
* Kälin Karl. 3.
* Kälin Mathias. I.
* Kaufmann. I.
Keller Ferd. 4.
Keller Joh. 1.
Kilian. 4.
Kindler. 6.
Knobel. 2.
Knüsel. 4.
Köhler Wend. 1.
Köhler Wilh. 5.
* Krachenfels. 5.
* Kunz. 1.
Kurer. 1.
* Kuriger Al. 3.
* Kuriger Fid. 2.
* Lagler. 1.
* Lambert. II.

Lang. 2.
Langenstein. 2.
Lichtensteiger. 3.
* Lienert. 5.
Loser. 4.
Lüthi Fr. Joh. Bapt. II.
* Lüthi Joh. 3.
Luthiger. I.
Lutz Gebhard. 4.
* Lutz Joseph. I.
Lutz Ulrich. 1.
* Maier Alois. I.
* Maier Frz. Sal. 5.
Mauser Anton. 6.
Mauser Jos. 3.
Meier Benedict. 5.
Meier Fridolin. 6.
Meier Johann. II.
Meier Jos. 5.
* Meier Jos. 1.
Meier Ludw. 1.
Meier Paul. I.
Meier Placid. 2.
Meister. 4.
Melliger. 4.
Mennel. 6.
* Moso. I.
Moser. 5.
Müller Edw. 5.
Müller Ferd. 2.
† * Müller Gustav. 3.
Müller Otto. 2.
Neidhart. 6.
* Nicolet. II.
Rigg. 1.
Noppel Friedr. 2.
Noppel Rob. 1.
Noseda Alfr. I.
Noseda Rom. II.
Nußbaumer. 6.
Nüßle. 5.
Oberholzer. 2.
* Oeschger. 4.
* Perret. 5.
Pfenninger. 1.
Pfiffner. 3.
Pfyffer. 4.
Pfister Al. 1.
* Pfister Erh. 5.
Pfister M. 2.
Pfrengle. 3.
Pittet. II.
* Pralong. 6.
Räber. 1.
Reichlin. 4.
Renggli. 5.
* Rickenbach 6
Riesen. 3.
* Riefer. 2.
Rieth. 1.
Roggero. II.
Rohner. 2.
Röllin. 1.

Rosenberg. 1.
* Rudigier. 3.
Ruoß J. 4.
* Ruoß Kon. 5.
Rüssi. 5.
* Sachs. 6.
Scheiwiller. 3.
Schildknecht. 5.
Schilling. 4.
Schlumpf. 4.
Schönenberger. 5.
Schreiber. 4.
Schumacher A. II.
Schumacher K. 1.
* Schuster. 5.
* Seitz. 5.
Senn. I.
Sinn. 1.
* Späni. 1.
Sprecher. 1.
Stäger. 5.
* Staiger. 6.
Staub Fr. Athanas. I
Staub Joh. I.
* Steiner. 5.
Stirnimann. 5.
Stocker Ambros. 6.
* Stocker Markus. 6.
Stocker Martin. 2.
Stocker Peter. 1.
Stöckli. 4.
Stoffel Ad. 3.
* Stoffel Alfr. 6.
Stüdli. 5.
Stürmle. I.
Suter Frid. 6.
Sutter Ludw. 5.
Traber. 1.
Trimer. 4.
Wagner Fr. Felix. II.
Waller. 3.
Weber Fr. Jos. 5.
* Weber Joseph. 5.
Wehrli. 3.
Weishaupt. 1.
* Wichert. 5.
Wick. 6.
Widmer E. 5.
Widmer Jos. 6.
Widmer M. 4.
Wild. 5.
* Wismer. 2.
* Wolz. 1.
Wößner. 2.
Zehnder. 1.
Zell Karl. 6.
Zell Theodor. 5.
Zitwyler. 5.
Zoller. 2.
* Zürcher Klemens. II.
Zürcher Jos. 2.

Jahresbericht

über die

Lehr- und Erziehungs-Anstalt

des

Benediktiner-Stiftes

Maria-Einsiedeln

im

Studienjahre 1886/87.

Mit einem Programme:

Die sieben freien Künste im Mittelalter.

(Schluß.)

Nebst einem Anhang erstmals gedruckter Stücke.

Von

P. Gabriel Meier,
Professor der Geschichte.

Einsiedeln, Waldshut, New-York, Cincinnati und St. Louis.
Druck und Verlag von
Benziger & Co.,
Nachfolger von Gebr. Karl & Nikolaus Benziger,
Typographen des heiligen Apostolischen Stuhles.
1887.

Geistlich wird umsonst genannt.
Wer nicht Geistes Licht erkannt;
Wissen ist des Glaubens Stern,
Andacht alles Wissens Kern.
Lehr' und lerne Wissenschaft,
Fehlt dir des Gefühles Kraft
Und des Herzens frommer Sinn,
Fällt es bald zum Staube hin.
Schöner doch wird nichts geseh'n,
Als wenn die beisammen geh'n:
Hoher Weisheit Sonnenlicht
Und der Kirche stille Pflicht.

Fr. Schlegel. Werke IX. 81.

Die sieben freien Künste im Mittelalter.

(Schluß.)

IV. Arithmetik.

Nachdem die Disciplinen des Triviums, Grammatik, Dialektik, Rhetorik im vorjährigen Schulprogramme ihre Darstellung gefunden haben, bleibt noch das Quadrivium, d. i. Arithmetik, Geometrie, Musik und Astronomie für dieses Jahr zur Behandlung übrig. Es sind insgesammt mathematische Disciplinen, die weniger Mannigfaltigkeit darbieten, als die sprachlichen Fächer des Triviums. Man könnte sie auch reale Fächer nennen, im Gegensatz zu den formalen des Triviums. Bildete dieses, wie wir gesehen haben, die nothwendige Grundlage für den Ausbau der theologischen Gelehrsamkeit, so sah man in dem Quadrivium mehr eine nützliche Zugabe für denjenigen, der auf eine vollendete geistliche Schulbildung Anspruch machte. Daher waren es in der Regel nur die begabtesten Schüler, welche alle Gegenstände des Quadriviums studirten und darin nach gründlicheren Kenntnissen strebten. So wird, um ein Beispiel anzuführen, von dem berühmten Gerbert, Lehrer in Reims, berichtet, daß er nur diejenigen, „welche hiezu befähigt waren", in der Mathematik unterrichtet habe. Die Uebrigen mochten dann sehen, wie sie etwa durch Privatunterricht sich die unentbehrlichsten Kenntnisse in diesen Wissenszweigen erwerben könnten.

Das Quadrivium war also eigentlich der höhere Unterricht in den mathematischen Wissenschaften. Doch dürfen wir unsere Erwartungen nicht zu hoch spannen. Vielmehr werden wir bald sehen, daß im Vergleiche mit der Wissenschaft von heute das Mittelalter auf ziemlich tiefer Stufe stehen blieb. Es waren damals andere, hauptsächlich theologische Fragen, welche im Vordergrunde standen. Diesen mußten die übrigen sich unterordnen, und auch die Mathematik diente in erster Linie der kirchlichen Wissenschaft, der Erklärung der heiligen Schriften u. s. w.

Als Lehrbücher dienten zunächst die aus dem Alterthum überkommenen, zum Theil uns längst bekannten, wie Martianus Capella, Boethius, Cassiodor, Isidor. Die späteren werden bei den einzelnen Disciplinen genannt werden.

Die Römer haben trotz ihrer Kriegstüchtigkeit dennoch keine bedeutenden mathematischen Leistungen aufzuweisen. Von ihren mathematischen Schriften sind uns fast nur Fragmente der Agrimensoren (Feldmesser) erhalten; dieselben dienten vorzüglich praktischen Zwecken und stehen hinter den Leistungen der Griechen weit zurück. Dieses Unterschiedes waren sich die Römer nicht unbewußt, daher der Ausspruch Cicero's, bei den Griechen sei die Geometrie in den höchsten Ehren gestanden, deshalb sei nichts glänzender, als ihre Mathematiker, während bei den Römern das Maaß jener Kunst durch den Nutzen des Rechnens und Ausmessens begrenzt sei.[1] In den letzten Zeiten des Kaiserreiches schwand das Verständniß der aus Griechenland überkommenen mathematischen Kenntnisse mehr und mehr.

[1] In summo apud illos honore geometria fuit; itaque nihil mathematicis illustrius. At nos, metiendi, ratiocinandique utilitate, huius artis terminavimus modum. Cicero, Tusculan. Quaestion. I. 2. — M. Cantor, Vorlesungen über Geschichte der Mathematik. I. Band. Von den ältesten Zeiten bis zum Jahre 1200 n. Christus. Leipzig 1880 S. 457 ff. Diesem gründlichen Werke, dem besten über die Geschichte der Mathematik, bin ich hauptsächlich gefolgt. — Günther, Geschichte des mathematischen Unterrichts im deutschen Mittelalter. Berlin 1887, (Band III. der Monumenta Germaniae Paedagogica) konnte ich für die vorliegende Arbeit nicht mehr benutzen.

Es darf daher nicht Wunder nehmen, wenn auch das Mittelalter, das bei den Römern in die Schule ging, weil ihm die griechische Quelle verschlossen war, in den mathematischen Wissenschaften nur langsam Fortschritte machte.

Eine Hauptschwierigkeit, die hier zunächst zu berühren ist, bereitete die Bezeichnung der Zahlen. Die Römer bezeichneten ursprünglich die Einheiten von 1 bis 10 durch einzelne Striche; die Zahl 10 aber durch zwei übers Kreuz gestellte Striche (X). Die Einheiten über 10 wurden durch ebensoviele senkrechte Striche nebenan bezeichnet. 20 war XX, 30 XXX u. s. w. Dies nennt man Juxtaposition (Nebeneinanderstellung). Die Zahl 100 entstand aus drei Strichen, die zuerst in folgender Weise verbunden waren ⊏; 1000 durch vier Striche ⊓⊓; daraus wurden die Zahlzeichen C und M. (Andere wollen darin einfach Abkürzungen für die Wörter Centum und Mille sehen.) Eine weitere Vereinfachung ergab sich, indem man das Zeichen für X halbirte und V für 5 erhielt. Endlich kam man überein, Einheiten, die links von größern Zahlen stehen, subtraktiv zu nehmen, also IV als 4, IIX so viel als 8. Diese Bezeichnung durch Subtraktion war im Mittelalter nicht gebräuchlich. Man schrieb IIII für 4 (wie noch jetzt auf den Zifferblättern der Uhren) und VIIII für 9. Letztere Zahl findet man auch durch Uebereinanderstellung der Einheiten ausgedrückt, als $\overset{\text{II}}{\text{VII}}$. In manchen Handschriften findet man auch $\overset{\text{I}}{\text{XIII}}$ (= 14) $\overset{\text{I}}{\text{XVII}}$ (= 18). Die Tausende wurden oft durch einen Strich über der einfachen Zahl ausgedrückt; also $\bar{\text{V}}$ = 5000. Man sieht leicht ein, wie schwerfällig und weitläufig das Rechnen mit solchen Ziffern werden mußte. Will man sich davon überzeugen, so braucht man nur irgend eine einfache Rechnung mit römischen Zahlzeichen auszuführen, zum Beispiel die beiden Zahlen 74 und 38 mit einander zu multipliziren.

Nicht minder eigenthümlich ist die römische Rechnungsweise mit Brüchen, welche hier ebenfalls kurz anzudeuten ist zum leichtern Verständniß des Folgenden. Die Brüche wurden nicht durch Zähler und Nenner bezeichnet, sondern durch besondere eigene Ausdrücke. Die Einheit heißt as und wird in 12 Theile getheilt; ein solcher Theil heißt uncia = $1/12$.

$2/12 = 1/6$ ist der sextans.

$3/12 = 1/4$ (quadrans).

$4/12 = 1/3$ (triens).

$5/12$ (quincunx so viel als quinque unciae).

$6/12 = 1/2$ (semis).

$7/12$ (septunx).

$8/12 = 2/3$ (bes).

$9/12 = 3/4$ (dodrans).

$10/12 = 5/6$ (dextans).

$11/12$ (deunx).

Man sieht, hier herrscht entschieden das Duodezimalsystem; einen andern Bruch als die vorstehenden, zum Beispiel $3/5$, hätten die Römer nur schwer ausdrücken können. Sie hatten übrigens für ihre Brüche besondere Zeichen, die sie von den Etruskern entlehnt hatten und wiederum dem Mittelalter überlieferten.

Es ist begreiflich, daß im Besondern die Bruchrechnungen den römischen Schulknaben manchen bittern Seufzer auspreßten.[1]) Natürlich gerieth man bald auf den Gedanken, das weitläufige Verfahren abzukürzen, und bediente sich hiebei verschiedener Hilfsmittel. Ein solches waren Multiplicationstabellen, sogenannte Rechenknechte, wie sich ein solcher bis auf unsere Tage erhalten hat, der im Uebrigen für die Mathematik werthlos ist.[2])

Ein rein mechanisches Rechnungsmittel war der Abacus, ein Rechenbrett, das zur Ausführung verschiedener mathematischer Operationen diente. Martian Capella gibt der Geometrie einen mit blauem Sand bestreuten Abacus in die Hände, auf welcher sie zum Behufe einer geometrischen Konstruktion eine gerade Linie zieht. Das Wort Abacus bedeutet eigentlich jede rechteckige Tafel von Holz oder Stein. Zum Behufe des Rechnens war sie in Kolumnen eingetheilt, und durch Stäbchen oder Knöpfchen (apices), welche je nach ihrer Stellung in den Kolumnen verschiedene Werthe bezeichneten, ließen sich Addition und Subtraktion unmittelbar ausführen, die höhern Rechnungsoperationen mittelbar.

Eine eigenthümliche Bewandtniß muß es mit der Fingerrechnung gehabt haben. Nach Plinius soll bereits König Numa die Darstellung der Zahlen mittelst der Finger gekannt haben. Er ließ nämlich ein Standbild des Janus errichten, dessen Finger die Zahl 355 andeuteten; so viele Tage zählte damals das Jahr. Bei Martian Capella stellt die Arithmetik, da sie vor den Göttern auftritt, die Zahl 717 mittelst der Finger dar. Aehnliche Beispiele bei römischen Schriftstellern finden sich noch mehrere. Bei Beda Venerabilis, De temporum

---

[1]) Man vergleiche die Stelle in der Ars poetica des Horaz v. 325 ff.:
Romani pueri longis rationibus assem
Discunt in partes centum diducere. Dicat
Filius Albini, si de quincunce remota est
Uncia quid superat? Poteras dixisse: triens. Heus.
Rem poteris servare tuam. Redit uncia. Quid fit?
Semis.

[2]) Calculus Victorii aus einer Bamberger Handschrift, Sec. X/XI, herausgegeben von Christ, Sitzungsberichte der bayrischen Akademie 1863. I. 107 mit einem Commentar des Abbo von Fleury. Vgl. Valéry Corresp. inéd. 50. No. 25. 26. 32. Cantor. loc. cit. 450.

ratione.[1]) ist das erste Kapitel überschrieben: De computo vel loquela digitorum. Darin wird gezeigt, wie durch Ausstrecken und Beugen der verschiedenen Finger die Zahlen bis zu einer Million zur Darstellung gebracht werden können. Dieses Kapitel wurde öfters für sich allein abgeschrieben und daher auch für eine eigene Schrift gehalten. Er erklärt übrigens nicht, wie mittelst der Finger eigentliche Rechnungen auszuführen seien, und es ist überhaupt nicht abzusehen, wie eine solche hätte stattfinden können. Es scheint vielmehr nur eine gelehrte Spielerei gewesen zu sein, ähnlich wie die noch zu erwähnenden mathematischen Räthselfragen. Darauf dürfte sich wohl auch die Bezeichnung De computo *vel loquela* digitorum beziehen. Ganz vergessen war diese Kunst auch im dreizehnten Jahrhundert noch nicht. Bruder Berthold von Regensburg, der berühmte Volksprediger, erwähnt dieselbe mit den Worten[2]): Man zalte in der alten ê (Bund) an den vingern. Des kunnet ir ungelêrten liute niht, wan ez ist der gelêrten teil, die es niht kunnent. Man zelt alsô, sô sin sehzic wirt, sô leit man den dûmen in die linken hant.

Von der großen Bedeutung, welche die Mathematik für die Wissenschaft überhaupt und namentlich für die Naturwissenschaft besitzt, hatte das Mittelalter so wenig eine Ahnung als das Alterthum. Wenn man der Arithmetik dennoch einen hohen Werth und wissenschaftlichen Nutzen zuschrieb, so geschah es, weil man sie nach dem Vorgange von Cassiodor[3]) als die Grundlage des Quadriviums pries. Daneben glaubte man in den Zahlen geheimnißvolle Beziehungen zu ahnen. Stets wird die Betrachtung der Zahlen den menschlichen Geist fesseln, weil er fühlt, daß hierin ein wesentlicher Unterschied zwischen dem Menschen und Thiere begründet ist und sein Geist sich darin spiegelt. Auch hier finden wir das Mittelalter auf den Spuren der alten Welt. Ohne auf die Träumereien der Babylonier und der jüdischen Kabbala einzugehen, sei hier nur auf die Zahlensymbolik des Pythagoras hingewiesen. Dieser berühmte Weltweise, der fünf Jahrhunderte vor Christus lebte, hat sich in der Mathematik einen unvergänglichen Nachruhm erworben durch den Lehrsatz, der seinen Namen führt. Zahlen waren ihm der würdigste Gegenstand des Nachdenkens und zugleich Symbole der Gedanken, die Principien aller Dinge, das eigentlich Wesentliche. Seine Schule entwickelte eine förmliche Zahlenmystik. Martian Capella führt Pythagoras unter den Gästen bei der Vermählung der Philologie auf und läßt ihn im siebenten Buche, schwülstig und langweilig, eine Auseinandersetzung seiner Arithmetik vortragen. Unter den christlichen Schriftstellern hatte keiner eine solche Verehrung für heilige Zahlen wie Cassiodor. Er findet bei der Ordnungszahl jedes Psalms tiefere mystische Beziehungen heraus. So bedeutet ihm die Zahl 4 die Welt; denn der ganze Umfang der Erde ruht in 4 Angelpunkten, und die Welt hat 4 Jahreszeiten, 4 Weltgegenden, 4 Winde. Der vierte Psalm hat seine Stelle deswegen, weil er der Welt gepredigt wird.[1]) Merkwürdig ist in dieser Beziehung Alkuin's Brief an seinen Schüler Gallicellulus (Aus St. Gall's Celle?)[2]), worin er für die einzelnen Zahlen von Zehn rückwärts bis Eins Beispiele aus dem Alten und Neuen Testamente einander entgegensetzt. Ein andermal schreibt er seinem Schüler Daphnis[3]) über die Bedeutung der Zahlen sechs und acht und ihre mystische Anwendung im hohen Liede Salomons. Sechs ist eine vollkommene Zahl, acht aber eine mangelhafte. Er nennt dies die „typische Erklärung",[4]) für welche er auch Karl Interesse und Verständniß beibrachte,[5]) wenn auch dieser nicht mit allen diesen Zahlengeheimnissen einverstanden gewesen zu sein scheint.[6]) Alkuin findet aber gerade in solchen Spekulationen das Schöne und Nützliche der Arithmetik: Quam jucunda est et utilis arithmeticae disciplinae cognitio,[7]) weil man durch sie in das Verständniß der Schrift eindringt: Quam dulcis est in rationibus arithmetica, quam necessaria ad cognoscendas scripturas divinas.[8])

Uebrigens stand diese Zahlenmystik durch das ganze Mittelalter im Ansehen, und nicht unpassend legt Schiller einige Sätze derselben Wallensteins Seni in den Mund (Die Piccolomini, zweiter Aufz., erster Auftr.) und bemerkt:

> Ich hör' ihm gerne zu,
> Denn mancherlei doch denkt sich bei den Worten.

[1]) Ed. Gales, VI. 141.

[2]) Ausgabe von Strobl. Wien 1880 II. 193.

[3]) Bibl. P. P. XI. 1321. Ed. Garet. II. 563: Scriptores secularium literarum inter disciplinas Mathematicas primam omnium Arithmeticam esse voluerunt, propterea quod Musica et Geometria et Astronomia, quae sequuntur, indigent Arithmetica, ut virtutes suas valeant explicare.

[1]) Expositio in Ps. IV. Ed. Garet. II. 20.

[2]) Alc. Ep. 260 Jaffé, Bibl. VI. 821. De numerorum ratione in veteri et nova lege.

[3]) Ep. 259 l. c. 818.

[4]) Typica interpretatio Ep. 96. l. c. 400.

[5]) Vestrae diligentiae bene nota. l. c. 402. Ep. 97 p. 403. per campos arithmeticae artis.

[6]) Vgl. l. c. die Note von Jaffé.

[7]) Ep. 402. l. c.

[8]) Ibid. Ep. 99. l. c. 417.

Aehnliche Ideen haben Kepler zu einer der wichtigsten Entdeckungen geführt, welche jemals gemacht wurden, [1] und Cardanus († 1576) auf neue Eigenschaften der Zahlen und die nach ihm genannte Formel für die Auflösung der Gleichungen des dritten Grades. [2] Somit ist diese dürre Spekulation auch für die Wissenschaft nicht ganz unfruchtbar geblieben.

Von Lehrbüchern der Arithmetik war keines im Mittelalter so beliebt, wie das Werk des Boethius: De institutione arithmetica in zwei Büchern. Es gab selten eine Bibliothek in jener Zeit, die dieses Werk nicht besaß. Wie Boethius selbst in der Vorrede angibt, ist es bearbeitet nach dem Griechischen der Ἀριθμητικὴ εἰσαγωγή des Neupythagoreers Nicomachus aus Gerasa in Arabien, der um 147 nach Christus in Alexandrien lebte und lehrte. Boethius hat aber damit verschiedene Erweiterungen und Kürzungen zum Behufe eines leichtern Verständnisses vorgenommen. Der Inhalt ist eine rein theoretische und tief philosophische Behandlung der Zahlenlehre. Die Zahl ist die erste und ursprünglichste Vorstellung des Schöpfers, die Form und das Wesen aller Dinge, und darum aus gleichartigen Theilen, den Einheiten, zusammengesetzt, und in ungleichartige Theile, die geraden und ungeraden Zahlen, zu theilen. Nach dieser Einleitung beginnt die eigentliche Abhandlung, die in vier Theile zerfällt; der erste handelt von der Zahl an sich und ihrer Eintheilung in gerade und ungerade; der zweite von ihrer gegenseitigen Beziehung; der dritte von den figurirten Zahlen (Linear-, Flächen- und Körperzahlen); der vierte von Proportionen. Von den Brüchen wird nicht besonders gehandelt. Interessant ist die Verbindung, die sich im ganzen Werke zwischen der Arithmetik und den übrigen Zweigen das Quadriviums findet, und zwar gilt überall die Arithmetik als die erste Wissenschaft, als das Fundament der übrigen. Die Sprache ist überall sehr klar und flüssig. Aus der Darlegung des Inhaltes geht übrigens hervor, daß das Werk nicht für den Unterricht der Anfänger dienen konnte.

Vielmehr wurden die ersten Anfangsgründe der Arithmetik den Knaben schon während des Elementarunterrichtes beigebracht. Die Arithmetik des Boethius setzt bereits bedeutende Kenntnisse und lange Uebung im elementaren Rechnen voraus. Die Fertigkeit im gemeinen Rechnen galt nicht mit Unrecht als eine schwierige Kunst, die nur durch langjährige Uebung erlernt werden konnte. Auch für den Lehrer war es keine geringe Aufgabe, den Knaben die Geheimnisse der Rechenkunst beizubringen.

Uebrigens war es in früheren Jahrhunderten mit der mathematischen Bildung so übel bestellt, daß es öfter sogar an der Kenntniß der vier Species fehlte. So ist es z. B. nicht gerade selten, daß ein Chronist bei einer einfachen Addition oder Subtraktion sich um zehn Jahre vergeht. [1] Selbst die Kapläne der kaiserlichen Kanzlei sind hierin an Bildung den Schulkindern unserer Tage nicht überlegen. [2]

Verwickeltere Rechnungsoperationen kamen übrigens nur in der Zeitrechnung vor, die fast ausschließlich Computus genannt wird, und da half man sich damit, daß man, um die Brüche zu vermeiden, die Einheit in verschiedene Theile theilte. So theilt Beda, welchem Alkuin und die späteren Computisten folgen, die Stunde in vier Punkte (andere nehmen fünf an) und zugleich in 10 Minuten, in 15 Theile (partes) und 40 Momente; die letztern sind die kleinsten Theile. [3]

Aber wie führte jene Zeit, wie führten Beda und Alkuin ihre Rechnungen aus? Das ist's, was uns interessirt, und worauf selbst Cantor uns keine befriedigende Antwort zu geben vermag. Leider scheint ihm eine Abhandlung eines Anonymus über den Computus, [4] die im Jahre 810 verfaßt ist, unbekannt geblieben zu sein. Da sind nun verschiedene chronologische Berechnungen ausführlich vorgelegt, woraus wir das langsame Verfahren kennen lernen können; ich führe einige Beispiele an, bediene mich aber der modernen Ziffern statt der römischen, um die Sache nicht allzuschleppend zu machen.

Cap. 46. Man soll den Unterschied zwischen Sonnen- und Mondjahr suchen, d. h. von 365 die Zahl 354 subtrahiren. Da wird von 365 zuerst 300 subtrahirt, es bleiben 65; davon subtrahirt man 50, es bleiben 15, und von diesen noch die vier Einheiten abgezogen, läßt zum Rest 11.

Cap. 91. liefert ein Beispiel einer Multiplikation; man soll berechnen, wie viele Stunden die 365 Tage des Jahres ausmachen. Wieder wird 365 zerlegt in 300+60+5 und nun wird gerechnet:

[1] Chasles, Geschichte der Geometrie. S. 556.

[2] Cantu, Allgemeine Weltgeschichte, bearbeitet von Brühl. Band 6. Seite 1138.

[1] Vgl. Annal. Corb. ann. 1028. Jaffé, Bibl. I. 38.

[2] Vgl. Sickel, Sitzgsber. d. phil. hist. Cl. Wien. Band 85.

[3] Beda t. II. p. 53. Ed. Giles VI. 123. 140. cf. Alcuin. Op. II. 253. In der St. Galler Handschrift 250. Saec. IX. p. 125 findet sich die gleiche Eintheilung.

[4] Anonymi liber de computo, in der Ambrosianischen Bibliothek, herausgegeben von Muratori. Anecdot. III. 79—150 und bei Migne. Patr. lat. 129. 1273.

300 × 24 = 7200
60 × 24 = 1440
Zusammen 8640
5 × 24 = 120
gibt zur Summe 8760 Stunden im Jahr.

Am schwerfälligsten ist natürlich das Dividiren; es ist ein fortwährendes Subtrahiren des Divisors vom Dividenden, z. B. 6318 soll dividirt werden durch 15, so wird zuerst 400×15=6000 subtrahirt; es bleiben 318. Davon ab 20×15=300, bleiben 18. Also ist der Quotient = 400+20+1 und der Rest 3.

Zur Uebung in der Rechnung besaß man schon damals eine Aufgabensammlung, „um den Scharfsinn der Knaben zu üben", wie die Ueberschrift lautet (ad acuendos juvenes). Sie ward zuerst unter den Werken Beda's gedruckt, gehört aber mit mehr Grund dem Alkuin an,[1]) wenn ihm auch dabei wohl kaum ein anderes Verdienst gebührt, als das des Sammlers. Es sind 53 Aufgaben aus der Geometrie und Arithmetik; bei allen ist die Auflösung angegeben; einige davon finden sich schon bei griechischen und römischen Mathematikern. Tiefe mathematische Kenntnisse setzen dieselben nicht voraus, meist nur einfache Multiplikation und Division. Andere können nicht durch Rechnung allein gelöst werden, sondern sind Scherzfragen zur Uebung des Verstandes, und man ist nicht wenig erstaunt, darunter einem alten Bekannten, einem von den Kinderjahren her uns unvergeßlichen Märchen zu begegnen; bei Propositio 18, nämlich der Geschichte vom Manne, der einen Wolf, eine Ziege und ein Bündel Kohl über einen Fluß zu führen hat. Sonst übersteigen diese Aufgaben Gleichungen des ersten Grades nicht. Die Flächenberechnungen, welche vorkommen, sind nach unrichtigen geometrischen Principien gelöst.

Aus dem dreizehnten Jahrhundert ist uns eine merkwürdige Sammlung mathematischer Aufgaben erhalten in der Chronik des Abtes Albert von Stade.[2]) Sie hat die Form eines Gespräches zwischen Tirri und Firri; Firri stellt Fragen, und Tirri beantwortet dieselben, z. B. wenn A noch einmal so lange gelebt hätte und noch einmal und die Hälfte und ein Viertel, so wäre er 100 Jahre alt geworden. Ein Exempel aus der Combinationslehre ist: Auf wie vielfache Weise man 6 Denare unter drei Personen vertheilen könne? Andere Aufgaben sind nicht so fast mathematische, als was wir Knacknüsse nennen, z. B. ein Gefäß enthält 8 Maaß; wie kann man mit zwei Gefäßen, von welchen eines 5, das andere 3 Maaß faßt, die 8 Maaß im größeren Gefäß unter zwei Personen gleich vertheilen? Auch die Frage vom Fährmann erscheint hier, der Ziege, Wolf und Kohl übersetzen hat. Die Quelle, woraus viele dieser Fragen abgeleitet sind, ist jene ältere Sammlung, welche dem Beda zugeschrieben wird. Da in dieser Sammlung mehrmals Köln und Neuß erwähnt werden, so stammt sie in dieser Fassung wohl aus einer dieser Handelsstädte.[1]) Merkwürdig ist, daß in dem deutschen Gedichte Walther's von Eschenbach von König Tyrol von Schottland dieser seinem Sohne Fridebrand Räthsel aufgibt. Die Beziehung ihrer Namen auf Tirri und Firri ist unverkennbar.

Aehnliche Aufgaben finden wir auch in Handschriften des zehnten Jahrhunderts in Bern und Leiden; in der letztern in einer Sammlung von Notizen aus den verschiedensten Gebieten; auf eine Fabelsammlung von acht Seiten folgen vier Blätter voll Rechenexempel.[2]) Von einem Beispiel, das in ganzen Zahlen nicht gelöst werden kann, heißt es: Haec ratio indissolubilis; . . . haec fabula est tantum ad pueros increpandos. Dabei befindet sich auch das Beispiel mit der Ueberfahrt von Wolf, Ziege und Bündel Heu.

Die häufigste und wichtigste Anwendung machte das Mittelalter von der Mathematik bei Berechnung der christlichen Festtage. Da nach dem Beschlusse des Concils von Nicäa Ostern am ersten Sonntag nach dem Vollmond, welcher auf das Frühlingsäquinoctium folgt, gehalten werden soll, so begann man mittelst sogenannter Cyklen, Ostercyklen, worin nach einer gewissen Reihe von Jahren Ostern in derselben Ordnung wiederkehrte, diesen Tag im Voraus zu berechnen. Darin besteht der sogenannte Computus, auf welchen sich fast der gesammte mathematische Unterricht des Mittelalters reducirte. Gennadius[3]) nennt als die ersten, welche solche Cyklen verfaßten, Hippolit, Eusebius, Theophilus und Prosper. Auf Einladung des hl. Hilarius, Bischofs von Rom (461—468), habe dann Victorius aus Aquitanien, ein sehr genauer Rechner, einen neuen Cyklus von 532 Jahren berechnet, nach deren Ablauf Ostern wieder auf den gleichen Tag fallen würde. Er begleitete seine Rechnung mit einem ausführlichen Commentar, auf welchen Beda in seinen mathematischen Schriften Bezug genommen hat.

---

[1]) Op. II. 441—448.

[2]) Monum. German. Scriptores XVI. 279.

[1]) Pertz, Archiv VI. 396.

[2]) Z. B. Quidam vidit sibi obviantes et dicit: O fuissetis quanti estis et medietas medietatis, tunc essetis centum.

[3]) De script. eccles. c. 88.

Derselbe Victorius ist auch Verfasser des oben erwähnten Rechenbuches. Sein Cyklus blieb nicht lange im Gebrauch; ihn ersetzte derjenige des Dionysius aus Scythien, wegen seiner Demuth oder wegen seiner kleinen Leibesbeschaffenheit genannt der Kleine (Exiguus). Er lebte als Mönch oder Abt in einem Kloster zu Rom und war ein vertrauter Freund Cassiodor's, der ihm, als einem in Wissenschaft und Tugend gleich großen Manne, hohes Lob ertheilt. Er schrieb seinen Cyklus im Jahre 525. Dabei verwarf er die diokletianische Aera, nach welcher man bis dahin die Jahre gezählt hatte, und begann als der Erste, die Jahre nach Christi Geburt zu zählen, welche er in das Jahr 754 nach Erbauung der Stadt Rom setzt, leider vier Jahre, oder nach einigen selbst sieben Jahre, zu früh. Diese Zählung heißt nach ihrem Urheber die Dionysische Aera; sie gelangte aber erst nach Jahrhunderten, hauptsächlich durch den Angelsachsen Beda, zu allgemeiner Anerkennung.

Um wieder auf den Cyklus zurückzukommen, so wird es nothwendig sein, zum leichtern Verständniß des Folgenden, einiges aus der Astronomie vorauszuschicken. Es ist jetzt bis auf die Secunde genau bestimmt, daß ein Synodischer Monat, das ist die Zeit von einem Neumond bis zum andern, 29 Tage, 12 Stunden, 44 Minuten, 3 Secunden beträgt, somit ein Mondjahr 354 Tage, 6 Stunden, 48 Minuten, 36 Secunden. Das Sonnenjahr hat bekanntlich 365 Tage, 5 Stunden, 48 Minuten, 48 Secunden, was auf einen Sonnenmonat 30 Tage, 10 Stunden, 29 Minuten, 4 Secunden ausmacht. Das Mondjahr ist beinahe 11 Tage kürzer als das Sonnenjahr, genau 10 Tage, 23 Stunden, 12 Secunden. Da aber der bürgerliche Monat eine ganze Zahl von Tagen haben muß, so gab man den Mondmonaten abwechselnd 29 und 30 Tage, und wenn der Unterschied zwischen Sonnen- und Mondmonat einen ganzen Monat betrug, was ungefähr nach drei Jahren eintraf, so wurde ein eigener Monat eingeschaltet, der Schaltmonat (Embolismus) hieß. Diese Schaltmonate haben 30 Tage, mit einer später noch zu erwähnenden Ausnahme. Nun hatte schon 432 vor Christus der Athener Meton gefunden, daß nach Verlauf von 19 Jahren die Neumonde wieder auf die gleichen Tage des Sonnenjahres treffen. In der That beträgt die Differenz nur etwa 1½ Stunden, was bei der damaligen Unvollkommenheit der Beobachtung nicht in Betracht kam. Dionysius griff diesen Cyklus wieder auf und nahm als erstes Jahr seines Cyklus dasjenige an, in welchem das Neulicht des Mondes auf den 23. März, dann wieder auf den 21. April, 19. Mai u. s. w. fällt. Zu allen diesen Tagen setzte er die Zahl 1, wodurch das erste Jahr des Cyklus bezeichnet wird. Im zweiten Jahre fallen die Neumonde auf den 12. Januar, 10. Februar, 12 März, 10. April, 8. Mai u. s. w., nämlich 11 Tage früher; neben diese Tage kam also die Zahl 2 zu stehen, und noch 11 Tage früher am 1. und 31. Januar, 1. und 31. März, die Zahl 3. Diese Ordnung, durch 19 Jahre fortgesetzt, bewirkte, daß nach Ablauf derselben im zwanzigsten Jahre der Neumond wieder auf den gleichen Tag fällt, wie im ersten Jahr des Cyklus. Wegen seiner praktischen Bedeutung nannte man den 19-jährigen Cyklus auch die Englische Linie, linea angelica.[1]) Man pflegte die Zahlen desselben mit goldener Tinte zu schreiben, die von daher den Namen Goldene Zahl, aureus numerus erhielten. Um also Ostern zu finden, mußte man diese Zahl kennen, welche im Kalender dann beim Tage des Neumondes stand.

Dabei ist nun noch ein Umstand zu beachten. Die 19 Jahre des Cyklus machen, wenn man von den Schalttagen absieht, 6935 Tage aus. Während dieser 19 Jahre sind ebensoviele Mondjahre verflossen, von welchen 12 je 354 Tage, und 7 dazu noch einen Schaltmonat von je 30 Tagen, also zusammen 384 Tage hatten. Das würde also zusammen 6936 Tage ausmachen, einen Tag zu viel. Dem ließ sich dadurch abhelfen, daß einmal während dieser 19 Jahre ein Schaltmonat nur 29 Tage zählte, so daß dann 3 Mondmonate nacheinander jeder nur 29 Tage zählte, während gewöhnlich abwechselnd Monate mit 29 und 30 Tagen aufeinander folgten. Man sprang also in der Zählung vom 29. gleich auf den 1. Monatstag über, mit Uebergehung des 30. Das nannte man den saltus lunae, wobei der Sprung natürlich nur in der Zählung des Kalenders, nicht in der Natur selbst, stattfand. Wann dieser saltus, die Auslassung des dreißigsten Monatstages, stattfand, war an und für sich gleichgültig. Beda hielt den 21. März hiefür am geeignetsten, als den Anfang des Jahres, während andere den November verkürzen wollten.[2]) Alkuin in seinem

---

[1]) „Decennovalis cyclus, qui et angelica linea vocatur, eo quod istam computationem Pachomius miræ sanctitatis vir angelo docente didicerit." Kalendarium Opativacense, Cod. Vindob. 395, Fol. 2 bei Sickel, die Lunarbuchstaben in den Kalendarien des Mittelalters. S. 192. Sitzungsberichte d. kais. Akad. d. Wissenschaften in Wien. Band 38. (1861.)

[2]) Qui profecto saltus non alibi aptius quam XII Calendarum Aprilium die videtur anno reddendus, propter originem videlicet quam præfati sumus conditionis siderum, ut luna mensis Martii, quæ eo fit die vicesima nona, dehinc vertatur in novam (nonam *edit.*). Sed sunt qui hoc nobis in luna Novembris agendum magis autument: quatenus hujusmodi impedimentis cum præcedentis anni fine absolutis, novum de cætero annum libero possint computo ingredi. Beda, De temporum ratione, Cap. XLII. Ed. Giles. VI, 230.

Briefe an Karl den Großen pflichtet dem Letztern bei und beruft sich hiefür auf die alten Satzungen der heiligen Väter und die Gewohnheit der ganzen Kirche.[1])

Man theilte die 19 Jahre des Cyklus auch in eine Ogdoas und Hendecas, was aber keine praktische Bedeutung hatte.

Die Kenntniß des Computus wurde zu allen Zeiten als ein wesentlicher Bestandtheil der allgemeinen Bildung eines Klerikers angesehen. Eine bezügliche Forderung wurde auf den heiligen Augustin zurückgeführt[2]) und öfter von verschiedenen Bischöfen[3]) und Concilien wiederholt und ging auch in das Corpus Juris Canonici über.[4]) Karl der Große verordnete in seinem Capitulare zu Diedenhofen im Jahre 805,[5]) daß alle Geistlichen die Festrechnung lernen sollen und die Synoden bestätigen diesen Beschluß,[6]) zuletzt noch das Concil von Trient.[7]) Diese Gesetze werden später immer wieder von neuem eingeschärft.

Infolge davon entstehen mehrfach Anleitungen zur Berechnung des Osterfestes, meistens Compilationen aus ältern Werken, dann Cyklen u. dgl. Einige davon sind in Versen abgefaßt, zum Auswendiglernen für die liebe Jugend. An und für sich ist diese Literatur von geringer Bedeutung, schon ihres dürftigen Inhalts wegen. Was aber die Verbreitung betrifft, so setzt sie in Erstaunen. So besaß zum Beispiel einzig die Bibliothek des Klosters St. Gallen die bezüglichen Werke von Beda und Rhabanus, die Massa computi in Versen doppelt und dazu 25 verschiedene computistische Abhandlungen. Die meisten sind ohne Namen des Verfassers, der nicht daran dachte, sich durch sein Werk zu verewigen.

Da noch nirgends eine Uebersicht über diesen Literaturzweig, wovon das Meiste noch nicht gedruckt ist, gegeben wurde, so dürfte es hier am passendsten sein, eine Zusammenstellung der Computisten des Mittelalters, nach dem Alphabet geordnet, einzuschalten. Kann die Liste auch nicht Anspruch auf Vollständigkeit erheben, so kann man doch sich darnach einen Begriff machen, wie viel auf diesem Gebiete gearbeitet worden ist. Zudem finden sich glänzende Namen darunter: die Heiligen Columban und Beda, dann Alkuin und Hermann der Lahme (Contractus).

Abbo von Fleury. († 1004.) Vgl. Histoire littéraire de la France VII. 177—179. Valéry, Correspondance inédite de Mabillon I. 50.

Abelard. Vielleicht der Abt dieses Namens von Corbie. Flodoardi Historia Remensis III. 23. Mon. German. SS. XIII. 531.

Alcuini Epistola de saltu lunæ ad Karolum Magnum. Jaffé, Bibliotheca rerum Germanicarum VI. 350.

Albrici. De compotu lunæ. Montfaucon, Bibliotheca Bibliothecarum, I. 630, D. Eine Handschrift des 12. Jahrhunderts in der Stadtbibliothek von Evreux. Pertz, Archiv VIII. 376. Ist vielleicht Helperik. Siehe unten.

Aniani magistri computus metrice conscriptus cum glossis. Montfaucon l. c. 58. 59.

Beda venerabilis. De temporibus. Migne, Patr. lat. XC. 278. De temporum ratione. Ib. 579.

Bernardus Hispanus. Wattenbach, Geschichtsquellen II. 295.

Burchardus Bambergensis. († 1149.) Wattenbach daselbst.

Burkardi (Fry) rectoris scholarum Constantiensis, instructio parochorum de Computo ecclesiastico, hexametris descripta anno 1436. Cum commentario anonymi. Codex Einsidlensis 320. 1202 Verse. Vgl. P. Wilhelm Sidler, Der Kalender. Programm, Einsiedeln 1872. Seite 4 und 18.

Campanus Joh. Computus maior. Montfaucon l. c. 1370. Seidel, Lunarbuchstaben l. c. 177. 179.

Cassiodor. Ein Computus paschalis vom Jahr 562 ist unter den Werken des Cassiodorius abgedruckt. Biblioth. max. Patr. XI. 1354. Ed. Garet I. 370. Die Autorschaft wird aber bezweifelt. Cantor l. c. 484.

Catho, computus gyrometralis. Montfaucon l. c. p. 1178.

S. Columbanus. De saltu lunæ. In der Handschrift Nr. 250 der Stiftsbibliothek St. Gallen, die aus dem neunten Jahrhundert stammt, findet sich unter mehreren andern

---

1) Epist. 83. Jaffé, Biblioth. VI. 353.

2) „Quoniam, sicut ait beatus Augustinus, sacerdotes computum scire tenentur, alioquin vix eis nomen sacerdotis constabit: sub quo notitiam cursus temporis, lunæ ac calendarii intelligimus, quoniam computus est scientia certificandi tempus secundum solis et lunæ progressum.“ Durandus, Rationale divin. offic. Lib. VIII. c. 1.

3) J. B. Haito von Basel um 822. can. 6. Mansi, Concil. XIV. 395. Migne, Patrol. lat. 115. 11.

4) C. V. *Quæ ipsis.* Distinct. XXXVIII. Decret. Grat. Pars I.

5) Mon. Germ. L. L. Sectio II. I. 121.

6) Vgl. Commonitorium cuiusque Episcopi bei Migne, Patr. lat. 98, 1379: Computum si non majorem, saltem minorem, id est epactas concurrentes, regularesque terminos, Martyrologium Pœnitentialem unusquisque habeat.

7) Grammatices, cantus, computi ecclesiastici, aliarumque bonarum artium disciplinam discent. Sessio XXIII. De Reformat. c. XVIII.

mathematischen Werken S. 212—214 diese kleine Abhandlung, welche Notker der Deutsche gekannt hat und aus ihm Hermann der Lahme. Seither scheint sie ziemlich vergessen zu sein. Sie folgt im Anhang zu diesem Programm. Herrn Bibliothekar Idtensohn in St. Gallen spreche ich für die freundliche Uebersendung der Handschrift meinen verbindlichsten Dank aus.

Dicuil, ein Klausner aus Irland, welcher in den Jahren 814—816 sein Werk, aus Prosa und Versen gemischt, verfaßte, dessen Bücher er einzeln nach ihrer Vollendung dem Kaiser Ludwig dem Frommen als jährliche Lebensgabe darbrachte. A. Ebert, Allgemeine Geschichte der Literatur des Mittelalters. II. 392.

Durandi Rationale um 1280. Das 8. Buch, das letzte des Werkes, ist überschrieben: De computo et Calendario et pertinentibus ad illa. Pulcherrimus enim est liber iste, et clericis et laicis necessarius valde. Ist oft gedruckt.

Erricus monachus. De computo. Montfaucon I. 88. C.

Formeti computus anno 1241. Handschrift in Erfurt. O. 88. Schum. Exempla codicum Amplonianorum. XVI. Wird in andern Handschriften als „tabula Fungonis" bezeichnet.

Fortunatiani computus typis editus. Montfaucon l. c. 58. C.

Fungonis tabula siehe Formetus.

Garlandi Joan. magistri computus ecclesiasticus cum glossa. Montfaucon l. c. I. 1134. Oudin. II. 610. Ist wohl identisch mit computus Gerlandi, der in einem Bücherverzeichniß des Klosters St. Peter in Salzburg im 12. Jahrhundert erwähnt wird. Becker, Catalogi Bibliothecarum antiqui 115, 227.

Gildae, de compoto. Montfaucon l. c. 658. A. Fabricius, Bibliotheca mediae et infimae latinitatis. VII. 61.

Hartmanni computus. Sickel, Lunarbuchstaben l. c. 162. Handschrift 459 in St. Gallen. X. Jahrh.

Heinrich von Auxerre (841—876.) S. E. Dümmler, Neues Archiv der Gesellschaft für ältere deutsche Geschichte. IV. 528.

Helperik (Helpherich), Elberich, Chilpericus, Albericus (?). Ueber seine Person fehlen zuverlässige Nachrichten, so daß die Angaben über seine Zeit von 941—1096 auseinander gehen. Nach den Angaben der besten Handschriften wurde aber sein Werk im Jahr 980 verfaßt, aber nicht in St. Gallen, wohin man ihn ohne hinreichenden Grund versetzt hat. Er selbst nennt sich in der Zueignung seines Werkes an Abt Asper von St. Germain in Auxerre einen Mönch von Granval in der Diöcese Basel. Als Veranlassung seines Werkes gibt er an, daß er einigen seiner jüngern Mitbrüder, die er in der Grammatik unterrichtet hatte, auch Anleitung in der Rechenkunst ertheilte. Was er ihnen mündlich in der gewöhnlichen Sprache (communi sermone) erklärt hatte, schrieb er nun „auf vielfaches Verlangen", wie man schon damals sagte, zusammen aus zahlreichen Autoren, namentlich Beda, ohne daß er etwas Eigenes beigefügt hätte. Doch hat er Vieles, was bei Andern dunkel war, deutlicher zu machen gewußt, was wohl hauptsächlich die große Verbreitung seines Buches bewirkte. Er bemerkt auch, daß nicht einmal ein Laie, geschweige denn ein Kleriker, in dieser Wissenschaft unwissend sein dürfe. Kein Comput ist so oft abgeschrieben worden, wie dieser, so daß er noch in zahlreichen Handschriften vorhanden ist. Zu den ältesten gehört eine Einsiedler (No. 29.), die noch dem 10. Jahrhundert entstammt. Merkwürdigerweise kommt darin als Beispiel das Jahr 946 nach Christus vor. Ausgaben Pez. Thesaurus anecdotorum II. 2. 183. Migne, Patrologia lat. 137. 15—48. Vgl. Mabillon, Analecta p. 431. Sigebert. Gemblac. Chron. a. 1005. Mon. Germ. SS. VI. 354. Idem. De script. eccles. c. 145. Migne, Patr. lat. 160. 580. Chevalier, Répert. 1011.

Hepidanni computus. Montfaucon l. c. I. 58. C. Scherrer, Verzeichniß der Handschriften v. St. Gallen S. 338.

Hermann der Lahme von Reichenau († 1054). Sein Schüler Berthold nennt neben andern mathematischen Werken Hermanns Regeln über die Mondfinsternisse und einen Traktat über die Festrechnung. Das letztere Werk ist wohl in einer Vaticanischen Handschrift erhalten unter dem Titel Compotus Herimanni Suevi, 47 Capitel, geschrieben in Illmünster im Jahre 1077.[1]) Eine bis jetzt nicht bekannte Schrift Hermanns über den Comput habe ich in einer später unter Notker noch näher zu beschreibenden Pariser Handschrift (Nouv. Acquis. lat. 229.) entdeckt. Sie steht daselbst auf Blatt 17—19. Der Inhalt, in Form eines Briefes an einen gewissen Herrand, handelt von der Länge des Mondmonats, welcher durch eine neue Rechnung bestimmt wird. Obschon der Name des Verfassers nur durch den Anfangsbuchstaben H bezeichnet ist, so kann doch über denselben kein Zweifel sein, da es am Schlusse heißt Item Herimannus de Astrobio, worauf Hermanns Ab-

[1]) Archiv f. ä. d. Gesch. XII. 232. Der Schreiber ist wohl Benedictus Acolythus und die Handschrift bereits erwähnt in Opera Isidori ed. Arevali. Einleitung c. 63. 6. Ed. Migne 81. 408. D.

handlung über das Astrolabium folgt. Ueberdies verräth der Eingang des Briefes so große Aehnlichkeit mit der Vorrede des Werkes über das Astrolabium, daß ein Zweifel an der Identität ausgeschlossen ist.

Herrad, Aebtissin von Landsperg. S. Piper, Die Kalendarien und Martyrologien der Angelsachsen und das Martyrologium und der Computus der Herrad von Landsperg. Berlin 1862.

Hothneri (!) versus de termino paschali. Montfaucon Bibl. 58. C.

Johannes von Coutance (Constantiensis). Martène & Durand, Thesaurus Anecdot. I. 362. Migne. Patrol. lat. 163. 1481.

Joannes de Corelia. Compotus solaris et lunaris. Montfaucon l. c. I. 224. A.

Johannes de Muris. Ib. 38.

Johannes de Saxonia in einer Erfurter Handschrift vom Jahre 1297. Schum, Exempla Codic. Amplon. 24.

Johannes de Sacro Bosco. Noch ungedruckt. Handschrift vom Jahre 1425 in St. Gallen. No. 827; eine andere in München. Mehrere in der Wiener Hofbibliothek. Aschbach, Gesch. d. Wiener Universität, I. 94.

Lambertus. Pez. Thesaur. Anecdot. II. Isagog. pag. XXV.

Marianus Scotus. Sigeb. Gemblac. De script. eccles. 150.

Massa computi. Eine Anleitung zur Festrechnung aus dem St. Peterskloster in Erfurt,[1] welche als Jahr der Abfassung selbst 1200 angibt, ist in Verse gebracht. Der Verfasser sagt, daß er aus verschiedenen Büchern sein Werk zusammengeschrieben, und um eine Abwechslung zu bieten, die poetische Form gewählt habe. Er gibt ihm daher den Titel: Massa computi. Dasselbe enthält auch eine für die Geschichte der Wissenschaft bedeutsame Stelle, eine Bemerkung über die Fehlerhaftigkeit des Julianischen Kalenders Jedenfalls war er einer der ersten, die den Fehler desselben bemerkten. Der Anfang lautet:

Aureus in Jano numerus claveque notantur.

Eine andere Handschrift findet sich in Bern Nr. 512. 10. Saec. XIII., zwei in St. Gallen Nr. 827 vom Jahre 1425 und Nr. 849 Saec. XIV., vier in München, woselbst auch ein Commentar dazu von Conrad von Landau.

Notker, wegen seiner großen Lippe Labeo „der Großlefzigte“, wegen seiner Werke „der Deutsche“ genannt, Mönch in St. Gallen († 1022), zählt in einem Briefe an Bischof Hugo von Sitten die Schriften auf, die er verfaßt hat. Darunter nennt er auch einen neuen Comput. In der Bibliothek von St. Gallen findet sich derselbe nicht vor. In einem alten Bücherverzeichniß des Klosters St. Symphorian in Metz (11. Jahrh.)[1] wird ein Compotus Notgeri aufgeführt. Im vorigen Jahrhundert befand sich ein solcher in der Bibliothek zu Pontigny.[2] Was aus diesen Handschriften geworden ist, läßt sich nicht mehr ausmitteln. Dagegen enthält eine ursprünglich in Deutschland geschriebene Handschrift, welche 1879 in die Pariser-Nationalbibliothek gelangte, wirklich ein Werklein von acht Seiten, ohne Zweifel die lange vermißte Schrift Notkers. Sie führt die Bezeichnung Lat. Nouv. acq. 229. Die Pergamentblätter sind 147 mm. hoch, 112 mm. breit. Für die Schrift ist das Fehlen der Accente auf dem Doppel-i charakteristisch, woraus sich als Zeitbestimmung für das Alter der Handschrift das Ende des 11. oder der Anfang des 12. Jahrhunderts ergibt. Herr Leopold Delisle, Direktor der Nationalbibliothek, welcher zuerst die Handschrift beschrieben hat,[3] hatte die Güte, die Benutzung der Handschrift auf der hiesigen Stiftsbibliothek zu gestatten, deren Uebersendung durch die Staatskanzlei des Kantons Schwyz und den hohen Bundesrath in Bern vermittelt wurde. Ihnen allen sei für ihre Bemühung hier bestens Dank gesagt! Die Abhandlung Notkers beginnt Blatt 10' mit den Worten: Notger Erkenhardo discipulo und schließt Blatt 14': Usque huc Notger Erkenhardo discipulo. Dieser Erkenhard ist ohne Zweifel Ekkehart der Vierte, der Geschichtschreiber, der selbst Notker Labeo seinen Lehrer nennt. Notkers Schrift behandelt nur einzelne den Comput betreffende Fragen. Er beruft sich einmal auf den heiligen Columban, offenbar die oben erwähnte Schrift dieses Heiligen, welche in der St. Galler Handschrift No. 250 steht. Hinwieder beruft sich Hermann von Reichenau auf Notkers Schrift, den er unlängst verstorben nennt, und auf dessen Citat Columbans. Der Abdruck im Anhang ist eine getreue Wieder-

1) Archiv f. ält. d. Gesch. III. 387.

1) Catalogue général des Manuscrits des Bibliothèques des Départements. V. 97.

2) Montfaucon, Biblioth. p. 1334.

3) Mélanges de Paléographie et de Bibliographie. Paris 1880. S. 455—457. Vgl. Anzeiger für Schweizer-Geschichte 1883. S. 212 und meine Geschichte der Schule von St. Gallen im Jahrbuch für Schweizer-Geschichte. Band X. S. 87. — Morel-Fatio in Zeitschrift für deutsches Alterthum. Bd. 23. S. 435. — W. Scherer in Sitzungsberichte der Preuß. Akademie. Berlin 1885. S. 577. — Bächtold, Beiträge zur St. Gallischen Litteraturgesch. II. Zeitschrift f. d. Alterth. 31. (1887) 196. — Ders. Geschichte der deutschen Literatur in der Schweiz. Anmerkungen S. 20. — G. Meyer von Knonau, Allgemeine deutsche Biographie 24. 10.

gabe des Originals, wobei nur in der Orthographie ganz Unwesentliches geändert ist.

Otho, Abt von Kappenberg, verfaßte einen nicht näher bekannten Comput in Versen mit vielen Tabellen, der in einer Handschrift des 13. Jahrhunderts sich in der Bibliothek von Laon befindet.[1])

Pandulfus Capuanus. S. Petrus diaconus, De viris illustribus Casinens. 20. Fabricius, Biblioth. VII. 150.

Philippe de Thanne. Montfaucon, Bibliotheca I. 80. B.

Rhabanus Maurus († 856). Sein Lehrbuch De computo ist gedruckt in Baluze, Miscellanea II. 63. ed. Mansi. Die Handschriften sind nicht häufig. Eine findet sich in St. Gallen (No. 902), eine andere des 10. Jahrhunderts in Einsiedeln (No. 319).

Reinher. Compotus magistri Reinheri, decani Patherburnensis perspicacissimi calculatoris. In der königlichen Bibliothek in Hannover. Siehe Gerhardt, Ueber die Entstehung und Ausbreitung des dekadischen Zahlensystems. 1853. S. 27. Martène et Durand, Ampl. Coll. I. 977.

Robert, Bischof v. Lincoln. Montfaucon l. c. 680. E.

Sigebert von Gemblour († 1111). S. Ders. De script. eccles. 171.

Teutcarius monachus S. Galli. Montfaucon l. c. 58. C.

Volcomannus, monachus Augiensis. Daselbst.

Wichramm, Diacon und Klosterlehrer in St. Gallen, lebte urkundlich 861—895. Er schrieb ein computistisches Werklein in Fragen und Antworten, das erst neuerlich von P. Benedict Braunmüller, jetzt Abt von Metten, aus einer Münchener Handschrift herausgegeben wurde.[2]) Enthält es auch nichts Neues, so ist es immerhin ehrwürdig als ein Schulbüchlein von tausendjährigem Alter.

Wilbert. Sein Comput befand sich im zwölften Jahrhundert in der Bibliothek des Klosters St. Peter zu Salzburg. Becker, Catalogi 115. 238. Vgl. Pez, l. c.

Wilhelm, Abt von Hirschau (1069—1091), wird als Verfasser eines Comput genannt von Böck, Die sieben freien Künste im elften Jahrhundert, S. 59.

Wißbier Johannes, von Gmunden, schrieb 1404 in Ulm einen Comput, der handschriftlich in der fürstlich Oettingen-Wallersteinlichen Bibliothek liegt. Ist der Verfasser vielleicht identisch mit dem später zu besprechenden Astronomen Johann von Gmunden? S. Anzeiger f. Kunde der deutschen Vorzeit 1878. No. 1.

[1]) No. 410 Cat. gén. des MSS. des Dépts. I. 211.

[2]) In „Studien und Mittheilungen aus dem Benedictiner- und Cistercienser-Orden", IV. Jahrgang 1883. Heft 4. S. 357—361 aus Clm 14221. Saec. XI. Vgl. Pez, Thesaurus II. Isagog. XXV.

Mit dieser langen Aufzählung ist übrigens die computistische Literatur noch lange nicht erschöpft. Noch zahlreicher sind die von unbekannten Verfassern stammenden Bearbeitungen. Darunter sind hauptsächlich die in deutscher Sprache beachtenswerth. Eine solche fand sich in einer Straßburger Handschrift des zwölften Jahrhunderts.[1]) Eine andere, anscheinend aus Feldkirch stammend aus dem Jahre 1430, steht in einer Einsiedler Papierhandschrift. (No. 720.)

Trotz dieses reichen Unterrichtsmaterials kam es dennoch vor, daß Ostern unrichtig berechnet und infolge davon dieses Fest an verschiedenen Orten zu verschiedenen Zeiten gefeiert wurde. Solches geschah im elften Jahrhundert zu Bremen, was zu dem Spottreim Veranlassung gab:

Bremenses asini cantarunt „Resurrexi"
Cum populus Domini cantavit „Oculi".

Da endlich hier vom Kalender die Rede ist, so sei gleich noch einer weitern Jugendplage Erwähnung gethan, des **Cisiojanus**, eine Art Kalender mit lateinischen oder später auch deutschen Versen. Sie enthielten die unbeweglichen Feste, also hauptsächlich die der Heiligen. Ehe nämlich die gedruckten Kalender in allgemeinen Volksgebrauch kamen, pflegte man das Datum nach den Tagen der Heiligen zu bezeichnen. Es war daher nothwendig, wenigstens die wichtigeren Feste dem Gedächtnisse einzuprägen, zu welchem Zwecke schon Beda der Ehrwürdige einen Heiligenkalender oder Martyrologium in Versen schrieb; ein anderes ist von Wandalbert, Mönch zu Prüm, 848 verfaßt und Kaiser Lothar gewidmet. Später, da immer mehr Heilige hinzukamen, suchte man mehrere in einen Vers zu bringen. Man kürzte daher die Namen ab, indem man nur die Anfangssilbe beibehielt. So entstanden jene erbärmlichen Hexameter, die, jedes eigentlichen Sinnes baar, nur den Geistlichen verständlich waren, wie z. B.

Cisio ianus ephy sibi vendicat oc feli mar an.

Hier bedeutet cisio = circumcisio den ersten Januar; ianus = Januarius den zweiten; ephy ist Epiphanias am 6; oc bedeutet Octava Epiphanie am 13; feli = Felix am 14; mar = Marcellus am 16. und an = Antonius am 17. Januar.

[1]) Gedruckt in Haupts Zeitschrift für deutsches Alterth. II. 570.

Der Cisiojanus behauptete sich bis in das sechzehnte Jahrhundert hinein, und noch Martin Luther veröffentlichte 1530 in Wittenberg ein „Betbüchlein mit eym Calender und Passional hübsch zugericht", worin auch „Cisio-Janus in seinen Versen gesetzt auff das die junge Kinder den Kalender auswendig an den Fingern lernen." [1])

Verfolgen wir nun, nach dieser vielleicht allzu langen Abschweifung auf das Gebiet des Kalenderwesens, die Geschichte der mathematischen Wissenschaft weiter. Hier begegnet uns zunächst ein Mann, der berufen war, in der Weltgeschichte eine ebenso große Rolle zu spielen, wie in der Mathematik, Gerbert von Aurillac, als Papst Silvester II. (999—1003). Er war in Aquitanien geboren und erhielt seine erste Bildung im Kloster des heiligen Gerald in der Auvergne. Aus Begierde nach Weisheit, wie die Chronik sagt, habe er dann viele Länder bereist. Graf Borrell von Barcelona nahm ihn um 967 mit in die spanische Mark, wo damals die Wissenschaften sich einer verhältnißmäßigen Blüthe erfreuten. Mit Eifer und Erfolg befleißigte er sich hier der Mathematik. Sein hauptsächlichster Lehrer war Bischof Hatto von Vich in Catalonien. Dagegen ist Gerbert mit Nichten bei den Arabern des Ommajaden-Reiches in die Schule gegangen. Diese glaubenseifrigen Moslimen haßten die Christen zu sehr, als daß sie ihnen Unterricht ertheilt hätten. Zudem würde die Verschiedenheit der Sprache ein unübersteigliches Hinderniß gebildet haben. Gerbert kann daher von der arabischen Wissenschaft dem christlichen Abendlande auch Nichts übermittelt haben, und damit ist auch all den Phantasieen über maurischen Einfluß und das Licht, das von dorther sich über die Finsterniß des übrigen Europa's ergossen haben soll, der Boden unter den Füßen weggenommen. 970 kam Gerbert nach Rom, und Papst Johann XIII. empfahl ihn dem Kaiser Otto I. Er wurde in der Folge Lehrer des Kaisers Otto III., Abt von Bobbio, Erzbischof von Reims, dann von Ravenna und schließlich Papst. Er war ein ausgezeichneter Lehrer und übertraf an Bildung alle seine Zeitgenossen. Von allen Seiten her sammelte er Bücher und ließ die besten Autoren für sich abschreiben und vergleichen. „Es gibt Briefe von ihm," sagt Giesebrecht, [2]) „deren Schreiber man eher in der Toga der alten Römer, als in der Kutte eines Mönches vermuthete." Auch seine mathematischen Schriften tragen „in jeder Zeile ein durchweg römisches Gepräge". [3])

Von seiner Geometrie wird später die Rede sein. Auf die Rechenkunst beziehen sich seine „Regel der Tafel des Rechnens", *Regula de abaco computi* und ein Schreiben an einen gewissen Constantin „Ueber das Dividiren der Zahlen", *Libellus de numerorum divisione*. Und da wird es nothwendig sein, den Leser näher mit dem Abacus bekannt zu machen, der beim Rechnungsunterricht dieser Zeit viel im Gebrauch, daher auch Gegenstand verschiedener Lehrbücher gewesen ist. Vom Abacus der Römer ist bereits gesprochen worden. In anderm Sinne ist von dem Abacus in der Geometrie des Boethius die Rede, deren Echtheit deshalb sogar in Zweifel gezogen wurde. [1]) Ohne auf diese schwierige Frage näher einzutreten, sei hier einzig bemerkt, daß zur Zeit Gerberts der Abacus, als sorgsam geglättete Tafel, um darauf zu rechnen, in 30 Columnen abgetheilt war, die oben durch einen Halbkreis geschlossen waren; je 3 Columnen waren wieder durch einen größern Halbkreis zusammengefaßt. Rechts ist die Columne der Einer, der nach Links die Zehner und Hunderter sich anschließen; sie sind entsprechend bezeichnet mit M (Monas), D (Decem), C (Centum). So beschreibt Bernelinus, Gerberts Schüler, den Abacus. Auch der Geschichtschreiber Richer [2]) erwähnt den Abacus, d. h. eine durch ihre Abmessungen geeignete Tafel, die Gerbert durch einen Schildmacher verfertigen ließ. Außerdem ließ er tausend Charaktere von Horn bilden, mit deren Hilfe die Division oder Multiplikation sehr compendiös von Statten ging. Es ist schon früher erwähnt worden, daß das Rechnen mit römischen Zahlzeichen sehr schwierig war; durch diese Columnen wurde dasselbe bedeutend erleichtert, indem bei einer Multiplikation oder Division die Einer, Zehner u. s. w. besonders berechnet, die Resultate in die betreffenden Columnen eingetragen und schließlich zusammen addirt wurden. Es bedurfte nur noch eines besondern Zeichens, der Null, um die Abwesenheit eines Zahlwerthes an der betreffenden Stelle anzuzeigen, und man konnte die Columnenlinien auch weglassen und hatte unser dekadisches Zahlensystem. So einfach nun auch dieser Schritt uns scheint, so war dennoch bis dahin noch ein weiter Weg zu machen. Zuerst erscheint nun die Schule der Abacisten, die Gerbert selbst eröffnet mit seiner „Regel der Tafel des Rechnens", einer überaus weitschweifigen Anleitung zum Multipliziren und Dividiren vermittelst der eben beschriebenen Columnen. [3]) Ger-

[1]) Naumann, Serapeum 9. 37. — Frank, Allg. d. Biogr. IV. 738.

[2]) Gesch. d. deutsch. Kaiserzeit. I. 716.

[3]) Cantor l. c. 746.

[1]) Vgl. Cantor l. c. 491. Taf. 7-8. die Beschreibung des mittelalterlichen Abacus, welcher ich im Nachstehenden folge.

[2]) Hist. III. 54. Mon. Germ. III. 61[a].

[3]) Hsg. v. Olleris, Oeuvres de Gerbert 311—348.

bert scheint das Buch verfaßt zu haben, als er bereits Papst war. Schon vorher hatte er an den Scholasticus Constantin von Fleury seine Abhandlung „Ueber das Dividiren der Zahlen" gerichtet. Das Columnenrechnen fand durch Gerberts Ansehen weite Verbreitung. Weitere Anleitung dazu geben eine Handschrift von Ivrea aus dem elften Jahrhundert, eigentlich nur eine einzige Seite derselben,[1] Heriger von Lobach (990—1007) in einem Briefe an den Mönch Hugo, dann der obgenannte Bernelinus von Paris in seiner Schrift über den Abacus. Zu gleicher Zeit hat Guido von Arezzo eine Abhandlung über das Rechnen auf dem Abacus verfaßt; am meisten aber für die Verbreitung desselben hat Hermannus Contraktus gethan, dessen Abhandlung kurz und bündig Anleitung dazu gibt. Uebrigens beschränkt er die Columnen nicht auf eine bestimmte Zahl, sondern sagt, daß sie ins Unendliche sich erstrecken.[2]

Zu den arithmetischen Lehrmitteln gehörte ferner ein eigenthümliches Spiel, welches Rhitmomachie genannt wird, auf deutsch etwa Zahlenkampf. Dasselbe wurde statt der Figuren mit Zahlen gespielt, die zu einander in ein gewisses Verhältniß gebracht werden mußten. Eine spätere Zeit schrieb die Erfindung Gerbert zu, der wirklich über Rhitmomachie geschrieben hat; im zehnten und elften Jahrhundert aber weisen Walther von Speier und Hermann von Reichenau vielmehr auf Boethius, der gemäß einer Sage, die übrigens wohl auch auf Wahrheit beruhen kann, zu seiner Unterhaltung im Gefängniß dieses Spiel ausgedacht hatte. Walther von Speier schildert dasselbe in seiner schwer verständlichen Sprache: „Nachdem sie (die Schüler) die ebenen Figuren regelrecht darstellten mit Beachtung des gehörigen Maaßes und Ordnung in den Zwischenräumen, bestreben sie sich, cubische Gestaltungen zu bilden, und sie sehen, daß dieselben auf ein dreifaches Mittel hinauslaufen: erstens (das arithmetische), wo die Theile in gleicher Entfernung stehen, zweitens (das geometrische), wo sie in gleichem Verhältnisse stehen; und die Mittlerin, welche unter den letzten verschlossen ist, (die harmonische Proportion) verwirkt diese beiden Dinge. Es freute sich die Mathematik an den regelrecht gerichteten Ordnungen und sandte dir, berühmter Boethius, diesen Trost. Hierauf bringt die Geometrie die wunderbaren Linien des Abacus herbei, indem sie mit den Zeichen das Kampfspiel beginnt, und indem sie schnell die gegenüber gestellten Körper der Zahlen gehörig in Finger- und in Gelenkzahlen zerlegte. Hierauf stellte sie mehrere Oberflachen ordnungsmäßig hin, verband Dreiecke mit Vierecken und Fünfecken, um eifrig die Gestalt der Pyramide zur Spitze zu führen." Es fehlt noch viel, bis wir im Stande sind, alle Schwierigkeiten in Walthers Gedicht zu lösen. Um so mehr ist zu bedauern, daß das Gedicht des Hermann Contraktus über Zahlenkampf,] welches für verloren galt, nur theilweise gedruckt ist.

Eine neue Epoche im Rechnen beginnt im Anfang des dreizehnten Jahrhunderts mit dem allmählichen Bekanntwerden des arabischen Zahlensystems und die durch die Kreuzzüge angebahnte enge Beziehung mit dem Orient. In der Mathematik war Jahrhunderte lang Stillstand eingetreten gewesen; nicht Eine neue Ansicht, nicht Eine neue Wahrheit war während dieser langen Zeit zur Wissenschaft hinzugekommen. Da kommt aus dem Oriente neue Anregung. Die Araber haben die Sinus erfunden und damit jenes Fundament zur rechnenden Mathematik gelegt, welcher diese ihre großartigsten Resultate verdankt. Damals aber dauerte es sehr lange, bis eine Neuerung Eingang gefunden, daher die alte und neue Schule noch lange neben einander bestehen. Schon im Anfang des neunten Jahrhunderts hatte Muhammed ibn Musa, mit dem Beinamen Alchwarizmi, d. h. der Chowaresmier aus der Provinz Chwarism (Kharism) in der Tatarei, auf Befehl des Chalifen Almansur einen Auszug aus einem indischen Werke über Mathematik gemacht. Derselbe ist auch der Verfasser eines Rechnungsbuches mit dem Titel Aldschebr, was ursprünglich Zusammenfassung, Wiederherstellung bedeutet. Gemeint ist damit Ordnung und Auflösung der Gleichungen, wofür der Name Aldschebra (Algebra) gebräuchlich ward. Die Ableitung von einem angeblichen Mathematiker Geber ist unhaltbar.[1]

Noch ein anderer Zweig der Mathematik ist nach Muhammed ibn Musa benannt, nämlich der Algorithmus. So nannte man die Rechnungsart mit den arabischen Ziffern, und das Wort ist eine Verdrehung des Beinamens Alchwarismi.[2] Wenn wir übrigens unsere jetzigen Zahlzeichen arabische nennen, so folgen wir dem gemeinen Sprachgebrauch, welcher damit die nächste Quelle bezeichnet, aus der sie geschöpft sind. Ursprünglich aber stammen sie aus Indien, und man hat sogar behauptet, schon die Griechen hätten sie gekannt, und Gerbert damit auf seinem Abacus gerechnet. Allein er kannte, wie schon gesagt, die Null nicht, welche unserm Zahlensystem doch wesentlich ist. Die ältesten sogenannten arabischen Ziffern, die im Abendlande

---

[1] Noch ungedruckt. Vgl. Cantor l. c. 732. — Pertz. Archiv IX. 623. Martène et Dur. Thes. I. 112. Vgl. M. G. SS. VII. 145.

[2] Cantor l. l. 758.

[1] Cantor l. c. 619.

[2] Cantor l. c. 612.

vorkommen, stehen im Codex Vigilanus im Escorial. Derselbe wurde im Jahre 976 im Kloster Albelda geschrieben. Sie finden sich in ähnlicher Form in einer anderen Handschrift daselbst aus dem Jahre 992.[1]

Erfreulicher ist, daß um die Mitte des zwölften Jahrhunderts allgemein die arabischen Ziffern in Gebrauch kommen. Die älteste datirte Handschrift deutschen Ursprungs, worin dieselben vorkommen, ist, soviel bekannt, ein Wiener Computus vom Jahre 1143.[2] Eine Heidelberger, einst Salemer Handschrift, die nicht später als 1200 geschrieben ist,[3] enthält einen Algorithmus[4] mit unseren arabischen Ziffern. Bis diese übrigens allgemein im Gebrauch waren, dauerte es freilich noch Jahrhunderte lang.

Nach Italien aber kam die Kenntniß davon durch Leonard Fibonacci (filius Bonacci). Sein Vater war Consul der pisanischen Kaufleute an der Zollstätte Borgia in Afrika und berief seinen Sohn, der noch ein Knabe war, dahin, um ihn seines künftigen Berufes wegen in der Arithmetik unterrichten zu lassen. Hier bei den Arabern lernte Leonard das indische Zahlensystem kennen, und auf seinen späteren Handelsreisen nach Osten und Westen hatte er Gelegenheit, sich von der Ueberlegenheit desselben über die anderen zu überzeugen. Er studirte daneben auch die Werke der alten Mathematiker, wie die Geometrie des Euclid und gab dann im Jahre 1202 in lateinischer Sprache einen Abacus in fünfzehn Kapiteln heraus. Das Werk enthält eine Darstellung des indischen Zahlensystems und sollte mehr dem praktischen Leben als der Wissenschaft dienen. Erst das letzte Kapitel, für uns das interessanteste, handelt von der Algebra, im Anschluß an das erwähnte Werk von Mohammed ibn Musa. Eine Menge von Aufgaben macht den Schluß. Im Jahre 1220 gab Fibonacci ein zweites Werk heraus, die Practica Geometriae, und verfaßte daneben noch eine Abhandlung über die Quadratzahlen. Seine tiefe Einsicht und sein hohes Verdienst um die Einführung der Algebra bei den Christen sichern ihm einen Ehrenplatz in der Geschichte der Mathematik. Ueber ihn hinaus ist die Arithmetik des Mittelalters nicht viel gekommen. Was die drei folgenden Jahrhunderte Neues brachten, betraf hauptsächlich die mathematische Zeichensprache. Der Dominikaner Jordanus Nemorarius im vierzehnten Jahrhundert rechnet in seiner Schrift „De numeris datis“ durchgängig mit Buchstaben statt mit Ziffern. Der Florentiner Paul Dagomari († 1365) war der Erste, welcher eine größere Zahl in Gruppen von drei Ziffern mittelst des Komma abtheilte. Frater Lucas Pacioli, genannt de Borgo S. Sepulcri in Toscana, geboren um 1450, gestorben bald nach 1509, führte statt des Buchstabens r, welcher die Wurzel (radix) bedeutete, das jetzt gebräuchliche Wurzelzeichen ein, das eigentlich nur eine Verzerrung des Buchstabens r ist. Er braucht auch statt der Wörter plus und minus die Abkürzungen p und m. Die Zeichen + und — finden sich zuerst in den Werken des Leonardo da Vinci, in Deutschland 1489 in einem Rechenbuche des Johann Widmann von Eger, und wurden hauptsächlich verbreitet durch die Arithmetica integra des Michael Stiefel aus Eßlingen (1487—1567[1]). Das Gleichheitszeichen findet man zuerst bei dem Engländer Recorde 1552, das Zeichen der Ungleichheit bei dem Engländer Harriot 1620, das Multiplikationszeichen (X) bei dem Engländer Oughtred 1631 und den Doppelpunkt (:) als Zeichen der Division 1684 bei dem Deutschen Leibnitz. Die Eintheilung der Zahlen in Millionen, Billionen u. s. w., sowie die einfache Schreibung der Decimalbrüche vermittelst des Komma verdanken wir den niederländischen Mathematikern Albert Girard und Simon Stevin im sechzehnten und siebzehnten Jahrhundert. Doch haben wir hiemit die Grenzen unseres Zeitraumes überschritten und gehen daher über zur Geometrie.

[1] Vgl. Neues Archiv der Gesellsch. f. ält. deutsche Gesch. VI. 236. VIII. 358, wo die merkwürdige Stelle angeführt wird: Item de figuris arithmeticae. Scire debemus Indos subtilissimum ingenium habere et ceteras gentes eis in arithmetica et geometrica et ceteris liberalibus disciplinis cedere. Et hoc manifestum est in novem figuris, quibus designant unumquemque gradum cuiuslibet gradus. Quarum haec sunt formae. Es folgen neun Zeichen, wovon 9, 8, 7, 6, 1 der modernen Schreibweise durchaus nahe kommen, die übrigen mehr oder weniger abweichen.

[2] Nr. 275. Vgl. Sickel, die Lunarbuchst. d. M.-A. Sitzgsb. d. W. Ak. 38, 171.

[3] Pertz, Archiv IX. 585 wohl die gleiche, welche Cantor, Gesch. d. Math. I. 780, erwähnt.

[4] Auszug in Zeitschr. f. Math. u. Phys. X. 1–16.

[1] Vgl. Cantu, Allg. Weltgesch. Bd. 8. S. 916.

V. Geometrie.

Wohl bei keiner andern Disciplin sah es so dürftig aus, wie bei dieser. Die Schriften der römischen Feldmesser waren sehr wenig bekannt, und daneben gab es kein anderes Lehrmittel als die beiden Bücher des Boethius „De geometria". Hiebei dürfen wir aber nicht an ein eigentliches Lehrbuch denken; es enthält nur einen magern Auszug aus Euclid, meist Definitionen, ohne allen Beweis, wozu noch einige elementare Aufgaben kommen. Die Anleitung zur Flächenberechnung, wie sie hier gegeben wird, ist nicht einmal richtig. Solche Rechnungsaufgaben, nebst einer Definition der Geometrie, ist auch Alles, was wir bei Alkuin aus diesem Zweige erfahren. Die Geometrie des Boethius befand sich im Jahre 821 in der Bibliothek des Klosters Reichenau.[1] Rhabanus Maurus drückt sich folgendermaßen über die Geometrie aus: „Diese Wissenschaft ist aber auch bei dem Bau der Stiftshütte und des Tempels angewandt worden, wo man ein und denselben Maßstab, dieselben Zirkel, Kugeln, Halbkugeln, Vierecke und die übrigen mathematischen Figuren gebraucht hat. Die Kenntniß von alle Dem verhilft daher Demjenigen, der sich damit befaßt, wesentlich zu einer tieferen Einsicht." An eine praktische Verwendung im häuslichen oder öffentlichen Leben scheint man nicht gedacht zu haben. Daher wurde wohl auch in den Schulen ein eigentlicher Unterricht in dem, was wir unter Geometrie verstehen, nicht ertheilt. Als einst in der Schule zu Luxeuil der Schüler Frodebert, der doch zuvor die bischöfliche Schule zu Troyes besucht hatte und als Neuangekommener allerlei Neckereien ausstehen mußte, von seinen Genossen nach einem Zirkel gesendet wurde, so wußte er gar nicht, was das für ein Ding sei, und ließ sich dafür geduldig einen Mühlstein aufhalsen.[2]

Das Hauptwerk über Geometrie im Mittelalter ist dasjenige Gerberts, der demselben ebenfalls Boethius und die römischen Agrimensoren zu Grunde gelegt hat; sonst nennt er als seine Quellen Pythagoras, Plato, Chalcidius und Eratosthenes. Eigenthümlich ist Gerbert, und noch in keinem frühern Autor nachgewiesen, die Anleitung zur praktischen Feldmessung, cap. 16—40, dem Umfange nach etwa ein Viertel des Ganzen. Hiebei kommen verschiedene Apparate zur Verwendung, die natürlich sehr einfach und unvollkommen waren, Wasserwagen, Spiegel, Stäbe und Meßstange.[1] Die Höhe unzugänglicher Gegenstände mißt er durch den Schatten oder das Horoskop, auch das Astrolabium verwendet er zum gleichen Zwecke.

Von Adalbold, Bischof von Utrecht (1010—1025), soll eine geometrische Abhandlung in Handschrift vorhanden sein. Gedruckt ist dessen Abhandlung über den Cubikinhalt der Kugel, welche er seinem Mitschüler (conscholasticus) Gerbert überreichte. Ein anderes Schreiben an denselben ist verloren gegangen, wogegen sich Gerberts Antwort erhalten hat, worin er von dem Flächeninhalte des Dreiecks handelt.

Die bedeutendsten Fortschritte hat während des Mittelalters die Trigonometrie gemacht, und zwar verdanken wir dieselben in erster Linie den Arabern. Diese haben überhaupt eine große Achtung und entschiedenen Geschmack für die mathematischen Wissenschaften, besonders für die Astronomie, gezeigt. Sie hatten auch durch Uebersetzungen eine gründliche Kenntniß der Werke und des Wissens der griechischen Geometer erlangt. Mit besonderer Sorgfalt pflegten sie, wegen der Anwendung in der Astronomie, die Trigonometrie, die ihnen zahlreiche Verbesserungen verdankt, so daß dieser Theil der Geometrie dadurch eine neue Gestalt erhielt, wodurch sie erst zu praktischen Berechnungen geeignet wurde.

Die Trigonometrie der Griechen kannte nur den Halbmesser und die Sehne (Chorde). Muhammed ibn Dschabir, Prinz von Syrien, machte in den Jahren 878—918 treffliche astronomische Beobachtungen. Von seiner Heimat Battan in Syrien führte er den Beinamen El Battani, woraus die Abendländer Albategnus machten. Er hatte zuerst den glücklichen und fruchtbaren Gedanken, statt der Sehnen die halbe Sehne des doppelten Bogens in die Rechnung einzuführen. Er nannte diese mit einem arabischen Worte „Dschaib", das Einschnitt oder Busen bedeutet. Plato von Tivoli, der im zwölften Jahr-

[1] Brevis librorum, qui sunt in coenobio Sindleozes-Auva, facta anno VIII. Hludowici Imperatoris bei Becker, Cat. 6. No. 356.

[2] Quid esset circinus penitus ignoravit. Vita S. Frodeberti († ca. 673) c. 5. Mabillon, Acta SS. O. S. B. II. 627.

[1] Die praktische Verwendung der Meßstange findet sich auch sonst: Emensurarent diligenter cum perticis. Arnoldus, Codex Traditionum San-Emmeram. c. 17. Pez. Thes. Anecd. III. 213.

hundert Muhammeds Werk über die Bewegung der Sterne ins Lateinische übersetzte, führte dafür den Ausdruck *sinus* ein, der von daher dieser trigonometrischen Funktion in allen Sprachen geblieben ist. El Battani hatte auch die erste Idee von der trigonometrischen Tangente, die aber erst ein Jahrhundert später durch den berühmten Astronomen Abu'l Wefa (937—998) zugleich mit der Cotangente und Sekante in die Rechnungen eingeführt wurde.

Von da an ist kein weiterer Fortschritt zu erwähnen bis auf Georg von Peuerbach (1423—1461) und Johannes Müller von Königsberg, genannt Regiomontanus (1436—1476). Bei der Astronomie werden beider Verdienste ausführlicher zu besprechen sein. Hier ist nur zu erwähnen, daß sie eine neue Tafel für die Sinus berechneten, worin der Radius, entsprechend dem herrschenden Sexagesimalsystem = 600000 gesetzt wurde. Später setzte Regiomontan diesen = 10 Millionen und fügte auch noch eine Tafel der Tangenten hinzu. Er kann daher mit Recht der Begründer des jetzigen Gebäudes der Trigonometrie genannt werden. Eine wichtige Veränderung verdanken die Tafeln dem Holländer Adrian Vlacq, welcher in seiner Trigonometria artificialis im Jahre 1633 die Logarithmen der trigonometrischen Funktionen einführte.

Neues Licht aus dem Oriente erhielt die Geometrie des Abendlandes erst ziemlich spät. Atelhart von Bath hat um 1120 die Elemente des Euclid aus dem Arabischen übersetzt. Dadurch wurden dieselben zum erstenmal im Abendlande bekannt. Andere übersetzten astronomische und astrologische Werke, wie den vielgebrauchten Messehallah. Somit ist auch auf diesem Gebiete wieder einige Regsamkeit zu verzeichnen und vor allem ein neues Lehrbuch, das mit vielen andern Lehrbüchern des Mittelalters die Eigenthümlichkeit theilt, daß es an sich nichts weniger als empfehlenswerth, aber dennoch durch Jahrhunderte sich des größten Ansehens und ausgedehntester Verbreitung erfreuen, ja in der Schule fast zur Alleinherrschaft gelangen kann. Es scheint, als habe jene Zeit hiebei einem besondern Unsterne gefolgt. Es ist der Liber de sphaera des Engländers Johannes Holywood. Er war in Holywood in Yorkshire geboren, und seinen Namen latinisirend nannte er sich *Johannes de Sacro Bosco*. Nachdem er zuerst in Oxford studirt hatte, kam er nach Paris, wo er um 1230 als Lehrer einen angesehenen Namen besaß. Weiter wissen wir nichts Sicheres über ihn, und auch sein Todesjahr wird verschieden angenommen, je nach der Auslegung seiner Grabschrift 1244, oder was allgemeiner angenommen ist, 1256. Er ward im Kloster der Mathuriner beigesetzt, und ein Astrolabium auf seinem Grabsteine deutete auf die Wissenschaft, der er sein Leben geweiht hatte.

Was seinen Namen so berühmt gemacht hat, ist seine kleine Abhandlung „De sphaera" über die Geometrie der Kugel in vier Capiteln. Das erste handelt von der Erdkugel, das zweite von den Kugelkreisen, das dritte vom Auf- und Untergang der Gestirne, das vierte von der Bewegung der Planeten. Seine Quellen sind neben Ptolemäus die Araber Alfragan und Albategnius. Während mehr als vierhundert Jahren herrschte dies Lehrbuch der Astronomie ausschließlich in der Schule. Es war eines der ersten mathematischen Bücher, die gedruckt wurden; man zählt 65 Auflagen, wovon die letzte in Leiden 1647 erschien. Bereits um die Mitte des vierzehnten Jahrhunderts ward es von dem berühmten Lehrer an der Wiener Universität, Conrad von Megenberg, ins Deutsche übersetzt; später erschienen drei italienische und zwei französische Uebersetzungen. Auch an Commentaren fehlte es natürlich nicht. Den ersten schrieb Michael Scotus; von den Deutschen haben Georg von Peuerbach, Müller von Königsberg, Melanchthon und zuletzt der Jesuit Clavius Commentare dazu geschrieben.

Zuletzt verdient noch der bei der Arithmetik bereits genannte Lucas de Borgo S. Sepulchri Erwähnung wegen seines Werkes: Divina proportione, das 1509 zu Venedig in italienischer Sprache erschien. Unter der proportio divina versteht der Verfasser die Theilung einer geraden Linie nach dem mittlern und äußern Verhältniß, sonst auch sectio aurea oder goldener Schnitt genannt. Er will dieses Verhältniß zur Grundlage aller Wissenschaften und Künste, besonders der Philosophie, Perspektive, Malerei und Musik machen. Sein Werk ist deswegen noch besonders von Interesse, weil Leonardo da Vinci mit eigener Hand die Figuren dazu gravirt und wohl auch Antheil am Texte selbst gehabt hat.¹)

Eine Frage endlich, die in der zweiten Hälfte des Mittelalters beständig auf der Tagesordnung steht, ist die Quadratur des Zirkels, das Problem, ein Quadrat zu finden, das ebenso groß wäre, als wie ein gegebener Kreis. Heute wissen wir, daß diese Aufgabe unauflösbar ist, jene Zeit umgab die Frage mit einem gewissen magischen Scheine, wie etwa die Entdeckung des Steines der Weisen oder das Mobile Perpetuum. Schon im elften Jahrhundert schrieb Franco von Lüttich ein dem Erzbischof Hermann II. von Köln gewidmetes Werk in sechs Büchern über die Quadratur des Zirkels. In der Vorrede erwähnt er, wie viele Gelehrte, zuletzt Gerbert, der Wiederhersteller der Wissenschaft, sich vergebliche Mühe

—

¹) Vgl. Senebier, Catalogue raisonné des Manuscrits de la ville de Genève, pag. 4[illegible]4

damit gegeben hatten. Im dreizehnten Jahrhundert beschäftigte sich damit der Novarese Campanus, im fünfzehnten der gelehrte Cardinal Nikolaus von Cusa, der eine mechanische Lösung versuchte durch Fortrollen des Kreises auf einer geraden Linie. Sein „Tractatus de quadratura circuli" gelangte freilich zu falschen Resultaten.[1]) Peuerbach, dem er seine Schrift zur Prüfung übersandt, hatte denn auch die Unrichtigkeit des vorgeschlagenen Verfahrens bald entdeckt und sein Schüler Regiomontanus weist nach, daß das angegebene Quadrat erheblich größer als die wirkliche Kreisfläche sei. In seinen weitern Forschungen über die Frage war dann freilich auch Regiomontan nicht glücklich. Heutzutage kennt auch ein Kind die Ludolphinische Zahl, so genannt nach dem flamändischen Geometer Ludolph van Ceulen, der dieselbe 1619 in seinem Werke De circulo et adscriptis zuerst bis zur 32. Decimalstelle bekannt gemacht hat. Sie wurde auf seinem Grabsteine in der Peterskirche in Leiden eingemeißelt. Später hat die Pariser Akademie der Wissenschaften erklärt, daß sie weitere Lösungen dieses Problems nicht mehr annehmen werde. Ich will noch beifügen, daß Lagny († 1734) die genannte Zahl auf 127 Stellen berechnet hat, indem er sich der unendlichen Reihen bediente. Der Freiherr Georg von Vega in seinen logarithmischen Tafeln bringt dieselbe sogar bis auf 140 Stellen.

Ohne Zweifel war die Geometrie das Stiefkind der mittelalterlichen Schulweisheit. In dem langen Zeitraume, von dem hier die Rede ist, wurde sie so sehr vernachlässigt, daß kaum ein bedeutendes geometrisches Werk während desselben zu nennen ist und während eines Jahrtausends auf diesem Gebiete ein totaler Stillstand eingetreten scheint. Dennoch kann es einer Zeit nicht an mathematischer Bildung gefehlt haben, welche die großartigen Dome in romanischem und gothischem Stil ausführte, die heute noch unsere Bewunderung erregen. Betrachtet man diese Meisterwerke der Baukunst, so muß man mit Ehrfurcht erfüllt werden vor den geistigen Schöpfungen und der Größe jener Zeit. Soviel ist ja wohl sicher, daß ohne ein ansehnliches Maß mathematischer Kenntnisse und speciell der Geometrie die Errichtung dieser Bauwerke nicht denkbar ist.

Zur Geometrie rechnete man übrigens, indem man sich an die buchstäbliche Deutung des Wortes hielt, auch die Geographie und theilweise die Kosmographie. Man schöpfte zunächst aus Martian Capella, dann aus verschiedenen Compendien. Das Glossarium Salomons hat zahlreiche geographische Artikel dem Geschichtschreiber Orosius entnommen.

Landkarten zum Zwecke des Unterrichts hatte man schon in den römischen Schulen. Der Redner Eumenius spricht von einer an der Wand angebrachten Weltkarte in der Schule zu Autun. Kleinere Karten derart benutzte man in der Schule und zu praktischen Zwecken, besonders im Kriege. Eine der ältesten aus dem siebenten oder achten Jahrhundert mit Uncialschrift hat sich in der Bibliothek von Albi erhalten neben der Kosmographie des Aethicus. Auf der Bibliothek zu Turin findet sich in einem 787 geschriebenen Commentar zur Apokalypse eine Weltkarte, welche die Erde als eine ovale Planisphäre von drei ungleichen Theilen vorstellt. Im dreizehnten Jahrhundert waren Landkarten nicht mehr selten. Der Dominikaner, der die Jahrbücher von Colmar verfaßte, zeichnet die Erde auf zwölf Pergamentblätter. Einer Chronik aus dem dreizehnten Jahrhundert ist eine Landkarte beigefügt, die aber nur ein anschauliches Bild gibt von der Unrichtigkeit und Unbehilflichkeit, womit diese fast kindischen Versuche damals unternommen wurden.

VI. Musik.

Ein wichtiges Unterrichtsfach war an allen Schulen der Gesang. Kenntniß desselben wurde von jedem Bewerber um ein geistliches Amt gefordert. Die Lehrer in den Kathedral- und Klosterschulen hätten über den Eingang schreiben dürfen: Keiner gehe ohne Musik hinein! Von den übrigen Künsten des Quadriviums, selbst von Dialektik und Rhetorik mochte man dispensiren, von der Musik nicht. Hrabanus behauptet, man könne ohne sie weder Kleriker, noch Lehrer der Philosophie und Theologie werden. Mit dem Unterrichte wurde schon frühzeitig begonnen; er bestand hauptsächlich in der praktischen Einübung des Kirchengesanges, an dem auch die Knaben theilnahmen. Das nahm sehr viele Zeit weg, weil es an einer einfachen

[1]) Vgl. Chasles, Geschichte der Geometrie. Aus dem Französischen durch Sohncke. 622. — Düx, der deutsche Cardinal Nikolaus v. Cusa. Bd. II. S. 433 ff.

und sichern Tonschrift fehlte, die Melodieen daher dem Gehör und Gedächtniß eingeprägt werden mußten, wozu die Neumen und Buchstaben nur schwache Hilfsmittel gewährten.

Es ist aber eigentlich nicht diese Musik, von welcher hier die Rede sein soll, wo es sich um die „artes" des Quadriviums handelt, also um die musikalische Theorie, insofern sie einen Zweig der Mathematik bildet.

Schon die Griechen hatten die Musik mit der Mathematik verbunden. Auch hierin war Boethius der Lehrmeister des ganzen Mittelalters durch seine fünf Bücher de musica, die, auf dem Grund von Werken der Griechen verfaßt, die Theorie derselben den spätern Zeiten überliefert haben. Zur Bezeichnung der Töne bedient er sich der abgekürzten griechischen Namen derselben durch ein paar griechische oder lateinische Buchstaben. Diese schwerfällige Notenschrift wird als eine wunderbare Erfindung bezeichnet. Zur Ausmittelung der musikalischen Intervalle bedient er sich des Monochords, des langweiligsten aller musikalischen Instrumente, denn es besteht, wie seine Benennung andeutet, aus einer einzigen gespannten Saite, welche über einem Brette zum Tönen gebracht wird. Vermittelst eines beweglichen Steges kann man die Länge des schwingenden Stückes beliebig ändern und erhält zum Beispiel die Oktav des Grundtones, wenn die Hälfte frei schwingt, die große Terz, wenn der frei schwingende Theil 4/5, die Quint, wenn er 2/3 beträgt. Man sieht, daß es zum Verständniß dieser musikalischen Weisheit eines subtilen Arithmetikers bedurfte. Daher wird von Gerbert, als er noch Lehrer in Reims war, erzählt,[1]) daß er gleich nach dem Unterricht in der Arithmetik zur Musik überging. Er gab da seinen Schülern die verschiedenen Noten auf dem Monochord an, zeigte deren Consonanz oder Harmonie in Tönen, Halbtönen, Doppeltönen und Vierteltönen, setzte die Töne nach den Regeln der Kunst in Accorde zusammen und verbreitete auf diese Weise die vollkommenste Kenntniß der Musik, welche den Galliern seit langem unbekannt war. Einen Traktat über das Monochord schrieb auch Hermann der Lahme.[2]) Es gab übrigens sehr zahlreiche theoretische Schriften über die Musik, und es ist nicht möglich, dieselben hier alle aufzuzählen. Die meisten derselben sind gedruckt in den werthvollen Sammlungen von Abt Martin Gerbert und Coussemaker. Näheres über sie findet man in den Werken über Geschichte der Musik von Ambros, Naumann, Schubiger u. A.

[1]) Richer, Histor. III. 49. Pertz, Monum. Germ. Script. III. 617.

[2]) Gedruckt bei Gerbert, Scriptores de Musica. II. 124. Größer ist der Ruhm Hermanns als Componist. Die beiden Antiphonen Salve Regina und Alma Redemptoris, die noch jetzt in kirchlichem Gebrauch sind, sollen von ihm verfaßt und in Musik gesetzt sein. Vgl. über ihn Schubiger, Sängerschule von St. Gallen. S. 84.

Zum Unterrichte berief man die Lehrer gerne aus dem kunst- und gesangreichen Italien. Schon König Pippin führte den römischen Gesang in Gallien ein, besonders auf Antrieb seines Bruders, des Bischofs Remedius oder Remigius von Rouen (755—771). Dieser brachte von Rom als Gesanglehrer einen gewissen Simeon mit, der seine Mönche unterrichtete, und als dieser nach Rom zurückberufen worden war, schickte er sie ihm zu weiterer Ausbildung nach Rom nach. Pippin empfahl sie dem Papst Paul I., der dieselben dem Simeon zum sorgfältigen Unterricht übergab.

Karl eiferte den diesfallsigen Bestrebungen seines Vaters nach; als er im Jahre 787 aus Rom nach Frankreich heimkehrte, war er von römischen Sängern begleitet, die Hadrian ihm mitgab. Zwei Jahre später 789 verordnet er dann unter Berufung auf das Beispiel Pippins, daß alle Geistlichen den römischen Gesang vollkommen lernen sollen. Er erneuert die Verordnung im Jahre 805 und beauftragt 806 die kaiserlichen Sendboten, auch darüber zu achten, daß dieser Vorschrift nachgekommen werde. Die Bischöfe und Synoden verordnen ebenfalls, daß die Priester den Gesang lernen sollen.

Im Jahre 802 erließ Karl den Befehl zur Errichtung von Sängerschulen an geeigneten Orten, womit wohl Klöster gemeint sind. An Karls berühmter Hofschule wurde namentlich auch die Tonkunst gelehrt und geübt, und Alkuin erwähnt in einem seiner Gedichte, wie der Lehrer Sulpicius die Knaben im Gesang unterweise:

> Sulpiz führt unterrichtend mit sich die heiteren Schaaren,
> Sie durch gewisse Accente, damit sie nicht irren, zu lehren.
> Idithun bildet die Knaben sodann in den frommen Gesängen,
> Und, um süße Töne mit lieblicher Stimme zu singen,
> Lernen der Tonkunst Numerus, Rythmus und Füße sie kennen.[1])

Der germanischen Rohheit gegenüber hatten freilich die italienischen Gesanglehrer einen schweren Stand. Ein zeitgenössischer Schriftsteller, Johannes Diaconus, entwirft ein wenig schmeichelhaftes Bild von ihnen: „Ihre rohen, wie Donner brüllenden Alpenstimmen waren keiner sanften Modulation fähig, weil ihre Kehlen an den Trunk gewöhnt und von barbarischer Wildheit sind und die Biegungen nicht zulassen, die eine zarte Melodie erfordert, so zwar, daß ihre Abscheu erregenden Stimmen nur solche Töne hervorbrachten, die dem Gepolter der über

[1]) Alcuini Carm. XXVI. 38. Mon. Germ. Poet. lat. I. 246. Vgl. Schubiger, die Sängerschule St. Gallens. 3.

die Stufen herabrollenden Wagen ähnlich sind, und die, statt die Herzen zu rühren, sie vielmehr mit Widerwillen erfüllten." Solch maßloser Kritik gegenüber wußten die Deutschen hinzuweisen auf die welsche Ruhmredigkeit [1]) oder Geschichtlein zu erzählen von der Tücke der Sänger, die absichtlich Falsches lehrten. [2])

In die Zeit Karls des Großen reichen auch die Anfänge der berühmten Sängerschule St. Gallens hinauf. Auf Bitte des Kaisers sandte nämlich sein Freund Papst Hadrian I. im Jahre 790 zwei römische Sänger, Petrus und Romanus, mit zwei authentischen Abschriften des römischen Antiphonars versehen, nach Frankreich. Beide waren nicht nur in der Tonkunst, sondern auch in den übrigen freien Künsten wohl unterrichtet. Auf der Reise durch die rhätischen Alpen wurde Roman infolge der ungünstigen Witterung fieberkrank und vermochte mit Mühe das gastliche St. Gallen zu erreichen. Während er sich dort unter der freundlichen Pflege der Mönche erholte, war sein Reisegefährte Petrus voraus nach Metz geeilt, von wo bald ein Bote des Kaisers in St. Gallen eintraf, mit dem Befehl, Roman möge ferner in St. Gallen verbleiben und die Mönche im Gesange unterrichten, was dieser aus Dankbarkeit für die erhaltenen Wohlthaten auch freudig that. Das Antiphonar, das er von Rom mitgebracht, wurde als authentisch hoch in Ehren gehalten. Man stellte es neben dem Altar der heiligen Apostel auf, wo es den Einheimischen und Fremden zur Ansicht offen stand, um daran, gleichwie in einem Spiegel, alle abweichenden und fehlerhaften Gesänge erkennen und verbessern zu können. So berichtet der Chronist Ekkehart IV. [3]) P. Ildephons von Arx, der berühmte Geschichtschreiber des Klosters St. Gallen, glaubte, dieses Gregorianische Antiphonar sei noch erhalten in der mit No. 359 bezeichneten Handschrift der Stiftsbibliothek, welche in ein Holzkäschen eingeheftet ist, dessen Deckel eine Elfenbeintafel mit herrlich geschnitzter, spätrömischer Arbeit bildet. [1]) Allein dieser Einband ist erst später mit dem Text vereinigt worden; denn Schriftzüge und Inhalt der Handschrift gehören nicht dem achten, sondern erst der zweiten Hälfte des neunten Jahrhunderts an. [2])

Um das Lernen und Behalten der schwierigen Melodieen zu erleichtern, erfand Roman ein eigenthümliches Hilfsmittel, die sogenannten Romanischen Buchstaben. Damit die Sänger die Höhe und Tiefe, die Stärke und Schwäche, die Kürze und Länge der Töne desto leichter erkennen und andere Zierlichkeiten des Vortrags desto besser sich merken möchten, hatte er den Neumen (so hießen die damaligen Notenzeichen) erklärende Buchstaben beigefügt, von denen jeder seine eigenthümliche Bedeutung hatte, so z. B. a heißt soviel als altius, höher, b = bene, gut, bedeutet Verstärkung, c = celeriter, schnell. Mit den vielfachen Abschriften, die vom St. Galler Antiphonar genommen wurden, verbreiteten sich auch diese Buchstaben anderwärts. [3]) Um ihre Bedeutung besser zu behalten, brachte man sie in eine Art von Gedächtnißversen, wie sie sich von einer Hand des dreizehnten Jahrhunderts geschrieben in der schon wiederholt erwähnten Pariser Handschrift Nouv. acquis. lat. 229. nachträglich auf einer leeren Seite finden. [4]) Da die betreffenden Verse meines Wissens noch nirgends veröffentlicht sind, so bringe ich sie im Anhang dieses Programms ebenfalls zum Abdruck.

In der Folge haben dann die geistig am Höchsten stehenden Lehrer des Klosters der Musik ihre beste Kraft zugewandt, wie Möngal der Ire, Notker der Stammler, welcher die Sequenzen verfaßte, Tutilo, welcher die Söhne der Adeligen an einem vom Abte bestimmten Orte auf Saiteninstrumenten spielen lehrte, Ekkehart IV., dessen Verse die Knaben an Sonntagen im Kreuzgang um das Kloster zu singen hatten. Es würde interessant sein, einen tiefern Einblick in diese künstlerische Thätigkeit zu thun; sie ist uns aber hier fremd, wo es sich um die Musik nur

---

[1]) Vide iactantiam Romanicam erga Teutones et Gallos steht als Randbemerkung in der St. Galler Handschrift 578, von der Hand Ekkeharts IV. bemerkt, bei obiger Stelle des Johannes Diac. Vita Gregorii c. 6. Mabillon, Acta Sanct. O. S. B. I. 415. — Bächtold, Geschichte der deutschen Litteratur in d. Schweiz, S. 25 u. Anmerkungen S. 9. — Dom Jos. Pothier. Les mélodies Grégoriennes p. 267. — Vgl. Riemann, Studien zur Gesch der Notenschrift. Lpz. 1878. S. 134

[2]) Monachus Sangallensis de Carolo Magno, I, 10. Jaffé, Biblioth. IV. 639.

[3]) Casus S. Galli. Mon German. Script. II. 102—103 ed. Meyer v. Knonau. Mittheilungen zur vaterländ. Gesch. XV/XVI. S. 173. Vgl. Schubiger, Sängerschule. 5.

[1]) Rahn, Gesch. d. bild. Künste in d. Schweiz. I. Zürich, 1873 S. 110—111.

[2]) So Schubiger l. c. S. 78, Note 4 und Abbé Raillard. Explication des Neumes. Paris 1852. p. 95, womit Gustav Scherrer, Verzeichniß der Handschriften der Stiftsbibliothek, S. 124. übereinstimmt. Dagegen P. L. Lambillotte de la Comp. de Jésus. Antiphonaire de St. Grégoire. Fac-simile du Manuscrit de St. Gall. (Copie authentique de l'autographe, écrite vers l'an 790.) Paris 1851, und G. R. Zimmermann im Anzeiger für Schweiz. Gesch. 2 (1877) 329—335; 341—346.

[3]) Schubiger a. a. O. S. 10—15. Abweichend davon Riemann, Studien zur Geschichte der Notenschrift. Lpz. 1878. S. 118—123.

[4]) Delisle, Mélanges de Paléographie. p. 457.

insofern handelt, als sie einen Theil des Quadriviums bildete und noch immer nicht eine Kunst, sondern eine Wissenschaft war.

Wir dürfen hiebei nicht vergessen, wie schwer oder eigentlich unmöglich es nach dem damaligen Systeme war, die Töne genau zu bezeichnen. Verschiedene Verbesserungsversuche, wie von Hucbald von St. Amand († 930) und Hermann dem Lahmen († 1054) waren erfolglos. Nun aber beginnt mit dem Anfang des elften Jahrhunderts eine neue Epoche durch Guido von Arezzo, den Benedictinermönch aus dem Kloster Pomposa bei Ravenna. Seit Boethius hat Niemand auf die Entwicklung der Musik einen solchen Einfluß, wie er, ausgeübt, und zwar dehnte sich dieser nicht nur auf die Gelehrten aus, sondern was ungleich seltener ist, auch auf das Volk.

Erwäge man die Schwierigkeiten, welche die alte Tonschrift, die Neumen, dem Lesen eines Tonstückes bereitete, diese sonderbaren Accente, Strichlein und Häklein, die Virga und Virgula, die Flexa und das Quilisma, der Podatus und Epiphonus, und wie sie alle heißen. Diese Zeichen schrieb man über den Text, gleich Accenten, was sie auch ursprünglich waren, oder wohl auch an den Rand, aber sie vermochten dem Sänger die einzelnen Töne nicht in bestimmter Weise anzugeben, wie dies durch die moderne Tonschrift geschieht; sie dienten nur, das Steigen und Fallen der Stimme, die Flexionen und andere Eigenthümlichkeiten der alten Gesangweise anzudeuten und dadurch dem Gedächtniß, dem vorher das Singstück mühsam eingeprägt worden, als Stütze zu dienen. Guido nun war der erste, welcher über dem Texte mit einem Stifte, aber ohne Farbe oder Tinte, vier parallele Linien in das Pergament einritzte und jedem Tone der alten Tonleiter seinen Platz auf einer dieser Linien oder zwischen denselben anwies. Die Neumenzeichen aber behielt er noch bei, wie früher. Damit aber die Töne F und C dem Auge desto sichtbarer gemacht würden, so füllte er die Linien, auf welche diese zu stehen kamen, mit rother (Fa-Linie) und gelber Farbe aus.[1]) Damit war das noch jetzt übliche Liniensystem geschaffen. Guido begann damit den Knaben seines Klosters Musik zu lehren und brachte es durch seine Methode dahin, daß sie nach einem Monat einen ihnen vorher unbekannt gewesenen Gesang mit Sicherheit vom Blatte zu singen vermochten. Das machte großes Aufsehen (maximum spectaculum).[2]) erregte aber auch den Neid seiner Ordensbrüder, und da auch Guido von reizbarem Charakter war, so war er gezwungen, sein Kloster zu verlassen, und er irrte umher, bis er an Bischof Theobald von Arezzo (1023—1036) einen Beschützer fand. Vielleicht hatte sich vorher seiner Erzbischof Hermann von Bremen angenommen und ihn nach Bremen berufen, wo er den Kirchengesang und die klösterliche Disciplin verbesserte. Mehr Erfolg konnte Guido von seiner Erfindung sich versprechen, als der Papst sich derselben annahm. Es war Johann XIX. (1024—1033), welcher ihn durch drei Boten nach Rom einladen ließ. Guido legte ihm sein Antiphonarium vor, welches nach seiner Methode in Musik gesetzt war, und es gelang dem Papste, nach derselben einen Vers zu singen, was ihm so wohl gefiel, daß er ihn einlud, in Rom zu bleiben und nach seiner Methode zu lehren. Doch zwang ihn die Sommerhitze, gleich wieder abzureisen; sein Abt fand nun auch sein Antiphonarium ein vortreffliches Werk und söhnte sich mit ihm aus. So erzählt Guido selber in seinem Briefe an seinen Mitbruder Michael von Pomposa.[1]) Weiteres wissen wir über sein Leben nicht; auch das Todesjahr ist unbekannt.

Zu seinem Unterrichte bediente auch er sich des Monochords. Daneben ist die Solmisation, die Bezeichnung der Töne durch die Silben ut, re, mi, fa, die noch jetzt bei den romanischen Nationen in Gebrauch ist, von Guido eingeführt, im Anschluß an einen Hymnus des Paul Diaconus auf den heiligen Johann Baptist:

UT queant laxis REsonare fibris
Mira tuorum FAmuli gestorum
SOLve polluti LAbii reatum
Sancte Iohannes.

Die Silbe Si, welche erst im siebzehnten Jahrhundert aufkam, ist aus den Anfangsbuchstaben des vierten Verses S und I zusammengezogen. Der Melodie dieses Liedes bediene er sich, schreibt Guido an Michael, um seinen Knaben das Tonmerken beizubringen, und es hätte nicht drei Tage bedurft, um einigen von ihnen Gesänge beizubringen, wozu früher viele Wochen nicht ausreichten. Dennoch nannte die undankbare Nachwelt die ganze Solmisation das „Kreuz der Singknaben“ (crux tenellorum puerorum) und die „Folter der Schüler“ (tortura discentium.[2])

Ein weiteres Hilfsmittel für den Gesang, und Jahrhunderte hindurch im größten Ansehen war die sogenannte Guidonische Hand, ein mnemotechnisches Hilfsmittel, um an den neunzehn Gliedern der linken Hand, die man sich durch eine

[1]) S. Schubiger, Monatshefte für Musik-Geschichte. Berlin. 1876.

[2]) Guidonis Micrologus Prolog. Gerbert Script. de Musica. II, 3.

[1]) Epistola Guidonis, De ignoto cantu, Gerbert, Script. Eccles. de Musica, II. 43—50.

[2]) Ambros, l. c. II. 172

Art Spirale verbunden dachte, sich die neunzehn Töne der Guidonischen Scala desto besser zu merken, „bei der Seltenheit der Schreibkunst und der Kostspieligkeit des Schreibmateriales ein ganz gutes Surrogat". [1]) Zwar thut Guido in seinen Schriften dieser Hand keine Erwähnung, sie wird aber stets allgemein und schon bald nach ihm nach seinem Namen benannt. Ihre Kenntniß allein, meinte man, gebe volle Einsicht in das Wesen des Gesanges, und der Unterricht in den Schulen beschäftigte sich mit nichts Anderem mehr. Daher die Verse Hugo's von Reutlingen (vierzehntes Jahrhundert):

> Disce manum tantum, si vis bene discere cantum,
> Absque manu frustra disces per plurima lustra.

Guido's Hauptverdienst besteht darin, eine einfachere Tonschrift erfunden zu haben. Schon Sigebert von Gemblour rühmt ihn daher in seiner Weltchronik zum Jahr 1028 [2]) in soweit sei er „selbst den Philosophen vorzuziehen, weil nach seiner Regel die Knaben die neuen Gesänge leichter lernen, als durch die Stimme des Lehrers oder durch irgend ein Instrument". Und hätte er nichts anderes gethan, als die barbarischen Namen verdrängt, Proslambanomenos, Paranetehyperboläon u. dgl., womit vor ihm die Töne bezeichnet wurden, wir wollten ihm heute noch dankbar sein.

Aber es ging lange, bis seine Erfindung diesseits der Alpen gemeinnützig wurde. Im Kloster St. Trond war Abt Rudolf der erste, der sie im Anfang des zwölften Jahrhunderts einführte. Anderwärts geschah es noch viel später, da die Umschreibung der alten Choralbücher aus den traditionellen Neumen in die mit Linien ausgestattete Tonschrift jahrelange Arbeit und bedeutende Kosten verursachte. In Einsiedeln z. B. geschah dies erst unter Abt Johannes von Schwanden (1298—1326). Der Schulmeister Radegg hat diese Umwandlung besungen. [1])

Indessen erfuhr auch die ursprünglich guidonische Tonschrift im Laufe der Jahrhunderte noch verschiedene Veränderungen. Die farblosen Linien verschwanden, und in späterer Zeit mußten auch selbst die gefärbten weichen, indem man beide Gattungen durch schwarze ersetzte; auch die ursprünglichen Neumen gingen durch verschiedene Variationen in die Hufnagelform über, welche die ältesten musikalischen Drucke aufweisen.

Es ließ sich erwarten, daß das neue System sofort durch Schriften verbreitet und auch in der Literatur eine bedeutsame Bewegung hervorrufen würde. Auch das ist nicht der Fall. Man schreibt entweder die alten Schulcompendien von Augustin und Boethius wieder ab, oder diejenigen, welche neue Werke verfassen, erwähnen den Guido von Arezzo kaum. Erst im zwölften und dreizehnten Jahrhundert erlangten seine Schriften und damit sein System allgemeinere Verbreitung.

VII. Astronomie.

Wenn die Arithmetik dazu diente, die Feste des Jahres zu bestimmen, so ward die Astronomie hauptsächlich dazu verwendet, die Gebetsstunden im Verlauf des Tages und der Nacht zu regliren. [3]) Wir, die wir alle Geschäfte so genau nach der Uhr bestimmen, können uns schwer eine Vorstellung machen von den Verhältnissen jener Zeit, die dieses Hilfsmittel entbehrte. König Alfred der Große von England maß die Zeit vermittelst brennender Wachskerzen. Die Mönche waren somit gezwungen, an den Himmel aufzuschauen und sich nach der Sonne und den Sternen zu richten. Das dürfte die Aufmerksamkeit erklären, welche auch die Annalisten den Himmelsbegebenheiten schenken. Anleitung, die Sternbilder kennen zu lernen, gaben die Phänomena des Aratus, wovon zwei lateinische Uebersetzungen vorhanden sind. Die des Cäsar Germanicus, eines Neffen und Adoptivsohnes des Kaisers Tiberius, fand große Verbreitung und wurde vielfach in den Schulen gelesen, wozu nicht selten Abbildungen und Glossen zur Erklärung beitrugen. Diese Uebersetzung zeichnet sich aus durch freie, selbständige Wiedergabe des Originals und verdrängte daher die allzu sehr an die Vorlage sich haltende Jugendarbeit Cicero's, von der fast die Hälfte verloren ging.

[1]) Ambros, l. c. 187. Vgl. das. 175.

[2]) M. G. S S. VI. 356.

[3]) Hoc dignissimum ad diurnum (divinum *cod. Paris.*) horarum celebrandum officium et peroimium ad scientiam videtur utile, quanto gratius et decentius cuncta tunc procedunt, dum cum summa reverentia debitis horis sub regula iusti iudicis, qui in nullo vult falli vicissitudinis obumbraculo, dominica ministeria convenienter peraguntur. Hermannus Contractus. De utilitate astrolabii. Cap. V. Migne, Patrolog. lat. 143. 397.

[1]) Gesta Joannis de Schwanden II. §. 9. v. 185—198. Hsg. v. Morel, Geschichtsfr. X. 194. — Vgl. Schubiger, Die Pflege des Kirchengesanges in der Schweiz. 18.

Zu bedauern ist der Untergang der Astronomie des Boethius, die wahrscheinlich eine Uebersetzung oder ein Auszug aus Ptolemäus war. Cassiodor und Gerbert erwähnen dieselbe; ja noch im Jahre 1505 findet sich eine Erwähnung dieses Werkes, worauf dann freilich jede Spur desselben verschwindet. [1])

Die irischen Mönche zeichneten sich vorzüglich durch ihre astronomischen Kenntnisse aus. [2]) Sie bedurften derselben zur Berechnung von Ostern, welches Fest sie nicht mit der römischen Kirche feierten. Das Werklein des heiligen Columban über die Länge des Mondmonats ist seines Ortes erwähnt worden.

Bei den Franken hat zuerst der heilige Gregor, Bischof von Tours († 594) über die Astronomie geschrieben: De cursu stellarum ratio, qualiter ad officium implendum debeat observari. Sein Zweck dabei ist nicht, die Mathematik zu lehren oder astrologische Geheimnisse, sondern, wie schon der Titel sagt, den Geistlichen anzuleiten, zu den bestimmten Stunden der Nacht das Psalmengebet zu verrichten. [3]) Vierzehn Sternbilder werden in ziemlich roher Weise, doch so, daß man sie erkennen kann, dargestellt und dabei die Zeit des Auf- und Unterganges angegeben. Die Namen der Constellationen sind nicht die bei den Alten gebräuchlichen, sondern „wie sie das ungebildete Volk benennt". [4]) Das Sternbild des Schwans nennt er Kreuz, die Plejaden Traube, den Orion Sichel, den großen Bären den Wagen mit der Deichsel. Er erwähnt auch zwei Kometen, die zu seiner Zeit erschienen sind und von ihm als Propheten großen Unglückes angesehen werden.

Am Hofe Karls des Großen erfreute sich von allen Künsten des Quadriviums keine so eifriger Pflege wie die Astronomie. Nicht nur Karl beobachtet des Nachts mit Alkuin die Sterne; [5]) auch Karls Tochter Gundrada, Alkuins Schülerin, zeigt den gleichen Eifer:

[1]) Vgl. Cantor, l. c. 492. — Hartel, Bibliotheca patrum lat. Hispaniensis. Sitzungsber. d. Wiener Akadem. 1886. Bd. 111. 517.

[2]) Erat enim, *ut sunt plurimi nationis Scotorum*, astrologiæ peritus. Vita S. Rodingi († ca. 680) c. 12. Mabillon, Acta SS. IV. 2, 533. Astrologie war damals, was man jetzt Astronomie heißt.

[3]) Non ego in his mathesim doceo neque futura perscrutare promoneo, sed, qualiter cursus in Dei laudibus rationabiliter impleatur, exhortor, vel quibus horis qui in hoc officio adtente versari cupit, debeat nocte consurgere vel Dominum deprecare. l. c. 16. Mon. Germ. ed. Arndt, p. 863.

[4]) Nomina quæ his vel Maro vel reliqui indiderunt poetæ postpono, tantum ea vocabula nuncupans, quæ vel usitate rusticitas nostra vocat vel ipsorum signaculorum exprimit ordo, ut est crux, falcis vel reliqua signa. l. c.

[5]) Vita S. Liudgeri secunda. Mab. Acta SS. IV 1. 48. Mon. Germ. II. 414 not. 23.

Noctibus inspiciat cœli mea filia stellas.

schreibt ihr Lehrer von ihr. [1]) Doch beklagt sich derselbe auch wieder über den Mangel an Interesse, selbst über die Geringschätzung seiner Studien. [2]) Sein Brief an Karl über den Mondlauf ist früher erwähnt worden. Zwei andere handeln über den Planeten Mars, welcher vom Juli 797 bis Juli 798 nicht mehr gesehen worden war. Im Jahre 810 stellte Karl über die in diesem Jahre vorgekommene doppelte Sonnenfinsterniß eine Anfrage an Abt Waldo von St. Denis, worauf der Ire Dungal antwortete.

Karl besaß auch einen großen silbernen Tisch von besonderer Schwere und höchst kunstvoller Arbeit; drei runde Platten stellten in erhabener Arbeit die Erde, die Fixsterne und das Planetensystem vor. Lothar ließ im Jahre 842 diesen Tisch in Stücke zersägen und vertheilen. [3]) Fridugis überbrachte Alkuin als Geschenk Karls eine Schüssel, worauf astronomische Figuren abgebildet waren. [4])

Aber selbst die Geschichtschreiber zeigen sich als Kenner in astronomischen Dingen. So berichten die Annalen Einhard's zum Jahre 798 das Verschwinden des Planeten Mars; es wird angegeben, in welchem Zeichen die Mondfinsterniß stattfand; zum Jahre 807 wird eine Bedeckung des Jupiter durch den Mond erwähnt, sowie die merkwürdige Erscheinung des Merkur als kleiner Fleck vor der Sonnenscheibe. Endlich verdanken wir dem gleichen Geschichtschreiber die Nachricht, daß unter den Geschenken des Perser-Königs an Karl sich auch ein mechanisches Uhrwerk befand, in welchem eherne Kugeln durch ihren Fall die Stunde anzeigten und durch ebensoviele Schläge eine Glocke erklingen machten.

Alkuins Schüler, Rhabanus Maurus, denkt sich den Himmel ganz von ätherischer oder feuriger Natur, als eine Hohlkugel, die überall gleich weit von der Erde absteht, in ewiger, unendlich schneller Bewegung begriffen, und vor dem völligen Einsturz nur durch die Gegenbewegung der Planeten bewahrt. [5])

[1]) Alc. Carmen 26. v. 41. Mon. Germ. Poetæ lat. I. 246.

[2]) Quam jucunda est cognitio cœlestium astrorum et cursus illorum. Et tamen rarus est, qui talia scire curet. Et quod peius est, reprehendunt hæc scire studentes. Alcuini Epla. 99. Jaffé. Bibl. VI. 417.

[3]) Vgl. Einhardi Vita Carol. 33. Jaffé Bibl. II 540. — Thegan. Vita Ludov. 8. M. G. II. 592. — Janssen, Böhmer II. 153. — Annal. Prudent. Trec. ann. 842. M. G. I. 438. — Dümmler, Ostfr. Reich I. 170. — Simson, Ludw. d. Fr. I. 16.

[4]) Alcuin, Ep. 89. l. c. 414.

[5]) De computo. c. 49. Baluzii Miscellan. ed. Mansi. II. 72.

Aus Johannes Scotus, genannt Erigena, (gestorben vor 877), läßt sich die damalige Ansicht vom Weltgebäude deutlicher erkennen.[1]) Er beruft sich übrigens wiederholt auf Martian Capella. Die Entfernung des Mondes von der Erde, wie sie aus Finsternissen herausgebracht wurde, beträgt nach Pythagoras 126,000 Stadien. Das nennen die Philosophen einen Ton. Eratosthenes hat die Entfernung von Meroe und Syene und daraus den Umfang der Erde berechnet zu 252,000 Stadien. Der Durchmesser ist gleich dem halben Umfang (!) 126,000 Stadien; also gleich der Entfernung vom Monde. Dagegen nehmen Plinius und Ptolemäus die Erde nicht so groß an, nur 180,000 Stadien, ein Zwiespalt der Autoritäten, den sich Scotus nicht anders erklären kann, als durch die Verschiedenheit der Maaße. Ein Stadium nämlich ist gleich 125 passus, gleich 240 gressus, gleich 600 Fuß; nun nehme aber einer größere Schritte, andere kleinere, und bei den Stadien seien vielleicht herkulische Schritte gemeint.

Gerbert war auch in der Astronomie der Lehrer seiner Zeit. Ueber ihn berichtet Richer:[2]) „Am meisten Bewunderung erwarb er sich durch seine Kenntniß der Astronomie. Da ihr Verständniß so schwierig ist, bediente er sich mit Erfolg einer hölzernen Himmelskugel, welche sich um zwei Pole drehte und einen Horizontalkreis hatte, wodurch sich der Auf- und Untergang der Gestirne anschaulich darthun ließ. Zur Nachtzeit pflegte er mit seinen Schülern die Sterne zu betrachten."

Von dieser Himmelskugel gibt uns Richer (c. 51. l. c.) eine eingehende Beschreibung. Den Halbkreis von Pol zu Pol theilte er in dreißig Theile. Beim 36. Grad brachte er den Polarzirkel an, beim 66. den Wendekreis, beim 90. Grad den Aequinoctialkreis. Mit diesem Instrument veranschaulichte er die verschiedenen Kreise am Himmel, von welchen, weil sie unsichtbar sind, so schwer eine Vorstellung zu geben ist, meint Richer. Auch die Bahnen der Planeten stellte er an einer sogenannten Armillarsphäre dar, die aus kreisförmigen Reifen bestand. „Doch wie das geschah, wäre zu weitläufig auseinanderzusetzen." Um die Sternbilder kennen zu lernen, verfertigte er eine andere Himmelskugel, deren Achse hohl war, so daß man durch diese nach dem Pol sehen und sie mit dem Firmament in übereinstimmende Lage bringen konnte. Die Sternbilder waren mit metallenen Drähten dargestellt. Es wurde als etwas Göttliches angesehen, daß einer, wenn er nur erst ein Sternbild kannte, mit Hilfe dieses Globus ohne Lehrer die übrigen kennen lernen konnte.

Von einer solchen Himmelskugel handelt Gerbert in seinem Briefe an den Mönch Remigius von Trier, der von ihm eine solche zu erhalten wünschte. „Es ist keine Arbeit von geringer Mühe" schreibt er ihm. Wenn ihm so sehr daran gelegen sei, so solle er ihm dafür die Achilleis des Statius schicken. Die Sphäre muß auf der Drehbank gearbeitet werden, dann mit Pferdeleder überzogen. Eine einfache, mit schwarzer Tinte gezeichnet, ist bald gemacht; wenn sie aber mit verschiedenen Farben gemalt werden soll und einen Horizont haben, so gibt das ein Jahr lang Arbeit.[1])

Endlich haben wir einen Brief von ihm an seinen Freund Konstantin, den Scholastikus von Fleury, welchem er ausführliche Anleitung gibt, solche Himmelskugeln zu construiren.[2]) Eine solche Sphäre oder Himmelskugel, unter Abt Purchard II. in St. Gallen gemacht, war wohl die erste in Deutschland. Notker der Deutsche beschreibt sie in seiner wunderlichen Sprachmengerei folgendermaßen:[3]) Taz mag man wola sehen an dero spera (Sphäre, Globus) die in cella Sancti Galli noviter gemachot ist sub Purchardo Abbate. Si habet allero gentium gestelle unde e fone diu, so man sia so stellet, taz ter polus septentrionalis uf inrihte (aufrecht) sihet, so sint sex signa zodiaci ze ougen (sichtbar) septentrionalia; sex australia sint keborgen. Daselbst heißt es auch, die Erde sei nach Boethius im Vergleich zum Himmel nur ein Punkt: Tir ist wola chunt (kund) . . . alla diu erda sih kezihen (verglichen) wider demo himele gagen demo meze (Maaß) eines stupfes, also du lirnetost in astronomia.

Das merkwürdigste Ueberbleibsel der St. Gallischen Sternkunst ist aber das „Bild eines Mönches mit Fernrohr".[4]) Ein Mönch, als solcher an der Tonsur kenntlich, ist beschäftigt, durch ein langes Rohr nach dem Himmel zu blicken. Er steht auf einem niedrigen Schemel, hat die rechte Hand in die Hüfte gestemmt und hält das Rohr mit der Linken. An demselben ist ein zwölftheiliger Kreis befestigt, der wohl zum Messen der Winkel diente. Leider ist die innere Fläche desselben herausgeschnitten. Der Träger des Apparates ist eine Säule, deren Schaft und Capitäl reiche Verzierungen aufweisen. Man hat

[1]) De Divisione naturae III. 33. Migne, P. l. 122. 715.

[2]) Hist. III. 50. M. G. SS. III. 617.

[1]) Ep. 148. l. c. 138.

[2]) Mabillon, Analecta 102. Vgl. Hock, Gerbert 183.

[3]) Hattemer, Denkmale des Mittelalters III. 86.

[4]) Cod. 18. Saec. X. p. 44 in Holzschnitt reproducirt in Meyer von Knonau, Lebensbild des hl. Notker. S. 17. (Mittheilungen der Antiquarischen Gesellschaft XIX. Zürich 1877.) und Dändliker, Geschichte der Schweiz. I. 166.

die Figur als Sonnenbeobachtung erklärt, ohne zu bedenken, daß ein solches direktes Hineinschauen in die Sonne nicht möglich ist. Bis ins siebzehnte Jahrhundert hat man Sonnenhöhen fast ausschließlich mit dem Gnomon gemessen und zu diesem Zwecke oft solche von kolossalen Dimensionen errichtet. Viel einfacher findet jene Figur ihre Erklärung als Sternbeobachtung. Auch die Alten pflegten nämlich die Sterne durch Rohre zu beobachten, welche als Diopter dienten und das seitliche Licht abhielten. So erwähnt Mabillon in seinem Iter germanicum eine Handschrift aus dem dreizehnten Jahrhundert, worin sich ein Bild des Ptolemäus befindet, wie er die Gestirne durch eine aus mehreren in einander geschobenen Theilen bestehende Röhre beobachtet. Der Chronist Thietmar berichtet von Gerbert, daß er in Magdeburg die Himmelsgegend und Polhöhe vermittelst eines nach dem Polarstern gerichteten Rohres bestimmte.

Das Universal-Instrument des mittelalterlichen Astronomen war aber das Astrolabium, das beinahe als eine göttliche Erfindung verehrt wurde. Man bezog solche, mit arabischen Inschriften versehen, aus dem maurischen Spanien, und Exemplare davon haben sich mehrfach in antiquarischen Sammlungen erhalten. [1]) Der heilige Petrus Damiani erzählt von einem Geistlichen, Hugo aus Parma, der sich eines von Silber machen ließ. [2]) Es hieß auch Planisphärium, weil mittelst desselben verschiedene Aufgaben gelöst werden können, zu denen man sich sonst eines Globus bediente. Die Hauptsache daran ist ein in Grade getheilter Kreis, um dessen Mittelpunkt ein Lineal drehbar ist, das Alhydade heißt. Das Astrolabium diente auch zugleich als Sonnenuhr, wofür die Eintheilung auf der Rückseite bestimmt war. Interessant ist eine Miniatur aus dem Brevier des heiligen Ludwig, welche eine astronomische Lehrstunde darstellt. Der Lehrer hält das Astrolabium an einem Faden empor und schaut mit der Alhydade nach einem Stern. Zwei Schüler rechts und links tragen Notizen in ihre Wachstafeln ein. [3])

Anleitung zum Verständniß und Gebrauch des Astrolabiums gibt Hermannus Contraktus in seinen beiden Büchern De mensura Astrolabii und De utilitatibus Astrolabii. Besonders merkwürdig ist dabei die Erklärung der arabischen Sternnamen, deren Position auf dem Instrumente angegeben ist. Hermanns Werk scheint keine starke Verbreitung gefunden zu haben, da es nur selten in Handschriften vorkommt. [1])

Kaiser Friedrich II., der die Gelehrten hoch schätzte, hatte an seinem Hofe Astrologen und soll sich auch selbst mit Sterndeuterei abgegeben haben. In seinem Auftrage verfaßte Michael Scotus eine Einleitung in die Astronomie für Anfänger [2]) und übersetzte auch mehrere Werke aus dem Arabischen. Muhamed Alfragan, der im zehnten Jahrhundert „Anfangsgründe der Astronomie“ schrieb, war schon 1142 von Johann Hispalensis ins Lateinische übersetzt worden. [3]) Gerhard von Cremona, ein Arzt und Mathematiker, übersetzte um 1160 arabische Werke über Astronomie und stellte eine neue Planetentheorie auf.

Am Ende des zwölften und im Anfang des dreizehnten Jahrhunderts machte die rechnende Astronomie erhebliche Fortschritte. Die Annalisten geben wiederholt, wenn sie von Sonnenfinsternissen zu berichten haben, eine ganz richtige Erklärung des eigentlichen Vorganges. [4]) Im Jahre 1186 hatten sich die Voraussagungen der Astronomen betreffs kommender Finsternisse noch als trügerisch erwiesen; [5]) aber die Finsterniß vom 1. März 1215 wurde vorher in Bologna vorausgesagt nach Zeit, Stunde und Größe, was für sehr wunderbar angesehen wurde. [6]) Im Jahre 1241 wurde von den Magistern zu Paris eine Sonnenfinsterniß vorausgesagt, die auch wirklich eintrat. [7]) Im Jahre 1263 sagte Bruder Lutold, Lektor des Predigerordens, die Sonnenfinsterniß vom 5. August voraus. [8])

---

[1]) In der mathematischen Sammlung des Germanischen Nationalmuseums in Nürnberg befindet sich ein solches mit kufischen (altarabischen) Charakteren, das einst dem berühmten Johannes Müller von Königsberg gehört haben soll. S. Günther, Allgem. Deutsche Biogr. 22, 576.

[2]) Tantae fuit ambitionis in artium studiis, ut astrolabium sibi de clarissimo provideret argento. Op. 45, c. 6, p. 395.

[3]) Lacroix, Sciences et lettres au moyen-âge 233. fig. 81.

[1]) Diejenige in Salzburg, nach welcher Pez die Schrift herausgab, wird schon in einem Katalog des zwölften Jahrhunderts erwähnt Becker, Catalogi 115, 30. Eine andere mit vielen abweichenden Lesarten ist die der Pariser Nationalbibliothek Nouv. acquis lat. 229. Andere Schriften über das Astrolabium schrieben Johannes de Sacro Bosco (Wiener Handschrift Nr 2520.) Johann v. Gmunden (Aschbach, Gesch. d. Wiener Universität. I. 165.) und verschiedene Anonyme in Genf (Nr. 89. Senebier, Catalogue raisonné des Manuscrits p. 265.) und Einsiedeln (Nr. 773, vom Jahr 1518).

[2]) Zwei Handschriften davon aus dem vierzehnten Jahrhundert befinden sich in der Bibliothek des Escorial. Michaelis Scoti introductorius in astrologiæ scientiam, editus jussu Friderici II. imperatoris, propter scholares, novitios et pauperis intellectus. Vers, Archiv. VIII, 514. Vgl. auch Huillard-Bréholles, Historia diplomatica Friderici II. Introduction. p. DXXII. DXXXII.

[3]) Aschbach, Gesch. d. Wiener Univ. im ersten Jahrh. ihres Bestehens 543.

[4]) Annal. Rodens. a. 1133. M. G. SS. XVI. 710. Joh. Longi Chron. a. 1230. M. G. SS. XXV, 841.

[5]) Röhricht in Sybel, Hist. Zeitschr. 34, 2.

[6]) Reineri ann. M. G. SS. XVI. 672

[7]) Notae Corbeienses, Jaffé, Bibl. I. 73.

[8]) Ann. Colmar. M. G. SS. XVII. 191.

Einer der glänzendsten Sterne des dreizehnten Jahrhunderts war der englische Franziskaner Roger Baco.[1]) Um das Jahr 1214 geboren, studirte er in Oxford und Paris, trat 1240 in das Kloster zu Oxford, wo er 1294 starb. Infolge seiner seltenen Sprachkenntnisse ward er mit den Schriften der Araber bekannt, aus denen er eine ausgebreitete Naturkenntniß schöpfte. Jedenfalls nimmt er unter den Naturforschern des Mittelalters den ersten Rang ein, namentlich deshalb, weil er weniger die alten Schriftsteller und mehr die Natur selbst studirte. Nicht Bücher sind ihm das rechte Werkzeug, sondern physikalische oder astronomische Instrumente. Damit war auf die Wichtigkeit der Beobachtung hingewiesen, wie früher nie geschehen war. Aus seinen Schriften sieht man, daß er von den Vergrößerungsgläsern und selbst von den Fernröhren wenigstens einen Begriff hatte. Seine ans Wunderbare grenzenden Entdeckungen und namentlich sein eifriges Forschen in den Sternen, denen er eine, selbst für die damalige Zeit zu weit gehende Einwirkung auf die Geschicke der Menschen zuschrieb, brachten ihn in den Verdacht der Magie. Mit dem arabischen Astronomen Alfraganus hält er den kleinsten Stern für größer als die Erde; der Sonnenplanet allein übertreffe sie an Größe 170 mal. Die Entfernung der Planeten von den Fixsternen ist ihm ungeheuer. Ueber die Beschaffenheit der Milchstraße gibt er bereits die Ansicht kund, sie bestehe aus unzähligen kleinen Sternen, die bei großer Schnelligkeit im Zusammenfluß mit dem Sonnenlicht einen so großen und ununterbrochenen Lichteindruck erzeugen. Die Mängel der damaligen Chronologie entgingen ihm nicht, und er forderte deswegen den Papst nachdrücklich zur Reform des Kalenders auf. Freilich sein Vorschlag, die arabische Chronologie anzunehmen, war zu radikal, als daß er durchdringen konnte; später hat übrigens auch Copernicus die Aufstellungen Baco's bestätigt.

Um die Verbesserung des Kalenders drehten sich in den folgenden Jahrhunderten hauptsächlich die Bemühungen der Astronomen.

Der Vater der astronomisch-mathematischen Wissenschaft in Deutschland ist Johann von Gmunden,[2]) geboren um 1380 am Traunsee in Oberösterreich. Im Jahre 1408 begann er an der Universität in Wien philosophische Vorlesungen zu halten, hauptsächlich aus der Mathematik und Astronomie, speziell über die Bewegung der Planeten und über die Einrichtung und den Gebrauch des Astrolabiums. Mehrere tüchtige Astronomen gingen aus seiner Schule hervor. Seine Bedeutung besteht aber in seinen Schriften, welche für die Wissenschaft der Sternkunde bahnbrechend geworden sind. Seine Compositio Astrolabii lehrt die Anfertigung dieses Instrumentes. Von größter Wichtigkeit ist aber sein Kalendarium, dem er den Namen „Almanach“ beigelegt haben soll. Darin sind auf mehrere Jahre voraus die Himmelserscheinungen in Tafeln mit Erklärungen dargestellt. Vor ihm hat kein Mathematiker solche Tafeln berechnet und bleibt ihm der Ruhm, der erste Herausgeber von Ephemeriden gewesen zu sein. Er erwarb sich daneben ein großes Verdienst um die Wiener Universität, daß er ihr seine Bücher und mathematischen Instrumente schenkte, darunter einen Globus, ein hölzernes Astrolabium, zwei Quadranten. Diese wurden gegen einen Schein und eine gewisse Taxe an die Studirenden ausgeliehen; die Instrumente nur auf kurze Zeit und mit Wissen und Willen des Dekans der Fakultät und seiner vier Consiliarii. Johann starb am 23. Februar 1442.

Wahrscheinlich sein Schüler war Georg von Peuerbach,[1]) so genannt nach seinem Geburtsorte in Oberösterreich, wo er am 30. Mai 1423 zur Welt kam. Er machte große Reisen durch Deutschland, Frankreich und Italien, wo er mit den gelehrtesten Zeitgenossen Verbindungen anknüpfte. Kaiser Friedrich III. und die Kardinäle Nikolaus von Cusa und Bessarion schätzten ihn hoch; König Ladislaus von Ungarn und Böhmen ernannte ihn zu seinem Hofastronomen. Leider starb er schon in der Blüthe seines Lebens, noch nicht ganz 38 Jahre alt, am 8. April 1461. Er war als Astronom die erste Größe seiner Zeit und wirkte ebensosehr durch seine Schriften wie durch persönlichen Einfluß auf seine Schüler. Seine astronomischen Werke, die bei seinem kurzen Leben zahlreich genannt werden dürfen, haben für die Geschichte der Wissenschaft eine hervorragende Bedeutung. Sein „Neues Planetensystem“ Theoricæ novæ planetarum wurde in zahlreichen Auflagen verbreitet und galt ein Jahrhundert lang in ganz Europa als Hauptlehrbuch der Astronomie. Es wurde auch von den namhaftesten Astronomen durch Commentare erläutert. Seine Tabula nova stellarum fixarum war, 1200 Jahre nach Ptolemäus, der erste Versuch, das Fixsternverzeichniß dieses griechischen Astronomen dem Bedürfniß der Zeit entsprechend zu verbessern.

Einen Nachfolger seines eifrigen Strebens fand er in seinem

---

[1]) Nicht zu verwechseln mit seinem viel späteren Landsmann, Baco von Verulam, geb. 1561, 1619 Großkanzler von England, † 1626. Auch er hat in der Philosophie und Naturwissenschaft Vorzügliches geleistet.

[2]) S. Aschbach, Geschichte der Wiener Univ. im ersten Jahrhundert 455—467. — Bruhns in Allg. deutsche Biogr. 14. 456.

[1]) Aschbach l. c. 479—493. — Ersch und Gruber, Allgem. Encyklop. III. Sek. Bd. 19. S. 469.

vertrautesten Schüler Johannes Müller. Dieser war den 6. Juni 1436 zu Königsberg in Franken geboren und nannte sich daher, seinen Namen latinisirend, Joannes de monte regio oder Regiomontanus. Nach dreijährigem Aufenthalte an der Universität Leipzig kam er zu Peuerbach nach Wien, und am 9. September 1457 stellten beide Männer zu Mölk an der Donau eine Beobachtung einer Mondfinsterniß an, die sehr gut gelang. Durch seinen Lehrer wurde Müller bekannt mit dem bereits erwähnten Cardinal Bessarion, einem gelehrten Griechen und vorzüglichen Beförderer der alten classischen Studien in Italien. Dieser regte ihn zum Studium der griechischen Sprache an und nahm ihn um das Jahr 1461 nach Italien mit. Dort hielt sich Regiomontan sieben Jahre auf und kehrte 1468 mit einem kostbaren Schatz griechischer und lateinischer Handschriften nach Wien zurück. Von da berief ihn König Mathias Corvinus von Ungarn, ein Mäcen der Gelehrten, an seinen Hof. Das unruhige Leben daselbst war aber seinen Studien wenig förderlich, weshalb er 1471 seinen Aufenthalt in Nürnberg nahm. Hier baute er eine Sternwarte, die erste, wo nicht in Europa, doch jedenfalls in Deutschland, und versah sie mit Instrumenten, die ihm von den besten Nürnberger Künstlern geliefert wurden. Bald erlangte er einen europäischen Ruf, und Papst Sixtus IV. berief ihn nach Rom zur Mitwirkung an der beabsichtigten Verbesserung des Kirchenkalenders. Bekanntlich kam diese erst hundert Jahre später unter Gregor XIII. zu Stande. Regiomontan erkrankte nach einem kaum einjährigen Aufenthalte in Rom und starb schon am 6. Juli 1476. Sein wichtigstes astronomisches Werk sind seine „Ephemeriden“, d.i. die Vorausberechnung des Standes der Planeten (wozu man damals auch noch Sonne und Mond rechnete) für jeden Tag des Jahres. Sie haben der Schifffahrt die wichtigsten Dienste geleistet und ohne sie wären die Entdeckungen eines Vasco de Gama und Columbus kaum möglich gewesen. Müller war auch der erste von allen abendländischen Astronomen, welcher die Entfernung, Größe und Bahn eines Kometen berechnete.

Die Anregung, welche Roger Baco gemacht, war ohne nachhaltige Wirkung geblieben; erst mit Peuerbach und Regiomontan beginnt im Abendlande die selbständige und unmittelbare Naturforschung, als deren Wiederbegründer die beiden Genannten daher mit Recht gelten dürfen. Ihre Verdienste um die astronomische Wissenschaft gehörig zu würdigen, darf man überdies nicht vergessen, daß sie die heute ganz unentbehrlichen Instrumente, Fernrohr, Mikrometer, Pendeluhr, noch nicht kannten. Anstatt die Zeit an einer Uhr abzulesen, mußten sie dieselbe im Augenblicke der Beobachtung selbst aus gemessenen Höhen der Sonne und der Sterne bestimmen, was ihnen dennoch so vollkommen gelang, daß sie die Zeit ihrer Beobachtung auf die Sekunde genau anzugeben wußten. Für ihre Messungen mußten sie sich die nöthigen Instrumente zuerst selbst ausfinnen und theilweise eigenhändig anfertigen. Dennoch sind ihnen werthvolle Beobachtungen gelungen, und sie haben dadurch mit genialem Geiste die feste Grundlage gelegt, auf welche Copernicus sein unsterbliches System aufbauen konnte.

Die Astronomie bildet den Abschluß der Halle mit den sieben Säulen, die zum Tempel der Weisheit führte, gleichsam als ob der Mensch zuvor alles Niedrige und Irdische abgestreift und sich mit siderischer Reinheit und Pracht umhüllt haben müßte, ehe er würdig und tüchtig genug befunden wurde, in das innerste Heiligthum der Wissenschaft einzutreten.

Blicken wir am Ende unserer Darstellung nochmals auf den durchlaufenen Weg zurück. Der Einzelne erinnert sich mit dankbarem Gefühle an den Ort, wo er seine erste Bildung empfing, und die frühesten Eindrücke sind diejenigen, die in der Regel am längsten haften. Dagegen über die ersten Anfänge unserer Bildung und Kultur denken wir selten billig genug. Es ist ja richtig, — so viel ergibt sich aus der bisherigen Darstellung — der Weg, den die Entwickelung der Wissenschaft genommen hat, ist nicht immer gerade, vielmehr oft sonderbar verschlungen und hin und her gewunden. Mancher kleine Fortschritt mußte auf weiten Umwegen erreicht werden, und mancher Irrweg zwang zu direkter Umkehr. So groß ist die Zähigkeit, mit welcher der Mensch am Gewohnten festhält, daß nach langem Stillstande auch die gewaltigsten Anstrengungen dem Ziele nicht näher brachten. Die nützlichsten Neuerungen haben erstaunliche Zeiträume zu durchlaufen, bis sie allgemeine Anerkennung finden. Hunderte von geistreichen Denkern und fleißigen Arbeitern haben fördern helfen, aber man möchte sagen, Tausende von unglücklichen, unpraktischen Versuchen mußten gemacht werden, ehe die wenigen gelangen, welche die Wissenschaft um einen Schritt vorwärts brachten. Mag sie immer wieder zu idealem Fluge sich aufschwingen, auf dem harten Boden der Wirklichkeit wird der Fortschritt immer nur langsam sein. Wir mögen bedauern, daß Roger Baco nicht auch die Druckerpresse erfand, aber wir dürfen nicht vergessen, daß der Mensch nur ein Werkzeug ist in den Händen einer höheren Weltordnung. Es ist nicht an ihm, in das Getriebe derselben einzugreifen, sondern nur sich führen zu lassen von der Hand der Vorsehung, die nach einem weisen Plane seine Erziehung leitet.

Das Mittelalter könnte man in vieler Hinsicht mit der Jugendzeit des Menschen vergleichen, da er sich auf den Schulbänken die Erzeugnisse einer fremden Bildung aneignen und allmählich zu geistiger Selbständigkeit hindurchringen soll, da ihm noch das rechte Maaß im Denken und Handeln fehlt, und die Producte seines eigenen Geistes ebensosehr des tiefen Gehalts an Ideen als der Vollendung der Form entbehren.

Um gerecht zu sein, dürfen wir auch die Hindernisse nicht übersehen, welche einem raschern Fortschritte entgegenstanden. Da wäre vorerst auf den Mangel an Verkehrsmitteln hinzuweisen, an die Seltenheit gelehrter Anstalten und Bildungsmittel zu erinnern, vor allem aber an die Kostbarkeit der Bücher. Solange diese mühsam von Hand abgeschrieben werden mußten, war an eine allgemeine Verbreitung, auch nur der Anfangsgründe der Wissenschaft, nicht zu denken.

Dabei ist noch ein anderer Umstand zu erwägen, von dem es erst noch fraglich ist, ob er der Bildung zum Vortheil oder zum Nachtheil gereichte. Die Theilung der Arbeit, welcher die heutige Industrie so großartige Fortschritte verdankt, war in früheren Zeiten viel weniger möglich. Daher die Erscheinung, daß viele Gelehrte über alle sieben Künste lehrten und schrieben, daß ein Isidor, Beda, Alkuin, Rhabanus Maurus und viele andere das gesammte Wissen ihrer Zeit inne hatten. Damals war die Summe der Kenntnisse in jedem einzelnen Gebiete noch nicht so groß, daß nicht ein wohlbegabter Geist, wenn er in günstigen äußern Verhältnissen war, dieselben zu umfassen vermochte. So hielten noch im fünfzehnten Jahrhundert Georg Peuerbach und Johann Müller von Königsberg an der Wiener Universität Vorlesungen über römische Dichter und mathematische und astronomische Gegenstände.[1] Solche Vielseitigkeit erregte in jener Zeit Bewunderung; heute könnte man darin nur eine Beeinträchtigung der Gründlichkeit sehen.

Alle Wissenschaften hatten übrigens nur Bedeutung als Vorstufen der Theologie, welche die Krone aller übrigen war. Der oberste Zweck des Unterrichts wie der Erziehung war Gott, in Ihm das Wohl der Kirche und in Ihm das Wohl der Menschheit, wie dasjenige des Einzelnen. Die Wissenschaft war nur Mittel, nicht Zweck. Daneben war die Hauptaufgabe des gelehrten Unterrichts die Heranbildung von Dienern der Religion. Daher war das allgemeinste, gelesenste und gebrauchteste Lehrbuch die heilige Schrift. Keines wurde so viel abgeschrieben, so oft erklärt, glossirt, citirt, so hoch in Ehren gehalten. In der St. Galler Bibliothek z. B. besaß man über hundert Bibeln und Commentare. Was sonst auf diesem Gebiete geleistet wurde, gehört nicht hieher, aber die Theologie des Mittelalters wird maßgebend sein, solange es eine kirchliche Wissenschaft geben wird. Da aber ihr, als dem Hauptgebäude, die größte Sorgfalt und Pflege gewidmet war, so sorgte man weniger für die Zugänge, die weltlichen Wissenschaften. Aber auch für diese letzteren hat die ansehnliche Zahl gelehrter und frommer Männer, die erwähnt wurden, mit ihren Mitteln und Kräften nach ihrer Weise und für ihre Zeit das Ihrige redlich gethan. Es mag richtig sein, daß wir, wie Sthenelaus bei Homer,[1] uns rühmen können, viel besser zu sein als unsere Väter:

Ἡμεῖς τοι πατέρων μέγ' ἀμείνονες εὐχόμεθ' εἶναι.

Aber wir dürfen an die Wissenschaft jener Tage nicht den Maßstab unseres Jahrhunderts anlegen. Werden wir ja auch uns nicht beigeben lassen, den Kriegsruhm unserer Väter geringer anzuschlagen, weil die Bewaffnung jener Zeit, mit der heutigen verglichen, uns fast wie Kinderspiel bedünken möchte. Der damaligen Forschung fehlte es an rationeller Begründung, systematischer Ordnung und eindringender Kritik. Man besaß einzelne Werkstücke der Wissenschaft, aber um einen selbständigen, wissenschaftlichen Bau aufzuführen, war die gemeinsame Arbeit von Jahrhunderten nothwendig.

Werfen wir zum Schlusse einen Blick zurück auf diejenigen Gebiete, welche wir eingehender besprochen haben, so bemerken wir nicht wenige Einrichtungen, welche dem Mittelalter entstammen und noch täglich und stündlich im Gebrauch sind, z. B. die Zeitrechnung nach Christi Geburt, die Algebra und Trigonometrie, die arabischen (indischen) Ziffern, in der Musik die heutige Notenschrift und den Contrapunkt. Endlich kann die Erhaltung und Ueberlieferung der lateinischen Sprache und ihrer Literatur nicht hoch genug angeschlagen werden, da damit die

[1] Aschbach, Gesch. d. Wiener Universität. I. 351.

[1] Iliad. IV. 405.

Grundlage unserer gesammten heutigen Bildung überliefert ist. „Ohne jene frommen Männer," sagt Montucla,[1] „die in der Stille ihrer Klosterzelle die klassischen Werke der Alten abschrieben oder studirten oder, so gut sie konnten, nachzuahmen suchten, wären alle diese Werke für uns verloren gegangen, so daß wir vielleicht kein einziges derselben kennen gelernt hätten. Das einzige Band, das uns mit den Griechen und Römern verbindet, wäre entzwei gerissen, und die kostbaren Erzeugnisse der alten Literatur würden für uns für immer verloren sein."

Bevor die neuen Sprachen ihre Ausbildung und Biegsamkeit erlangt hatten, war die lateinische Sprache ein treffliches Verkehrsmittel zwischen den Völkern. Die Folge davon war, daß derselbe Lehrer und dasselbe Lehrbuch in Rom wie in Paris und Oxford in Ansehen stand. Latein war die Sprache der Kirche und der Wissenschaft, der Schule und des Gerichtshofes; es diente für die Urkunde wie für die Grabschrift und bildete ein internationales Bindemittel zwischen den Völkern.

Aber auch die Grundlagen aller neuen Geistesrichtungen gehen bis ins Mittelalter zurück, und man hat mit Grund behauptet,[2] daß die edelsten und ursprünglichsten Werke der Neuzeit im Mittelalter wurzeln oder sich an ihm begeisterten, Dante, Thomas von Aquin, Thomas von Kempis, Ariost, Tasso, Shakespeare, Calderon u. A.

Jene rohe Auffassung des Mittelalters, als einer „tausendjährigen Nacht der Barbarei", und wie alle die gedankenlos nachgesprochenen und geschriebenen Phrasen lauten, ist bereits verpönt und beginnt einer gerechtern Würdigung Platz zu machen.[3] Dazu gehört nicht, daß wir das Mittelalter in Bausch und Bogen billigen; auch jene Zeit hatte ihre Schattenseiten, die Neuzeit mag ihr in vielen Stücken voraus sein; aber für jene Periode nur Worte des Tadels und Absprechens zu haben, zeugt nicht nur von Bosheit, sondern auch von Unwissenheit. Es fehlt nicht an Zeugnissen von Protestanten, welche die mittelalterlichen Zustände zu würdigen verstehen. Gerade vor Abschluß dieser Arbeit bekomme ich ein Buch[1] eines protestantischen Seminardirektors in die Hände, der seinen lutherischen Standpunkt nirgends verleugnet, übrigens dem Mittelalter folgendes Zeugniß ausstellt: „Um aber einem Zeitalter gerecht zu werden, das ist ja das oberste Gesetz der Geschichtschreibung, müssen wir es nach der vorausgehenden Zeit und den in ihm gegebenen Möglichkeiten messen. Da kommt aber Meister Klügling, sieht stolz auf das dunkle Mittelalter herab, meint, er wolle wohl zehn Kegel geworfen haben, da doch im Mittelalter auch nur neun auf der Leich gestanden haben, bis er einsieht, daß nebenbei auch ein Weg ist. Es ist aber nicht allein die liebe Einfalt, die so von der Verdummung schwatzt; es ist vor allem die Feindschaft gegen die christliche Kirche, die dieser Zeit alle Bildung abspricht, da doch Meister Grimm in ihr Licht und Lebenswärme, die ein gütiger Gott spendet, nach seinem eigenen Bekenntniß gefunden hat; es ist die seichte Aufklärung, der vor allem ernsten Geistesringen graut, die das Mittelalter schlägt und den Herrn Christus meint, wenn sie leugnet, daß dieses ein fruchtbares Entwickelungsglied in der Geschichte des Menschengeschlechtes gewesen ist."

[1]) Geschichte der Mathematik, bei Whewell-Littrow, Gesch. d. inductiven Wissenschaften. I. 232.

[2]) C. Cantu, Allgem. Weltgesch. bearbeitet von Brühl. V. 60.

[3]) Horawitz, Zur Geschichte des Humanismus in den Alpenländern, I. Sitzungsberichte der Wiener Akademie, Philosophisch-historische Classe, Band 111. (1886). Seite 332, nennt „die Fülle des Wissens, welches die Schule und Gelehrsamkeit des Mittelalters kannten, eine sehr bedeutende".

[1]) Dr. E. Schumann, Kleinere Schriften über pädagogische und kulturgeschichtliche Fragen. Erstes Heft. Hannover. 1878. S. 72.

Appendix

continens varia monumenta mathematica medii ævi, nunc primum edita.

I.

S. Columbanus, De saltu lunæ.

E codice Sangallensi 250. Sæc. IX. Pag. 112 — 114.

Confer supra p. 9—10.

anctus Columbanus hæc de saltu lunæ ait: De lunari mutatione [1]) dicturo non aliunde mihi sumendum videtur exordium, quam ut diligenti per otium inquisitione requiratur utrum in XX et VIIII diebus ac semisse tantum luna semper suum cursum peragat; an tunc aliqua momenta retineat, quæ per aliquot lunas quadam supputandi difficultate neglecta, nunc tandem in unum congregata quodam calculandi compendio reddita videantur. Omnis igitur lunaris cursus secundum Hebreorum et Egyptiorum supputationem potest facere per singulos menses dies XXVIIII et semissem, quia nimis errant, qui lunam peragere cursum sui circuli XXX dierum spatiis [2]) æstimant, [3]) cum diligens inquisitio veritatis ostenderet in duobus lunæ circulis non LX dies sed LVIIII debere computari. Ex quo accidit ut nunc XXX nunc XXVIIII computari videatur. Unde et in communibus annis sex lunæ XXX. & VI XXVIIII peractæ videntur, quibus dies CCCLIIII efficiuntur. Si ergo XXVIIII et semisse luna naturali quodam cursu mensem peragere comprobatur, quare luna embolismi XXX computatur, cum nec ab altera luna semissem, hoc est XII horas habeat? Nec non et in Februario luna, quæ semper XXVIIII ex more computari solet, cum bissexti dies advenerit, XXX calculatur, ita ut in illa diem integrum, hoc est XXIIII horas addi videamus. Per ogdoadem *(Pag. 113)* ergo et hendecadem [4]) VII embolismi et V bissexti repperiuntur expleti, excepto uno quadrante, hoc est VI horis quæ de quinto bissexto restare videntur. In VII embolismis VII semisses supputantur, hoc est tres dies et XII horæ, ubi LXXX et IIII horas computando repperies. In bissextis [5]) CXIIII horas invenies. Quibus omnibus in unam summam redactis, invenies horas CXCVIII; subtrahe XXIIII, hoc est incrementi lunaris integrum diem, remanent CLXXIIII. In momentis scilicet $\overline{\text{VI}}$ DCCCCLX: fac semihoras et erunt CCCXLVIII: duc CXIII remanent CCXXXV. Tot etiam lunas decemnovenalis cicli repperies. Tene suprascriptas C et XIII semihoras et fac quartas horarum partes et erunt CCXXVI iuxta pene supra dictam lunarum numerum. Hoc ideo dicimus ut omnem lunarem cursum dies naturales habere comprobemus XXVIIII et semissem et horæ dimidium et X pene momenta. Unde enim tantam horarum ac momentorum multitudinem crevisse dicemus, si unaquæque, ut supra dictum est, luna XXVIIII dies tantum et semissem possidet? Restat igitur, ut sicut in plerisque, ita et hoc supputationis compendium habeatur. Quod enim per singulas lunas supputando neglectum est, totum id in quibusdam lunis redditum videmus. Nam cum per decennovenalem ciclum CCXXXV lunæ peractæ videantur, et unaquæque XXVIIII dies et semissem ac XXX pene momenta possideat, ex quibus præter embolismorum ac bissextorum lunas *(Pag. 114)* omnis luna altrinsecus posita nunc XXX nunc vero XXVIIII supputata videtur, in omni embolismo ac bissexto luna XXX numeratur. Sed quoniam in omnibus embolismis ac bissextis, quos pariter in XII lunis ante ostendimus supputatos XXX[a] semper luna plene a supradicto momentorum numero crescere non potest, quia duæ in omni luna horæ deesse comprobantur, idcirco in fine decennovenalis cicli luna XXX[a] quæ eodem anno mense Novembrio XXVIIII extinguitur XXIIII horas amittere videtur.

---

1) mutatione *cod.* — 2) spaciis *cod.* — 3) estimant *cod.*

4) endecad. *cod.*

5) bisextis *in rasura cod.*

II.
Computus Notkeri.

E codice Paris. Nouv. acq. lat. 229. Folio 10'—14'.

Confer quæ supra dicta sunt p. 11.

NOTGER ERKENHARDO Discipulo
De quattuor questionibus compoti.

Principalis compoti questio, ad quam cæteræ spectant illa est, ubi pascha fiat. Cuius rei brevis in hunc modum datur responsio. Quia singulis annis post vernale æquinoctium quod primum occurrit plenilunium, in eo pascha celebrandum est. Est autem æquinoctium vernale in XII Kalendis Aprilis et omne plenilunium in XV luna cernitur. Si ergo XV luna, quæ post æquinoctium prima declaratur in dominicum diem inciderit, in ea procul dubio pascha domini est. Si autem nondum adest dominicus dies, mox ut advenerit, simul et pascha erit. Nec huius regulæ perturbatio erit umquam.

Quod tipicum sit pascha.

Hoc autem fit certi causa mysterii. Nam ut post æquinoctium dies solet supercrescere noctem, et in plenilunio lunaris splendor ad superiora revolvitur, ita in nobis fieri oportet, si digne volumus pascha celebrare. Est enim vera resurrectio animæ, peccatorum tenebras luce pietatis et fidei vincere et a terrenis mentem ad cælestia vertere. Qui aliter æstimat se agere pascha, fallitur. Quod si nullum mysterium esset paschæ et sola fuisset semel factæ rei celebranda memoria, sicut in aliis festivitatibus, non est dubium quin et in VI Kalendis Aprilis, in qua dominus resurrexit annua nobis eadem festa manerent, absque ulla temporis varietate. Nunc autem quæ ratio sit huius tantæ diversitatis, ut in quibusdam annis maturius, in quibusdam tardius idem cultus agendus sit, hoc non sine omni difficultate ex cursu hunc comprehenditur.

De solaribus et lunaribus annis.

Hinc namque sciendum est, quod apud Aegiptios et alias plures *(Fol. 11)* gentes tempora secundum cursum solis computantur, apud Hebreos vero secundum lunæ. Qui autem vult compotista videri, cursus huic utriusque sideris est observandus et anni et menses solares et lunares pari modo ab eo dinoscendi sunt. Duodecim ergo menses qui vulgo numerantur, videlicet Januarius, Februarius, Martius, Aprilis, Maius, Junius, Julius, Augustus, September, October, November, December, secundum solem dimetiuntur. His secundum ordinem exactis simul et annus qui secundum solem dicitur exactus est. Quia vero totidem menses secundum lunam XI dierum numero decrescunt, ipse qui ex eis constat lunaris annus eodem dierum numero adbreviatur. Unde fit quæ in Kalendis Januarii quolibet anno prima numeratur, secundo anno ibidem XII^{a} et in tertio anno XXIII existat. Atque sic computati anni duo secundum lunam duobus secundum solem computatis viginti duobus diebus contractiores erunt. Deinde si ipse tertius annus solitis XII mensibus, qui communem annum faciunt, secundum lunam computaretur, necesse esset tres lunares annos tribus solaribus triginta tribus diebus breviores existere. Quia vero addito XIII prolongatur, quem Græci embolismum dicunt et hic idem XXX numeratur erunt tres anni lunares tribus tantum diebus breviores tribus solaribus. Et ideo quarta luna in Kalendis Januarii quarto anno computatur. Hic quartus annus lunaris quattuordecim diebus finitur antequam solaris quartus finiatur. Et ideo XV^{a} luna subputatur V^{o} anno in Kalendis Januarii. Ipse quoque annus quia prius finitur XXV diebus secundum lunam, quam secundum solem, erit XXVI luna in Kalendis Januarii in sexto anno. Cui si non adderetur *(F. 11')* secundum lunam XIII mensis XXXVI diebus priusquam solaris ad exitum duceretur, sed adnumerato XIII cum suis XXX diebus erit ei terminus sex tantum diebus ante terminum solarem. Ideo invenimtur VI anni lunares senum dierum numero minores aliis VI annis solaribus eritque VII^{ma} luna in Kalendis Januarii VII^{mo} anno. Ipse vero VII^{mus} secundum lunam quam secundum solem citius finitur decem et VII diebus. Inde est quod XVIII luna numeratur in Kalendis Januarii in VII anno. Huic vero nisi adderetur XIII mensis, XXVIII dierum fine prius clauderetur secundum lunam quam secundum solem. Sed addito embolismo tricenorum dierum secundum lunam, fit ut excedat solarem duobus diebus. Propterea manifestum est, sic secundum lunam calculatos VIII annos totidem solaribus annis duobus his diebus productiores existere. Deinde in nono anno solari numeratur XXVIIII luna in Kalendis Januarii et in IIII Nonis Januarii XXXa. Quæ XXX luna ogdoadi imponit finem. Nonus autem lunaris qui de hinc in III Nonis Januarii ingreditur solarem annum in exitu suo VIIII prævenit diebus et sequitur X luna in Kalendis Januarii in X anno. Ipse quoque præoccupat solarem XX diebus fitque luna XXI in XImo anno. Qui si embolismum non haberet, ante solaris anni finem XXX et uno die clauderetur. Recepto vero embolismo cum XXX diebus uno tantum die invenitur solarem prævenire et reservare Kalendis Januarii IIdam lunam in XIImo anno. Duodecimus ergo lunarius prævenit solarem XII diebus et ideo Kalendis Januarii succedit XIII luna in XIII anno. Qui rursus finitur prius secundum lunam quam secundum solem XXIIIbus diebus, moxque erit in Kalendis Januarii XXIIII *(F. 12)* luna XIIII anno. Hic si non extenderetur embolismo secundum lunam ad XXX computato, terminus ei esset ante solaris anni terminum XXXIIII diebus. Sed inserto embolismo IIII dies tantum fiunt quibus præoccupat solarem et Vta luna irradiantur Kalendæ Januarii in XVmo anno. Hinc in fine suo præveniet lunaris solarem XV diebus et stabit Januarii Kalendis XVI luna XVI anno. Sextus decimus vero lunaris accelerat clausulam habere XXVI diebus ante clausulam solaris ut XXVIIma luna fiat in Kalendis Januarii in XVII anno. At vero nisi ipse prolongaretur embolismo mense XXX et VII dierum numero finem 1) faceret secundum lunam quam secundum solem. Quia vero embolismus accedit et in ipso anno cuiuslibet mensis XXXma luna transitur, quæ transilitio saltus dicitur, erit eius finis prius secundum lunam quam secundum solem VIII diebus. Et mox in Kalendis Januarii VIIIIna luna sequitur in XVIII anno. Sed et ipse terminatur X et VIIII diebus prius secundum lunam quam secundum solem. Ideo XX luna erit in Kalendis Januarii in XVIIII anno. Hic lunaris XXX dierum anticipatione clauderetur ante finem solaris anni, si non embolismus adderetur. Additus ergo XXX dies implebit facietque lunarem annum cum solari anno finiri. Sicque redit luna ad Kalendas Januarii post X et VIIII annos exactos. Ex his ergo X et VIIII annis circulus decennovenalis dicitur, quia tunc demum remeat omnis luna ad suum kalendarem diem.

Quod lunares anni debeant a paschali luna initium sumere.

Si quis autem kanonicam institutionem paschalis temporis nosse desiderat, hunc circulum necesse est, ut revolvere sciat et recursum facere inoffensum, sive a Januario incipiat sive a quolibet alio loco. Inicium tamen eius auctoritate veteris testamenti a paschali luna sumendum est, hoc est a mense paschali. *(F. 12')* De ipso namque scriptum est: Hic mensis novorum est. Hic tibi primus erit in mensibus anni; in eo facies phase. Et hinc apparet Hebreos suos annos et menses ad lunæ cursum computare. Quia vero huiusmodi anni non eiusdem sunt longitudinis nec ab eodem loco semper incipiunt, sed a X et VIII ut dictum est, propter hoc et a XV paschalis totidem habet loca diversa. Hæc te ergo oportet agnoscere et in memoria retinere. Si enim nosti XVmam nosti et primam; si primam utique et XV. Quotamlibet paschalis mensis lunam noveris, 1) totum mensem inde cognoveris. In prima luna est inicium anni, in XV locus paschalis festi, si tamen dies occurrit dominicus ut dictum est. Quæ cum ita sint, promptissimum patribus visum est, hunc eundem circulum decennovenalem incipere in eo anno, quo XXma VIIa luna procedit in Kalendis Januarii ut exacto anno in IIIa Nonis Aprilis crastino IIae Nonis Aprilis ubi festivitas est sancti Ambrosii nova luna paschalis inicium faciat anni et circuli. Ad eundem vero diem redeunte anno fit ibidem XIIIa paschalis. Oportet autem eam fieri XIIma si non abstraheret transsilicio XXXma lunæ Novembris mensis quam saltum dicimus. Anno vero IIIo fit ibi XXXIIIIta paschalis et primo embolismo IIII Nonis inserto, revertitur ad eundem diem Vta luna paschalis in IIIIo anno. Ibi quoque in Vo anno censetur XVIma. In VIto ibidem XXVII paschalis. Eo anno IIus embolismus in IIIIo Nonis Septembris innectitur. Item in VIImo anno computatur VIII luna paschalis in prædictis

1) finet *cod.*

1) moveris *cod.*

Kalendis. In VIII vero XXVIII luna paschalis ibi recitatur. Eodem anno III embolismus IIe Nonis Martii iniungitur. Huius embolismi XXX^{a} finem dat ogdoadi pridie Nonis Aprilis ubi eius quoque sumptum est initium. Hinc *(F. 13)* manifestum est, quia lunaris ogdoas in qua saltus est uno die transcendit solarem; duobus vero si transfertur saltus ad endecadem. Sequitur in nono anno prima luna paschalis in Nonis Aprilis qui dies iam secundus est solaris anni quia sicut dictum est, ubi finitur lunaris ogdoas, ibi incipit solaris endecas. X^{o} vero anno fit in eisdem Nonis XII luna paschalis; XI^{mo} XXIII^{a} paschalis in eodem die et embolismus IIII eius anni oritur pridie Nonis Decembris. Duodecimo anno fit ibi quarta paschalis: tertio decimo XV^{a} paschalis; XIIII°, XXVII^{a} paschalis et V embolismus IIII Nonis Novembris. XV anno in eodem die VII paschalis. Sexto decimo XVIII paschalis; XVII, XXVIIII paschalis; XVIII, XXI paschalis. In eisdem Nonis et in tertia [1]) Nonis Martii VII embolismus cuius XXX^{ma} finem facit endecadi, ipso circulo decennovenali, III Nonis Aprilis reditque iterum prima luna ad pridie Nonas Aprilis in XX^{mo} anno.

De observanda vice mensium.

Hoc autem toto circulo tenendum est, ut alternatim VI mensibus tribuas XXX, aliis XXVIIII lunam. Januario, Martio, Maio, Julio, Septembri, Novembri ascribatur XXX, Februario, Aprili, Junio, Augusto, Octobri, Decembri XXVIIII [2]). In bissextili anno Februario quoque XXX adice.

Quare non semper embolismi finito anno subponantur.

Et sciendum quia tam certa loca sparsim per circulum semper embolismis ideo tradita sunt, ut nullus de caeteris lunaribus mensibus tam longe moveatur a suo solari mense, quin eum possit contingere incipientem aut desinentem. Nam ex primo embolismo qui oritur IIII^{a} Nonis Decembris liquido colligitur quod incommodi nos sequeretur, si quemadmodum III^{us} *(F. 13')* et VII ita quoque ipsi et caeteri ad extremum annorum locarentur. Pro eo namque luna Januario tota in Decembri expenderetur et similiter in Januari luna Februarii et in Februario luna Martii et nullum horum mensium sua luna contingeret.

[1]) tercia *cod.* — [2]) XXIIII *cod.*

Quod secundum lunam decennovenalis circulus sit computandus.

Omnis ergo inaequalitas temporum secundum lunam maxime censetur, quia sol singulis annis eundem cursum habet et non eius secundum naturam ulla est varietas. Ideo ad lunarem cursum referendus est totus ipse decennovenalis circulus. Secundum ipsum enim dicimus: Primus et secundus annus communes, tertius [1]) embolismus, quartus et quintus communes, sextus embolismus, septimus communis, octavus embolismus, VIIII et X^{mus} communes, XI embolismus, XII et XIII^{mus} communes, XIIII embolismus, quintus decimus et XVI communes [2]), XVII embolismus, octavus X^{mus} communis, XVIIII embolismus. Qui autem non intelligunt a paschali mense secundum lunam hunc circulum decennovenalem esse incipiendum et eum potius secundum solem a luna Januarii quae primo anno fit, nona incipiunt, his contingit embolismus primus in II^{do} anno et secundus in quinto anno et quartus in decimo et quintus in tertio decimo et sextus in sexto decimo et saltus in novissimo, non in primo.

Quæ ratio sit saltus.

Huius saltus quae causa sit, multi inquirunt. Quibus respondendum est, quia non iste solus sed illi VI qui singulis annis, praeter istum, fiunt, ex quantitate lunaris mensis dinoscuntur. Totiens enim saltus fit, quotiens in anno trigesima absumitur, quamvis hic solus hoc nomen teneat, eo quod inconsuete fiat. Longitudo namque lunaris mensis extenditur ad XXVIIII semis dies. Inde est *(F. 14)* quod VI mensibus in anno XXX, aliis VI XXVIIII alternatim impenditur. Quod si nihil [3]) ultra XXVIIII dies et semissem tenderet eius capacitas, eandem vicem quoque embolismis mensibus et bissextilibus reservaremus, ita ut unus XXX^{mum} alter XXVIIII solito reciperent et nequaquam verum esset annum lunarem XI tantum diebus breviorem existere anno solari. Aliquanto ergo ultra XXX^{mum} diem dimidium extenditur. Sed non tantum ut et in cunctis bissextilibus atque embolismis mensibus XXX recitetur et tamen per circulum mensibus alternatio intemerata reservetur. Alioquin uno die excellerent X et VIIII anni lunares totidem annos solares et unus dies

[1]) tercius *cod.* — [2]) communes *bis cod.* — [3]) nichil *cod.*

veluti plures in XX anno ad concordiam sidera reverti non sinerent. Tam clara autem res est et tam vera ratio huius saltus, ut in ipso vespere, quando solitam XXX^{mam} prætermittimus et pro ea primam computamus, egredientibus nobis noviter accensa luna appareat et concordia decennovenalis certa et perpetua maneat. Sed si tu feriatus et scrupulosus calculator extiteris in tantum ut nec ipsam morulam quanta sit supra XXX^{mum} diem medium ignotam tibi esse pateris, vix eam a te posse ad certum comprehendi, dinoscito ex lectione tamen sancti Columbani, quam super hanc questionem scripsit. Dicimus eam pensari ad dimidiam horam et X pene momenta. Pene autem dixi, non plene. Quod si ambiguum hoc aversaris, tu potius illa minuta discute, ut certum quantitatis numerum invenias et integrum exprimas et scias te sagaciorem [1]) Columbano. Si autem et momentum, quantum temporis sit, requiris, unius horæ XL^{mam} partem intellige. Nam inclinatio libræ, qua pensare solemus momentum dicitur.

(F. 14') De ratione bissexti.

Constat autem solaris annus CCC^{tis} LXV diebus et VI horis. Quare hoc? Quia sol tanto spacio circuit celum. Eius namque circuitus annus est. Transeunt ergo XII menses in trecentis LXV diebus. Sex autem horæ quæ remanent rite triennio negleguntur. Propterea dum unius anni terminus preoccupatur. [1]) VI horis alterius XII, III vero X et VIII, si et terminus IIII^{ta} XXIIII^{ta} horis preoccuparetur necesse esset unum diem deesse IIII annis. Hinc fit ut in IIII^{to} semper anno bis dicatur VI^{to} Kalendis Martii in Februario qui cæteris annis XXVIII tantum diebus expenditur, in bissextili autem XVIIII. Apparet autem a bissexta bissextum nuncupari. Quæ repetitio adicit IIII^{to} anno unum diem qui non CCC^{tis} LXV diebus, ut præcedentes tres, sed CCC^{tis} LXVI diebus recitatur.

Hæc tibi ergo breviter scripsi supra IIII questionibus, hoc est ubi pascha fiat, et cur in quibuslibet annis aut maturius aut tardius occurrat, et quid sit saltus lunæ et quid bissextus. Quod si amplius et perfectius imbui desideras, lege mecum Helpricum novellum compoti scriptorem et Bedam de natura rerum duosque eius libros de temporibus, maiorem et minorem.

Usque huc Notger Erkenhardo discipulo.

[1]) sagatiorem *cod.*

[1]) preocupatur *cod.*

III.

Herimanni Contracti Epistola ad Herrandum De mense lunari.

E codice Paris. Nouv. acq. lat. 229. Fol. 17—19.

Confer supra p. 10.

Dilectissimo in vinculo caritatis amico Herrando, omnigenis liberalis scientiæ disciplinis insigniter erudito, H. . . . pauperum Christi abortivum vile, debitum fraternæ dilectioni memoriale. Quamvis localitate corporali a tui commanentia separatus existam, tamen quia in tui pectoris domicilio inexhaustum sapientiæ fontem veræque caritatis dulcedinem scio, spiritualiter tibi connexus [2]) post te, mihi carissime [3]) frater, tota mentis aviditate iugiter anhelo. Sed quoniam mellita vivæ vocis tuæ affabilitate præsentialiter careo, saltem per huius cartulæ compaginem cuiusdam questionis, quam mecum diu ruminando tractabam, subtilitatem tecum retractare percupio.

Igitur cum iuxta ingenioli mei gracilitatem regulas sedula mente perscrutari queritarem, lunarem mensem tardus calculator incurri. Cuius temporis quantitatem nondum ab aliquo compotistarum ad certum diffinitum inveni. Siquidem omnes quos adhuc invenire potui compotistæ, mensem lunarem XXVIIII dies horasque tantum XII dicunt habere et quod maxime admiror doctissimus

[2]) conexus *cod.* [3]) karissime *cod.*

presbiter Beda ex ipsa XII^a hora aliquid conatur auferre unde contingat unum lunæ diem prætermitti saltus ratione, cum cunctis scire volentibus constet necessario eundem mensem super XXVIIII dies horasque XII aliquantulum recipere. Si enim nihil ultra illud temporis spatium haberet, necesse utique foret, ut in omnibus mensibus solita tricenorum servaretur alternitas dierum nec esset unde in omnibus embolismis et bissextilibus mensibus luna plene XXX dies acciperet. Ad hæc, si numerum ipsum altius ac diligentius *(F. 17')* enucleare volumus non minimam super XXVIIII dies et semissem morulam mensem prædictum possidere probamus. Denique antiquorum sollertia solis et lunæ cursus in decennovenali cyclo coæquari ad purum inventum est. Quod ita esse nos quoque hinc facillime possumus probare, quia si vel punctus eandem coæquationem impediret, iam dudum nulla computationi nostræ luna conveniret. Hic vero cyclus continet menses solares CCXXVIIII, lunares autem CCXXXV.[1]) Solaris vero mensis XXX dies X horas ac semissem recipit. Sicque decennovenalis cyclus in CCXXVIII mensibus habet dies $\overline{VI}$ DCCCCXXXVIIII et horas XVIII, id est dodrantem diei. Unde et æqualitas solis et lunæ prædicta in supra scripto cyclo servetur, necesse est lunam in CCXXXV mensibus suis tantum temporis continere. Sed si unus lunaris mensis nihil ultra XXVIIII dies horasque XII haberet CCXXXV[2]) non nisi $\overline{VI}$ DCCCCXXXII dies horasque XII continerent solaresque XVIIII anni lunares totidem VII diebus et VI horis superarent. Cum hæc igitur ita se habere perspicerem, cepi tota diligentia lunaris mensis quantitatem solus sedens investigare, tuam mihi, dulcissime frater, affabilitatem iugiter adesse desiderans, tuique solamen, dudum expertum adiutorii semper exoptans.

Interea compotus Nothgeri novelli de cœnobio sancti Galli diduscali mihi advenit, qui de eadem aliquid questione breviter tangit. Quem cum avide perlegerem, non solum me de prædicto scrupulo non absolvit, verum etiam opposita solvendi difficultate plus quam putaram amaricavit. Refert tamen Columbanum dixisse sepe dictum mensem *(F. 18)* supra prædictam quantitatem semissem horæ et pene X momenta recipere. Pene dixit ille et non plene. Cumque illud cur ambiguum poneret diligenter requisissem, deprehendi tales CCXXV menses $\overline{VI}$ DCCCCXXXVIIII dies horas XX ac X momenta ita recipere sicque duabus horis et X momentis iustum terminum excedere. Sed cum hæc stultæ curiositati meæ minime proficerent, his omissis, cepi punctos, minuta, partes, momenta ostentaque VII dierum et VI horarum qui prædictis CCXXXV lunaribus desunt mensibus per ipsos distribuere, ut quanta cuique particula ex his contingeret aliquatenus possem invenire. Cum autem semper aliquid remaneret, quod non sine magna difficultate inter tot menses dividi posset, ad athomos me converti, quibus tandem opitulantibus quod diu quesiveram inveni. Denique VII dies et VI horæ habent momenta $\overline{VI}$ DCCCCLX. Hæc si per CCXXXV menses diviseris, unicuique XVIIII momenta contingent et CXLV remanent, quæ continent athomos $\overline{LXXXI}$ DCCLXXX quia singula momenta DLXIIII athomos accipiunt. Has item athomos suprascriptis distribuens unum quemque CCCXLVIII perspicies accipere et nihil omnino remanere. Sicque ut reor absque omni dubietate lunaris mensis XXVIIII dies, horas XII, momenta XXVIIII athomos CCCXLVIII dinoscitur habere. His ita inventis, nondum satisfacto querendi desiderio, cepi rursum vestigare quantam ad supplendos XXX embolismorum dies morulam lunaris mensis supra XXX dies acciperet et quod domno Bedæ presbitero magnæ difficultatis visum *(F. 18')* est, quantam ad incrementum bissextile destinaret. Non quod me tanto doctori in aliqua mentis sagacitate præferre vel æquiperare tentarem,[1]) sed ne ociositate, animæ inimica,[2]) occupatus aliquo torperem. Quod hoc modo facillime, ut puto, a studiosis poterit comprehendi. Luna ut superius dixi, si nihil ultra XXVIIII semis dies in singulis mensibus reciperet, in CCXXXV non nisi $\overline{VI}$ DCCCCXXXII et XII horas contineret. Sed cyclus decennovenalis sine bissextis II diebus et XII horis protractior $\overline{VI}$ DCCCCXXXV dies debet accipere. Et idcirco[3]) ipsi II semis dies qui DCCCC continent momenta per omnes menses sunt dividendi, ut quanta cuique particula contingat possit inveniri. Ergo ex DCCCC momentis singulis mensibus X contingunt et L remanent quæ continent athomos $\overline{XXVIII}$ CC. De quibus item singulis mensibus CXX eveniunt, quæ CLXXXVIII

[1]) CCXXXII *cod.* — [2]) CCXXXII *cod.*

[1]) temptarem *cod.*

[2]) Conf. Regulam S. P. N. Benedicti, cap. XLVIII: „Otiositas inimica est animæ."

[3]) iccirco *cod.*

partem horæ faciunt. Unde manifestum est, singulis mensibus X momenta et CXX athomos ad embolismorum supplementum accedere. Porro IIII bissextiles dies dodransque diei habent momenta ĪIII DLX de quibus singuli lunæ menses XVIIII accipiunt et XCV remanebunt id est athomi L̄III DLXXX quibus iterum per CCXXXV menses divisis unusquisque CCXXVIII accipit. Sicque in omni mense lunari ad incrementum bissextile XVIIII momenta et athomos CCXXVIII constat procrescere. Si cui autem minus perspicaci tediosum forte videtur minutissima temporum spacia in athomis discutere hac compendiosiori faciliorique utatur *(F. 19)* calculatione. Scilicet ut XCVI athomos in unum redigat sicque de una hora CCXXXV particulas faciat. Tales ergo particulas supra XXVIIII dies et XII horas lunaris mensis CLXXIIII habere probatur. E quibus LX embolismorum completioni tribuat. Reliquas CXIIII bissextilibus diebus transmisit. Punctus autem lunaris tales particulas XLVII recipit, hora CCXXXVI, dies naturalis V DCXL.

His tandem, o affabilis amice, ita investigatis ex tanta scrupulositate animi absolutus omnium largitori bonorum deo devotus gratias egi, tibique hæc per hanc rusticitatem squalentem transmittere scedulam præsumpsi de tui prudentia pietateque mihi nimium nota confidens, quod et ex pia probatione examinando corrigas, mihique quod inde sentias per rescriptum tuum notificare non omittas. Vale.

Dulcis amice, bonum summum quod constat et unum,
A quo cuncta fluunt, ad quod bona cuncta recurrunt,
Te sibi devotum faciat sine fine beatum.
Præstet [1]) et indigno mihimet quod sedulus opto,
Hoc et ut in mundo merear te cernere crebro,
Et post hanc vitam tecum per secula vivam.

[1]) Prestet cod.

IV.

Versus memoriales De litteris sic dictis Romani.

E cod. Paris. Nouv. acq. lat. 229. Fol. 65', manus Sæc. XIII.

Vide supra p. 20.

A monet alta peti: B tolli sive teneri.
C celera sursum: D dicit deprime iusum.
E iubet equari: Docet F cantando feriri.
G moderare gradum; H rarum pandit hiatum.
I trahit inferius; levat L si quando subimus.
M mediocriter sonat: O cantus ordine donat.
Pressio fit per P: facit V nos recta videre.
Sibilat S susum; T tractus continet usum.
X habet expecta; litteris sic exprime verba.

Gymnasium.

I. Gymnasialklasse oder erste Grammatik.

Lehrgegenstände.

Religionsunterricht, wöchentlich 2 Stunden. a) Katechismus: Vom Glauben im Allgemeinen; die zwölf Glaubensartikel im Besondern, nach Deharbe. b) Biblische Geschichte: Das alte Testament.

Lateinische Sprache, wöchentlich 9 Stunden. a) Grammatik: Formenlehre bis zu den unregelmäßigen Zeitwörtern, nach Kühner's Elementar-Grammatik. b) Schriftliche Uebungen im Declinieren und Conjugieren; schriftliche und mündliche Uebersetzung sämmtlicher Uebungsaufgaben in der Grammatik; 60 Dictate als Schulaufgaben. c) Aus Epitome historiæ sacræ von Lhomond: 80 Stücke wurden übersetzt, mündlich und schriftlich analysiert und zum Theil memoriert.

Deutsche Sprache, wöchentlich 3 Stunden. a) Formenlehre nach Bone's grammatischer Grundlage; die Lehre von der Rechtschreibung. b) Aus Bone's Lesebuch, I. Theil, wurden ausgewählte Stücke gelesen, erklärt und theilweise memoriert. c) Schriftliche Arbeiten: Erzählende und beschreibende Aufsätze und Briefe.

Mathematik, wöchentlich 3 Stunden. Lehre von den ganzen Zahlen, von den gemeinen und Decimalbrüchen; Verhältnisse und Proportionen, Durchschnittsrechnung, einfacher und zusammengesetzter Bruchsatz, Regeldetri, Kreuzmethode, Kettensatz, Procentrechnungen, nach Felderer.

Geschichte, wöchentlich 2 Stunden. Geschichte des Alterthums, nach Welter.

Geographie, wöchentlich $1^1/_2$ Stunden. a) Beschreibung der Schweiz im Allgemeinen und Besondern, nach Etlin. b) Die nothwendigsten Erläuterungen aus der mathematischen und physikalischen Geographie; Oceanographie; Länder- und Völkerkunde, Beschreibung der Erdtheile im Allgemeinen, nach Pütz.

Naturgeschichte, wöchentlich $1^1/_2$ Stunden. Die Wirbelthiere nach Pocorny. Allgemeine äußere Pflanzenbeschreibung und Kenntniß einiger häufig vorkommenden Pflanzen.

Fortschrittsnoten.

Religionsunterricht.	Lateinische Interpretation.	Lateinische Composition.	Deutsche Sprache.	Mathematik.	Geschichte.	Geographie.	Naturgeschichte.
I.	I.	I.	I.	I.	I.	I.	I.
Inderbitzin Emil von Brunnen, Kt. Schwyz.	Staub.	Staub.	Kurer.	Staub.	Kurer.	Weber.	Moser.
Armbruster Mathias von Oberharmersbach, Bad.	Wolfisberg.	Kurer.	Weber.	Weber.	Weber.	Inderbitzin.	Staub.
Bluntschi Albert von Einsiedeln.	Kistler.	Inderbitzin.	Müller R.	Moser.	Staub.	Kistler.	Kurer.
Kurer August von Waldkirch, St. Gallen.	Müller Rud.	Kistler.	Staub.	Inderbitzin.	Wolfisberg.	Kurer.	Estermann.
Weber Edwin von Arth, Kt. Schwyz.	Inderbitzin.	Müller R.	Kistler.	Kurer.	Moser.	Meier.	Inderbitzin
Glutz Jos. von Solothurn.	Kurer.	Glutz.	Bluntschi.	Mundweiler.	Inderbitzin.	Moser.	Glutz.
Moser Xaver von Hitzkirch, Kt. Luzern.	Wieser.	Wieser.	Ehrler.	Crameri.	Kistler.	Staub.	Mundweiler.
Staub Jos. von Steinhausen, Kt. Zug.	Mundweiler.	Wolfisberg.	II.	Bluntschi.	Glutz.	Estermann.	II.
Estermann Balthasar v. Hildisrieden, Kt. Luzern.	Moser.	II.	Wolfisberg.	Estermann.	Estermann.	Theiler.	Weber.
Müller Rudolf von Wyl, Kt. St. Gallen.	Glutz.	Genevet.	Inderbitzin.	II.	Bluntschi.	Wolfisberg.	Ehrler.
Lutz Ulrich von Thal, Kt. St. Gallen.	II.	Estermann.	Theiler.	Theiler.	Meier.	II.	Kistler.
Mundweiler Johann von Dietikon, Kt. Zürich.	Weber.	Mundweiler.	Estermann.	Wolfisberg.	II.	Genevet.	Kälin.
Wusler Friedrich von Oberharmersbach, Baden.	Bluntschi.	Moser.	Moser.	Kistler.	Genevet.	Lutz.	Röllin.
Wolfisberg Jos. von Klein-Dietwil, Kt. Aargau.	Lutz.	Bluntschi.	Kälin.	Armbruster.	Mundweiler.	Ehrler.	Theiler.
Harzenmoser Georg von Oberhelfenschwil, Kt. St. Gallen.	Meier.	Lutz.	Lutz.	Müller R.	Glasson.	Glutz.	Wolfisberg.
Amstad Otto von Hinweil, Kt. Zürich.	Estermann.	Meier.	Meier.	Glutz.	Truniger.	Balsiger.	Armbruster.
Meier Ludwig von Andermatt, Kt. Uri.	Ehrler.	Weber.	Mundweiler.	Glasson.	Armbruster.	Bluntschi.	Bluntschi.
Kistler Karl von Reichenburg, Kt. Schwyz.	Crameri.	Armbruster.	Balsiger.	Kälin.	Lutz.	Armbruster.	Crameri.
Theiler Karl von Wollerau, Kt. Schwyz.	Armbruster.	Theiler.	III.	Amstad.	Wieser.	Amstad.	Glasson.
Glasson Felix von Bulle, Kt. Freiburg.	Röllin.	Röllin.	Wieser.	Truniger.	Theiler.	Röllin.	Truniger.
Wieser Joseph von Horgen, Kt. Zürich.	Theiler.	Ehrler.	Glutz.	Wieser.	Röllin.	Mundweiler.	Wieser.
Röllin Gustav v. Chatel St. Denis, Kt. Freiburg.	Genevet.	III.	Edelmann.	III.	Koppel.	Crameri.	III.
Büsser Joh. v. Eschenbach, Kt. St. Gallen.	Balsiger.	Amstad.	Rosenberg.	Ehrler.	Müller R.	Truniger.	Harzenmoser.
Crameri Thomas von Puschlav, Kt. Graubünd.	III.	Crameri.	Amstad.	Balsiger.	Balsiger.	Wieser.	Lutz.
Kälin Klaus von Einsiedeln.	Amstad.	Balsiger.	Schildknecht.	Lutz.	III.	Müller R.	Büsser.
Balsiger Karl von Solothurn.	Koppel.	Glasson.	Büsser.	Meier.	Landwing.	III.	Balsiger.
Truniger Emil von Hennau, Kt. St. Gallen.	Glasson.	Koppel	* * *	Büsser.	Kälin.	Glasson.	Koppel.
Hüppi August von Kaltbrunn, Kt. St. Gallen.	Truniger.	Kälin.	Armbruster.	Edelmann.	Ehrler.	Wusler.	Rosenberg.
Ehrler Wilhelm von Küßnacht, Kt. Schwyz.	Harzenmoser.	Truniger.	Truniger.	Müller Joh.	Hüppi.	Büsser.	Schildknecht.
Genevet Peter von Lyon, Frankreich.	Büsser.	IV.	Koppel.	Koppel.	Schildknecht.	Kälin.	Genevet.
II.	Wusler.	Harzenmoser.	Röllin	* * *	Crameri.	Schildknecht.	Amstad.
Koppel Robert von Radolfzell.	Hüppi.	Büsser.	IV.	Rosenberg.	Harzenmoser.	Landwing.	Billiger.
Landwing Arnold von Zug.	Kälin.	Wusler.	Wusler.	Hüppi.	Wusler.	Fries.	Hüppi.
Schildknecht Anton von Waldkirch, Kt. St. Gallen.	IV.	Rosenberg.	Hüppi.	Röllin.	Büsser.	Koppel.	Edelmann.
Billiger Emil von Zug.	Landwing.	Hüppi.	Harzenmoser.	Schildknecht.	IV.	Harzenmoser.	Meier.
Rosenberg Alfred von Beinwyl, Kt. Aargau.	Rosenberg.	V.	Landwing.	Harzenmoser.	Rosenberg.	Hüppi.	Wusler.
Fries Julius von Altishofen, Kt. Luzern.	Schildknecht.	Schildknecht.	Müller Joh.	Genevet.	Amstad.	IV.	* * *
Edelmann Joh. von Waldkirch, Kt. St. Gallen.	Fries.	Landwing.	Fries.	IV.	Schultheiß.	Rosenberg.	Müller Joh.
Müller Joh. von Hergiswyl, Kt. Luzern.	Billiger.	Fries.	V.	Fries.	* * *	Müller Joh.	Fries.
* * *	V.	Edelmann.	Schultheiß.	Wusler.	Billiger.	Billiger.	Landwing.
Schultheiß Wilhelm von Basel.	Schultheiß.	Billiger.	Billiger.	Landwing.	Fries.	* * *	IV.
	Edelmann.	Schultheiß.		Billiger.	Edelmann.	Edelmann.	Schultheiß.
	Müller Joh	Müller Joh.		V.	Müller Joh.	Schultheiß.	
				Schultheiß.			

1. Ausgetreten sind: Schumacher Karl von Luzern; Achermann Alfred von Oberkirch, Kt. Luzern, bald nach Beginn des Schuljahres; v. Felten Alphons v. Winznau, Kt. Solothurn, im ersten Semester; Stirnimann Karl von Buttisholz, Kt. Luzern; Fey Anton von Ems, Kt. Graubünden, im zweiten Semester wegen Krankheit. 2. Wusler und Mundweiler waren durch Krankheit, Crameri, Glasson und Genevet wegen mangel-

II. Gymnasialklasse oder zweite Grammatik.

Lehrgegenstände.

Religionsunterricht, wöchentlich 2 Stunden. a) Katechismus: Die Gebote Gottes und der Kirche; die Sünde, die Tugenden, die christliche Vollkommenheit; die hl. Sacramente der Buße und des Altars. b) Biblische Geschichte: Das neue Testament.

Lateinische Sprache, wöchentlich 9 Stunden. a) Grammatik: Wiederholung der Formenlehre; Deponentia, Bildung der Perfecta und Supina; unregelmäßige Verba; Syntax — nach Kühner's Elementar-Grammatik. b) Composition: Schriftliche und mündliche Uebersetzung sämmtlicher Uebungsaufgaben der Grammatik, 110 Nummern aus Haacke's Uebungsaufgaben für Sexta und Quinta; 55 Dictate als Extemporalien. c) Interpretation: Uebersetzt und analysiert wurde: Fabeln aus der Grammatik; aus Lattmann's Lesebuch: De Assyriis, de Persis, septem opera mirabilia; Miltiades, Aristides, Pausanias, Cimon, Alcibiades, Thrasybulus et triginta tyranni, Agesilaus, Conon, Iphicrates, Chabrias, Timotheus, Epaminondas, Pelopidas. d) Memoriert wurden mehrere Hymnen und Sequenzen.

Deutsche Sprache, wöchentlich 3 Stunden. a) Grammatik und Aufsatzlehre: Wort und Satzlehre; Geschäftsaufsätze, Redefiguren, Gedankensammlung und Ordnung des Stoffes, nach Dictat. b) Lesen, Erklären und freies Vortragen ausgewählter Stücke aus Bone's Lesebuch, I. Theil. c) Uebung in Geschäftsaufsätzen, Beschreibungen, Erzählungen, leichtere Abhandlungen, Um- und Nachbildungen.

Mathematik, wöchentlich 3 Stunden. a) Arithmetik: Wiederholung der Bruchlehre, der Proportionen und des Dreisatzes; Procent-, Gewinn-, Verlust-, Zins- und Zinseszins- und Rentenrechnung; Contocorrent-, Durchschnitts-, Termin-, Gesellschafts- und Mischungsrechnung, nach Felderer. b) Geometrie: die Linien, Begriff und Berechnung der wichtigsten Flächen und Körper, die Winkel an Durchschneidenden, an Parallelen, Winkel der Drei- und Vielecke, nach Dictat.

Geschichte, wöchentlich 1½ Stunden. Das Mittelalter, Entdeckung der neuen Welt und die Reformation nach Welter.

Geographie, wöchentlich 2 Stunden. Repetition der allgemeinen Geographie; Beschreibung Europas, nach Pütz.

Naturgeschichte, wöchentlich 1½ Stunden. Im Wintersemester: die Beschreibung der wirbellosen Thiere, nach Pocorny. Im Sommersemester: Beschreibung von circa 100 häufig vorkommenden Pflanzen nach dem linnéischen System.

Fortschrittsnoten.

Religionsunterricht.	Lateinische Interpretation.	Lateinische Composition.	Deutsche Sprache.	Mathematik.	Geschichte.	Geographie.	Naturgeschichte.
I.	I.	I.	I.	I.	I.	I.	I.
Nagler Joseph von Unteriberg, Kt. Schwyz.	Hürbi.	Hürbi.	Räber.	Germann.	Germann.	Räber.	Hürbi.
Hürbi Theophil von Breitenbach, Kt. Solothurn.	Germann.	Kurer.	Wolz.	Hürbi.	Räber.	Hürbi.	Germann.
Germann Wilhelm von Wyl, Kt. St. Gallen.	Kurer.	Nagler.	Gerschwiler.	Kunz.	Hürbi.	Nagler.	Wolz.
Späni Anton von Schübelbach, Kt. Schwyz.	Wolz.	Germann.	· · ·	Hürlimann.	Kurer.	Germann.	Kunz.
Kunz Emil von Einsiedeln.	Nagler.	Wolz.	Hürbi.	Binkert.	Wolz.	Kurer.	Binkert.
Wolz Anton von Richtersweil, Kt. Zürich.	Kunz.	· · ·	Kurer.	Sprecher.	Hürlimann.	Kunz.	Ruppaner.
Kurer Joh. Ulrich von Berneck, Kt. St. Gallen.	Hürlimann.	Gerschwiler.	Germann.	Räber.	Späni.	· · ·	II.
Sprecher Wilhelm von Vättis, Kt. St. Gallen.	Späni.	Räber.	II.	Kurer.	Sprecher.	Hürlimann.	Sprecher.
Egger Albin von Grab, Kt. St. Gallen.	II.	II.	Binkert.	Nagler.	Kunz.	Gerschwiler.	Räber.
Gerschwiler Alois von Einsiedeln.	Gerschwiler.	Sprecher.	Nagler.	II.	Egger.	Wolz.	Hürlimann.
Hürlimann Anton von Walchwil, Kt. Zug.	Egger.	Kunz.	Sprecher.	Wolz.	Nagler.	Späni.	Ridli.
Ruppaner August von St. Gallen.	Sprecher.	Egger.	Kunz.	Ridli.	· · ·	Binkert.	Gerschwiler.
Räber Joseph von Küßnacht, Kt. Schwyz.	Räber.	Hürlimann.	Hürlimann.	Gerschwiler.	Gerschwiler.	Sprecher.	Guthauser.
Weishaupt Franz von Appenzell.	Binkert.	Binkert.	Ridli.	Zehnder.	Ruppaner.	II.	Kurer.
Binkert Sigismund von Basel.	· · ·	Späni.	Noppel.	Ruppaner.	Binkert.	Ruppaner.	Nagler.
Noppel Friedrich von Radolfzell, Baden.	Weishaupt.	Noppel.	Späni.	Guthauser.	II.	Egger.	Zehnder.
Zehnder Bernard von Unterägeri, Kt. Zug.	Ruppaner.	III.	III.	Stocker.	Nigg.	Ridli.	Nigg.
Stocker Peter von Ruswyl, Kt. Luzern.	Noppel.	Ridli.	Egger.	Bach.	Noppel.	Nigg.	Pfenninger.
Nigg Marcell von Gersau, Kt. Schwyz.	Ridli.	Weishaupt.	Jost.	Egger.	Weishaupt.	Weishaupt.	Späni.
Ridli Alois von Ricken, Kt. St. Gallen.	III.	Jost.	Nigg.	Noppel.	Ridli.	Traber.	Egger.
Guthauser Arnold von Zeiningen, Kt. Aargau.	Zehnder.	Ruppaner.	Weishaupt.	Späni.	Pfenninger.	Zehnder.	III.
Traber Eugen von Winterthur, Kt. Zürich.	Stocker.	Stocker.	Ruppaner.	· · ·	Guthauser.	III.	Stocker.
· · ·	Nigg.	Traber.	Traber.	Nigg.	Traber.	Guthauser.	Traber.
Pfenninger Emil von Rapperswil, Kt. St. Gallen.	Traber.	IV.	Guthauser.	Weishaupt.	Zehnder.	Noppel.	Noppel.
Bach Alphons von Eschenz, Kt. Thurgau.	Jost.	Pfenninger.	Zehnder.	Pfenninger.	Stocker.	Stocker.	Jost.
Jost Karl von Chur, Kt. Graubünden.	Pfenninger.	Nigg.	Holdener.	III.	III.	Pfenninger.	Weishaupt.
Holdener Richard von Einsiedeln.	IV.	Zehnder.	Stocker.	Meier.	Meier.	Meier.	Holdener.
Meier Joseph von Knutwil, Kt. Luzern.	Guthauser.	Guthauser.	IV.	Traber.	Jost.	IV.	Meier.
	Bach.	Bach.	Pfenninger.	Jost.	Bach.	Holdener.	Bach.
	Holdener.	· · ·	Meier.	Holdener.	Holdener.	Bach.	
	Meier.	Meier.	Bach.			Jost.	
		Holdener.					

Im Laufe des Schuljahres sind ausgetreten: Bossart Franz von Altishofen, Kt. Luzern; Büchi Adolph von Hagenwyl, Kt. Thurgau; Rieth Thomas von Oestrich, Nassau. Holdener war durch Kränklichkeit zeitweilig in den Studien gehindert.

III. Gymnasialklasse oder erste Syntax.

Lehrgegenstände.

Religionsunterricht, wöchentlich 2 Stunden. Katechismus: Lehre von der Gnade und den Gnadenmitteln, nach Deharbe.

Lateinische Sprache, wöchentlich 7 Stunden. a) Grammatik: Syntaxis convenientiæ, Gebrauch der Casus, Präpositionen, Orts-, Raum- und Zeitbestimmungen, Bedeutung und Gebrauch der Tempora und Modi, Imperativ, Infinitiv und Accusativus cum Infinitivo nach der Grammatik von Ellendt-Seyffert. b) Composition: Schriftliche und mündliche Uebersetzungen aus Haacke's Aufgabensammlung, I. und II. Abtheilung für Quarta und Unter-Tertia (von 200 Nummern je die erste Hälfte) mit Correctur in der Schule, sowie 40 Dictate als Schulaufgaben. c) Interpretation: Lattmann's lateinisches Lesebuch: Res Sicilienses. Cäsar: De bello Gallico, lib. I., II. und III. 10 Kapitel wurden memoriert.

Griechische Sprache, wöchentlich 5 Stunden. a) Grammatik: Die Formenlehre bis zu den Verben mit verstärktem Präsensstamm, nach Kühner's Elementar-Grammatik. Schriftliche und mündliche Uebersetzung der eingereihten Uebungsstücke, nebst Aufgaben zur Einübung der Declination und Conjugation. b) Aus Jakobs' Elementarbuch wurden ganz oder theilweise übersetzt die einschlägigen grammatischen Uebungen, Aesopische Fabeln und Anekdoten.

Deutsche Sprache, wöchentlich 2 Stunden. Gelesen und erklärt wurden prosaische und poetische Stücke aus Bone's Lesebuch (I. Theil). Gedichte und Dialoge wurden memoriert und vorgetragen. Aufsätze verschiedener Art, vorzüglich Beschreibungen und Schilderungen.

Mathematik, wöchentlich 3 Stunden. a) Algebra: Die vier ersten Operationen mit ganzen und gebrochenen Zahlen, nach Heidt. b) Geometrie: Von den Perpendikeln, vom Kreise, von den Vierecken und dem Flächeninhalt nach Dictat.

Geschichte, wöchentlich 1½ Stunden. Geschichte der Schweiz, nach Dr. S. Etlin.

Geographie, wöchentlich 1½ Stunden. Die außereuropäischen Welttheile, nach Pütz.

Fortschrittsnoten.

Religionsunterricht.	Lateinische Interpretation.	Lateinische Composition.	Griechische Sprache.	Deutsche Sprache.	Mathematik.	Geschichte.	Geographie.
I.	I.	I.	I.	I.	I.	I.	I.
Pfister Martin von Altishofen, Kt. Luzern.	Scheiwiler.	Scheiwiler.	Zoller.	Grüninger.	Pfister.	Stocker.	Zoller.
Scheiwiler Alois von Goßau, Kt. St. Gallen.	Pfister.	Zoller.	Scheiwiler.	Pfister.	Scheiwiler.	Scheiwiler.	Pfister.
Stocker Martin von Meienberg, Kt. Aargau.	Stocker.	Stocker.	Stocker.	Stocker.	Zoller.	Pfister.	Scheiwiler.
Zoller Oskar von Au, Kt. St. Gallen.	Zoller.	Pfister.	Pfister.	Scheiwiler.	Lang.	Zoller.	Stocker.
Wagner Jakob von Niederbüren, Kt. St. Gallen.	Brändle.	Grüninger.	Brändle.	Meier.	Brändle.	Grüninger.	Grüninger.
Grüninger Jakob von Berneck, Kt. St. Gallen.	Grüninger.	Bondolfi.	Brander.	Langenstein.	Rohner.	Brändle.	Bondolfi.
Gmür Klemens von Mueg, Kt. St. Gallen.	Bondolfi.	Brändle.	Bondolfi.	II.	Waibel.	Bondolfi.	Langenstein.
Rohner Wilhelm von Au, Kt. St. Gallen.	Wagner.	Lang.	Broger.	Wagner.	Langenstein.	Wagner.	Rohner.
Bondolfi Peter von Puschlav, Kt. Graubünden.	II.	Benz.	II.	Waibel.	Stocker.	Langenstein.	Wagner.
Erni Bernard von Bußwyl, Kt. Thurgau.	Gmür.	Brander.	Gmür.	Zoller.	II.	Gmür.	Brändle.
Dold Emil von Freiburg im Breisgau.	Erni.	Dold.	Benz.	Brändle.	Erni.	Rohner.	Dold.
Brändle Johann von Ganterswyl, St. Gallen.	Benz.	II.	Grüninger.	Bondolfi.	Bondolfi.	Waibel.	Gmür.
Benz Karl von Montlingen, Kt. St. Gallen.	Langenstein.	Wagner.	Rohner.	Müller.	Huser.	Wößner.	II.
Oberholzer Robert von Goßau, Kt. St. Gallen.	Kuriger.	Broger.	Erni.	Wößner.	Müller.	II.	Huser.
Waibel Martin von Staad, Kt. St. Gallen.	Wößner.	Waibel.	Waibel.	Gmür.	Benz.	Broger.	Waibel.
Broger Joseph von Appenzell.	Rohner.	Gmür.	Dold.	Rohner.	Wagner.	Kuriger.	Erni.
Kuriger Fidelis von Einsiedeln.	Broger.	Langenstein.	Wößner.	Oberholzer.	Oberholzer.	Oberholzer.	Zürcher.
Wößner Heinrich v. Rapperswyl, Kt. St. Gallen.	Waibel.	Erni.	Kuriger.	Lang.	Grüninger.	Dold.	Oberholzer.
Langenstein Joseph v. Stans, Kt. Unterwalden.	Lang.	Wößner.	III.	III.	Wößner.	Zürcher.	Broger.
Meier Placid von Buttisholz, Kt. Luzern.	Dold.	III.	Zürcher.	Kuriger.	Broger.	Benz.	Büttner.
Zürcher Joseph von Eschenbach, Kt. St. Gallen.	Brander.	Rohner.	Lang.	Broger.	III.	Erni.	Wößner.
Lang Hubert von Freiburg i. B.	Zürcher.	Oberholzer.	Langenstein.	Erni.	Gmür.	Müller.	Kuriger.
Brander Johann v. Bütschwyl, Kt. St. Gallen.	Oberholzer.	Meier.	Oberholzer.	Benz.	Brander.	Meier.	Benz.
Müller Otto von Frankfurt a. M.	III.	Kuriger.	Müller.	Brander.	Zürcher.	Brander.	Meier.
II.	Meier.	Müller.	Meier.	Dold.	Büttner.	III.	III.
Büttner Alfred von Thiengen, Baden.	Müller.	• • •	IV.	Zürcher.	IV	Büttner.	Müller.
Huser Johann von Leuggern, Kt. Aargau.	Büttner.	Büttner.	Büttner.	Huser.	Dold.	Lang.	Brander.
	Huser.	Zürcher.	Huser.	Büttner.	Kuriger.	Huser.	Lang.
		IV.			Meier.		
		Huser.					

Huser trat an Ostern ein. — Wagner besuchte das Griechische als Hospitant.

IV. Gymnasialklasse oder zweite Syntax.

Lehrgegenstände.

Religionsunterricht, wöchentlich 2 Stunden. a) Sittenlehre: Das gottgefällige Leben des Christen in seiner Stellung zu Gott und zur unmittelbaren Stellvertreterin Gottes, der heiligen Kirche, nach Martin (II. Theil). b) Kirchengeschichte: Die Kirche im heidnischen Römerreiche, nach Feßler.

Lateinische Sprache, wöchentlich 7 Stunden. a) Grammatik: Wiederholung und Vollendung der Syntax, nebst der Lehre von der Prosodie, nach Seyffert. b) Composition: Aus Haacke's Aufgabensammlung, I. und II. Abtheilung, 66 Nummern schriftlich und mündlich übersetzt und theilweise repetiert; im II. Semester freie Aufgaben und metrische Uebungen. c) Interpretation: 1. Sallust: De bello Jugurthino, mit Auswahl. 2. Cicero: Aus Frey's ausgewählten Briefen 22 Nummern. 3. Ovid: Ex libris Tristium III, 7. V, 8. 14. Ex Ponto I, 3. 8. 9. Ex epistolis Heroidum 1. Ex libris Metam.: Pentheus und Bacchus (III. 511—733); die Musen und die Töchter des Pieros (V. 294—571, 642—678). Ausgabe von Grysar. Aus Sallust und Ovid wurde memoriert.

Griechische Sprache, wöchentlich 5½ Stunden. a) Grammatik: Wiederholung der regelmäßigen Formenlehre, die Verba mit verstärktem Präsensstamme und die Verba auf μι, nach Kühner's Elementar-Grammatik. Uebersetzung der eingereihten Uebungsstücke; Dictate. b) Interpretation: Xenophon's Anabasis lib. I. 1. 2. 5. 8. VI. VII. Ausgabe von Hug. Inhaltsangabe der übrigen Bücher.

Deutsche Sprache, wöchentlich 3 Stunden. Einläßlich wurden erklärt die Stillehre und Poetik (Versbau und poetische Darstellung), nach Bone's Lesebuch, II. Theil. Im Anschlusse an die Theorie wurden Mustergedichte neuerer Dichter, sowie prosaische Stücke gelesen und erklärt, einzelne memoriert und vorgetragen. Schriftliche Aufgaben in Prosa und metrische Versuche.

Mathematik, wöchentlich 3 Stunden. a) Algebra: Repetition der vier Grundoperationen, das Potenzieren und das Radicieren, nach Reidt. b) Geometrie: Der pythagoräische Lehrsatz, Proportionallinien, Aehnlichkeit der Figuren, Proportionen beim Kreise, von den regelmäßigen Vielecken und deren Berechnung, Berechnung des Umfangs und Inhalts des Kreises nach Lübsen.

Geschichte, wöchentlich 1½ Stunden. Geschichte des Alterthums bis zum römischen Zeitalter, nach Pütz.

Fortschrittsnoten.

Religionsunterricht.	Lateinische Interpretation.	Lateinische Composition.	Griechische Sprache.	Deutsche Sprache.	Poesie.	Mathematik.	Geschichte.
I.	I.	I.	I.	I.	I.	I.	I.
Kälin Karl von Einsiedeln.	Schreiwiller.	Schreiwiller.	Kälin.	Malarey.	Malarey.	Malarey.	Kälin.
Schreiwiller Alois v. Oberbüren, Kt. St. Gallen.	Kälin.	Comte.	Bumüller.	Kälin.	II.	Comte.	Lichtensteiger.
Manser Joseph von Schwendi, Kt. Appenzell.	Comte.	Bumüller.	Schreiwiller.	Schreiwiller.	Schreiwiller.	Kälin.	Schreiwiller.
Lichtensteiger August von Neu St. Johann, Kt. St. Gallen.	Benz.	Benz.	Schäuble.	Schäuble.	Höfliger.	Benz.	Höfliger.
Iseppi Joseph von Poschiavo, Kt. Graubünden.	Schäuble.	Kälin.	Benz.	Huber.	Kälin.	. . .	Schäuble.
Hidber Albert von Mels, Kt. St. Gallen.	Bumüller.	Hegner.	Comte.	Hegner.	Schäuble.	Wehrli.	II.
Schäuble Johann von Herrischried, Baden.	II.	Schäuble.	II.	Benz.	Hegner.	Höfliger.	Comte.
Huber Gottfried von Sarmenstorf, Kt. Aargau.	Höfliger.	Lichtensteiger.	Huber.	II.	Huber.	II.	Benz.
Pfiffner Benedict von Gams, Kt. St. Gallen.	Lichtensteiger.	II.	Lichtensteiger.	Hidber.	III.	Schreiwiller.	Malarey.
Wehrli Albert von Wyl, Kt. St. Gallen.	Manser.	Iseppi.	Hegner.	Bumüller.	Benz.	Manser.	Huber.
Höfliger Ferdinand von Freienbach, Kt. Schwyz.	Malarey.	Huber.	Manser.	Iseppi.	Bumüller.	Iseppi.	Iseppi.
Malarey Franz von Mumpf, Kt. Aargau.	Huber.	Manser.	III.	Manser.	Eberle.	Lichtensteiger.	Wehrli.
Benz Joseph von Goldach, Kt. St. Gallen.	Hegner.	Malarey.	Christen.	Comte.	Wehrli.	Schäuble.	Bumüller.
Eberle Richard von Schwyz.	Hidber.	III.	Wehrli.	Lichtensteiger.	Boos.	Huber.	Manser.
Hegner Benedict von Galgenen, Kt. Schwyz.	Iseppi.	Hidber.	Hidber.	III.	Hidber.	Boos.	III.
Comte Louis von Freiburg.	III.	Christen.	Höfliger.	Christen.	Iseppi.	Eberle.	Pfiffner.
Boos Christian von Amden, Kt. St. Gallen.	Wehrli.	Boos.	Eberle.	Boos.	Lichtensteiger.	Hidber.	Hidber.
Bumüller Friedrich von Ravensburg, Württemberg.	Pfiffner.	Höfliger.	Boos.	Eberle.	Manser.	III.	Hegner.
Christen Eugen von Altdorf, Kt. Uri.	Eberle.	Pfiffner.	Pfiffner.	Pfiffner.	Christen.	Bumüller.	Christen.
	Boos.	Wehrli.		Wehrli.	Comte.	Christen.	Boos.
	Christen.	Eberle.		Höfliger.	Pfiffner.	IV.	Eberle.
						Hegner.	
						Pfiffner.	

1. Fuchs Heinrich von Berndorf, Baden, Gräzer Joseph von Einsiedeln, Herzog Emil von Lommis, Kt. Thurgau, Renggli Friedrich von Entlebuch, Kt. Luzern, Rüdiger Joh. Bapt. von Säckingen, Baden, traten aus. 2. Iseppi und Malarey waren vom Griechischen dispensiert.

V. Gymnasialklasse oder erste Rhetorik.

Lehrgegenstände.

Religionsunterricht, wöchentlich 2 Stunden. a) Glaubenslehre: Das Werk der Heiligung; von der Gnade, von der Rechtfertigung, von den Gnadenmitteln bis zur heil. Eucharistie als Opfer, nach Martin, II. Theil. b) Kirchengeschichte: Von Constantin bis zu den Kreuzzügen, nach Feßler.

Lateinische Sprache, wöchentlich 6 Stunden. a) Interpretation nach Inhalt und Form mit schriftlicher und mündlicher Uebersetzung und deren Correctur: 1. Cicero: Erste Rede gegen Catilina, für das Imperium des Pompejus, §. 1—50; für Archias; Ausgabe von Klotz. 2. Virgil: Georgikon IV, 1—149; Aeneis, Buch I, 1—657, 723—756; II, 1—445; VI, 264—903. Textausgabe von Ladewig. 3. Livius: XXI, 30—46. Ausgabe von Wölfflin. Aus Virgil wurden 200 Verse memoriert. b) Composition: Uebersetzung aus Süpfle's Stilubungen, II. Theil: Nr. 118—154; freie lateinische Aufsätze, besonders Abhandlungen und Chrieen. Metrische Uebungen in elegischem Versmaße. Wöchentlich ein Extemporale.

Griechische Sprache, wöchentlich 5 Stunden. a) Grammatik, nach Kühner: Die Syntax bis zum V. Curs; der Homerische Dialekt. Uebersetzung der eingereihten Uebungsstücke. b) Interpretation: 1. Lysias, die Reden XII, 1—62; XXII, XXIII, XXIV. Ausgabe von Scheibe. 2. Homer, Odyssee: Buch I, 1—365; V, 262—493; IX, 105—566; XII, XXI, 188—435. Ausgabe von Dindorf. Aus Homer wurden 120 Verse memoriert. Wöchentlich ein Extemporale.

Deutsche Sprache, wöchentlich 3 Stunden. a) Rhetorik: Der Stil im Allgemeinen, nach Kleutgen. b) Poetik: Die drei Grundformen der Poesie; im Besondern die lyrische und epische Poesie, nach Bone, II. Theil, und nach Reuter. Im Anschluß an die Theorie wurden Musterstücke jeder Gattung analysiert und erklärt. c) Literaturgeschichte des Mittelalters und der neuern Zeit bis 1720, nach Reuter. Aus dem Mittelhochdeutschen wurde auch in der Ursprache gelesen. d) Schriftliche Aufgaben: Aufsätze aus dem Gebiete der Literatur, Abhandlungen, Chrieen, kleinere epische und lyrische Gedichte.

Mathematik, wöchentlich 3 Stunden. a) Algebra: Repetition der Rangoperationen; die Logarithmen; die Gleichungen des ersten Grades mit einer und mehreren Unbekannten; die Gleichungen des zweiten Grades, nach Meith. b) Geometrie: Die Stereometrie, nach Lübsen.

Geschichte, wöchentlich 1½ Stunden. Die Römer, nach Pütz.

Naturgeschichte, wöchentlich 1½ Stunden. Aeußerer Pflanzenbau; Linné's System; Beschreibung von ca. 150 Phanerogamen. Die Kryptogamen.

Fortschrittsnoten.

Religionsunterricht.	Lateinische Interpretation.	Lateinische Composition.	Griechische Sprache	Rhetorik u. deutsche Sprache.	Poesie und Literatur.	Mathematik.	Geschichte.	Naturgeschichte.
I. Melliger Kasp. v. Buttwil, Aargau. Füglistaler Cyrill v. Hell, Aargau. Lutz Gebhard v. Thal, Kt. St. Gallen. Kalt Jos. v. Laufenburg, Kt. Aargau. Huwiler Burkard von Buttwil, Kt. Aargau. Ruoß Jakob von Schübelbach, Kt. Schwyz. Benz August von Montlingen, Kt. St. Gallen. Mauchle Wilhelm von Niederdorf, Kt. St. Gallen. Pfyffer Alphons von Döttingen, Kt. Aargau. Schilling Anton von Bischofszell, Kt. Thurgau. Helbling Aug. v. Jona, St. Gallen. Knüsel Jakob v. Inwyl, Kt. Luzern. Oeschger Albin von Gansingen, Kt. Aargau. Keller Ferd. v. Bettwiesen, Thurgau. Bühlmann Anton von Eschenbach, Kt. Luzern. Kilian Georg v. Birnfeld, Bayern. Brecheisen Adalbert von Ammerstetten, Luzern. Huwyler Kasp. v. Reußegg, Aargau. Butscher Konrad von Tettnang, Württemberg. Rüttimann Jos. v. Sempach, Luzern. Stöckli Adolf von Beienburen, Kt. Aargau. Müller Jos. v. Hergiswil, Luzern. Huber Pius v. Jonen, Kt. Aargau. Müller Traugott von Rickenbach, Kt. Luzern. Schlumpf Friedrich von Alt St. Johann, Kt. St. Gallen. Meister Casimir v. Murten, Freiburg. Schreiber Joseph von Schwyz.	I. Melliger. Füglistaler. Lutz. Huwiler B. Benz. Ruoß. Mauchle. II. Pfyffer. Kalt. Oeschger. Schilling. III. Keller. Helbling. Müller J. Müller Tr. Brecheisen. Rüttimann. Knüsel. Huber. Kilian. Meister. Schlumpf. Bühlmann. IV. Schreiber. Huwyler K. Butscher. Stöckli.	I. Füglistaler. Lutz. II. Benz. Keller. Huwiler B. Melliger. Ruoß. Brecheisen. Pfyffer. III. Meister. Mauchle. Helbling. Müller Tr. Kalt. Schreiber. Schlumpf. Bühlmann. Butscher. Schilling. IV. Oeschger. Rüttimann. Knüsel. Müller J. Kilian. Huwyler K. * * * Stöckli. Huber.	I. Füglistaler. Melliger. II. Lutz. Ruoß. Pfyffer. Kalt. Mauchle. Benz. Brecheisen. Huwiler B. Oeschger. III. Keller. Schilling. Müller Tr. Helbling. Meister. Knüsel. Bühlmann. Schlumpf. Rüttimann. IV. Müller J. Huber. Schreiber. Butscher. V. Stöckli.	I. Melliger. Lutz. Füglistaler. Huwiler B. II. Mauchle. Benz. Ruoß. Schilling. Helbling. Pfyffer. Kalt. III. Keller. Oeschger. Rüttimann. Huber. Huwyler K. Knüsel. Kilian. Müller Tr. Schlumpf. Brecheisen. Müller J. * * * Butscher. Bühlmann. Meister. Stöckli. Schreiber.	I. Lutz. Huwiler B. Melliger. II. Helbling. Mauchle. Füglistaler. Benz. Ruoß. Keller. Schilling. Huber. Kilian. Kalt. Bühlmann. Knüsel. Butscher. III. Brecheisen. Oeschger. Müller J. Müller Tr. Rüttimann. Pfyffer. Schreiber. Huwyler K. Stöckli. Schlumpf. Meister.	I. Füglistaler. Melliger. Huber. Schilling. Ruoß. II. Huwiler B. Mauchle. Benz. Lutz. Helbling. Kalt. Oeschger. III. Keller. Stöckli. Brecheisen. Pfyffer. Bühlmann. Butscher. Knüsel. Rüttimann. Kilian. Müller Tr. Meister. IV. Müller J. Huwyler K. Schlumpf. Schreiber.	I. Melliger. Lutz. Huwiler B. Kalt. Benz. Füglistaler. II. Schlumpf. Mauchle. Pfyffer. Helbling. Ruoß. Schilling. Brecheisen. Oeschger. Knüsel. Huber. Keller. Huwyler K. III. Bühlmann. Rüttimann. Stöckli. Butscher. Kilian. Müller Tr. Müller J. Meister. Schreiber.	I. Huwiler B. Füglistaler. * * * Ruoß. Kalt. Melliger. II. Lutz. Oeschger. Huber. Schilling. Schlumpf. Mauchle. Knüsel. Benz. Müller Tr. Helbling. III. Bühlmann. Pfyffer. Huwyler K. Rüttimann. Kilian. Keller. Brecheisen. IV. Meister. Schreiber. Müller J. Butscher. Stöckli.

1. Ausgetreten im I. Semester: Jurt Justin von Rickenbach, Kt. Luzern. 2. Hampp Karl von Augsburg, Bayern, besuchte die Schule als

VI. Gymnasialklasse oder zweite Rhetorik.

Lehrgegenstände.

Religionsunterricht, wöchentlich 2 Stunden. a) Glaubenslehre: Die Sacramente der Eucharistie (als Communion und Opfer), der letzten Oelung, der Priesterweihe, der Ehe; das Werk unserer Vollendung, nach Martin, II. Theil. b) Kirchengeschichte: Von den Kreuzzügen bis in die neueste Zeit, nach Feßler.

Lateinische Sprache, wöchentlich 6 Stunden. a) Interpretation nach Inhalt und Form mit schriftlicher und mündlicher Uebersetzung und deren Correctur. 1. Cicero: Die Reden für Milo und Ligarius; Orator cc. 35—64. Ausgabe von Klotz. 2. Horaz: Oden I. Buch: 1, 2, 3, 12, 14, 15, 20, 24, 29, 31; II. Buch: 3, 7, 14, 16; III. Buch: 1, 2, 3, 4, 5, 8, 16, 17, 21, 23, 29, 30; IV. Buch: 2, 3, 4, 8, 9, 14. Epoden 1, 2, 4, 6, 7. Satiren I. Buch: 1, 9; II. Buch: 3, 1—223, 4. Episteln I. Buch: 7, 19, 20; II. Buch: 3. Der Brief an die Pisonen und einige Oden wurden memoriert. Ausgabe von Müller. b) Composition: Aus Süpfle, II. Theil, schriftlich und mündlich übersetzt Nummern: 192—253. Wöchentlich ein Extemporale in der Schule. Freie Aufsätze, besonders Chrieen. Metrische Versuche.

Griechische Sprache, wöchentlich 5 Stunden. a) Grammatik: Wiederholung des letztjährigen Pensums; Syntax des zusammengesetzten Satzes, mit schriftlicher und mündlicher Uebersetzung der Uebungsstücke, nach Kühner. b) Interpretation: 1. Demosthenes: III. olynthische Rede, über die Angelegenheiten im Chersonnes und III. philippische Rede. Ausgabe v. Dindorf. 2. Homer: Ilias I, II, 1—483; V, VI, 237—529; XII, XXII, und größtentheils cursorisch XXIV. Memoriert wurde I, 1—100. Ausgabe v. Dindorf.

Deutsche Sprache, wöchentlich 3 Stunden. a) Rhetorik: Theorie der Rede: Auffindung, Anordnung und Einkleidung des Stoffes; der Vortrag, nach Kleutgen. b) Poetik: Die dramatische Poesie, nach Bone, II. Theil. c) Literaturgeschichte: Die Periode der Wiedererhebung der deutschen Poesie bis zu den Romantikern, nach Reuter. Analyse und Kritik mehrerer dramatischer Stücke v. Lessing und Schiller. d) Schriftliche Aufsätze: meistens Reden und einige poetische Uebungen.

Mathematik, wöchentlich 3 Stunden. a) Algebra: Repetition der Gleichungen ersten und zweiten Grades; die Gleichungen dritten Grades; die arithmetischen und geometrischen Reihen und Anwendung der letztern auf Zinseszins- und Rentenrechnungen, die Combinatorik, der binomische Lehrsatz, nach Kambly. b) Geometrie: Goniometrie und ebene Trigonometrie.

Geschichte, wöchentlich 1½ Stunden. Das Mittelalter, nach Pütz.

Naturgeschichte, wöchentlich 1½ Stunden. Der innere Pflanzenbau und das natürliche Pflanzensystem, die Pflanzenstoffe im Dienste des Menschen (praktische Botanik).

Fortschrittsnoten.

Religionsunterricht.	Lateinische Interpretation.	Lateinische Composition.	Griechische Sprache.	Rhetorik u. deutsche Sprache.	Poesie und Literatur.	Mathematik.	Geschichte.	Naturgeschichte.
I.	I.	I.	I.	I.	I.	I.	I.	I.
Lienert Eduard von Einsiedeln.	Lienert.	Germann.	Lienert.	Lienert.	Lienert.	Frey.	Sutter.	Stäger.
Frey Georg v. Ems, Kt. Graubünd.	Germann.	Lienert.	Germann.	Sutter.	Germann.	Germann.	Lienert.	Lienert.
Sutter Ludwig von Luzern.	Sutter.	Frey.	Frey.	Germann.	Stäger.	Lienert.	Germann.	Frey.
Schildknecht Jakob von Waldkirch, Kt. St. Gallen.	Frey.	Schildknecht.	Sutter.	Frey.	Schildknecht.	Schildknecht.	Frey.	Germann.
Meier Jos. v. Hilfikon, Kt. Aargau.	Schildknecht.	Meier B.	Schildknecht.	Schildknecht.	Moser.	Maier Franz.	Meier Jos.	II.
Germann Ant. v. Goßau, St. Gallen	Arnold M.	Sutter.	· · ·	Städli.	Weber.	Meier B.	Schildknecht.	Arnold M.
Rüssi Karl v. Rapperswyl, St. Gallen	Städli.	Renggli.	Meier Jos.	Arnold M.	Benziger.	Sutter.	Renggli.	Renggli.
Renggli Karl v. Entlebuch, Kt. Luzern	Renggli.	II.	Renggli.	Stäger.	II.	II.	Meier B.	Meier Jos.
Benziger Arnold von Einsiedeln.	II.	Arnold M.	Arnold M.	II.	Frey.	Arnold M.	Rüssi.	Meier B.
Meier Bened. v. Disentis, Graubünd.	Rüssi.	Moser.	Städli.	Weber.	Renggli.	Galliker.	Maier Franz.	Rüssi.
Krachenfels Joh. v. Kappel, Baden.	Moser.	Meier Jos.	II.	Meier B.	Rüssi.	Städli.	II.	Benziger.
Arnold Jos. M. v. Ettiswyl, Luzern.	Meier Jos.	Maier Franz.	Meier B.	Maier Franz.	Meier Jos.	Kälin.	Städli.	Sutter.
Moser Rob. v. Hohenrain, Luzern.	Meier B.	Städli.	Maier Franz.	Benziger.	Maier Franz.	Renggli.	Bühler.	Maier Franz.
Maier Fr. Sales von Bechtenroth, Württemberg.	Maier Franz.	Stäger.	Bühler.	Renggli.	Bühler.	Bühler.	Benziger.	Schildknecht.
Rüßle Jos. v. Reichenbach, Württb.	Bühler.	Rüssi.	Moser.	Moser.	Epp.	Meier J.	v. Hornstein.	Ammann.
Galliker Xav. v. Gunzwyl, Kt. Luzern	Krachenfels.	Krachenfels.	Rüssi.	Krachenfels.	Meier B.	Weber.	Krachenfels.	III.
Städli Ant. v. Flawyl, St. Gallen.	Weber.	Benziger.	Ammann.	Rüssi.	Sutter.	III.	Ammann.	Weber.
Weber Franz Joseph von Schwyz.	Stäger.	Weber.	Rüßle.	Meier Jos.	Ammann.	Rüssi.	Epp.	Galliker.
Bühler Nikolaus von Einsiedeln.	III.	III.	Krachenfels.	Ammann.	III.	Rüßle.	Moser.	Epp.
Stäger N. v. Villmergen, Kt. Aargau	Rüßle.	Rüßle.	III.	Rüßle.	Arnold M.	Krachenfels.	Rüßle.	Krachenfels.
Epp Wilhelm von Altdorf, Kt. Uri.	Müller.	Müller.	Arnold J.	Müller.	Müller.	Ammann.	Weber.	Artho.
v. Hornstein Hermann von Binningen, Baden.	Benziger.	Bühler.	Galliker.	Bühler.	Galliker.	Wichert.	Müller.	Bühler.
Müller Edmund v. Hospenthal, Uri.	Galliker.	Galliker.	Benziger.	Galliker.	Kälin.	Artho.	Artho.	Arnold J.
Kälin Adelrich v. Euthal, Schwyz.	Ammann.	Schnöll.	Schnöll.	Epp.	v. Hornstein.	Benziger.	Arnold M.	· · ·
Artho Jos. v. Walde, Kt. St. Gallen.	Epp.	Ströbele.	Wichert.	III.	Rüßle.	Epp.	Arnold J.	Wichert.
Ammann Ald. v. Bünzen, Aargau.	Schnöll.	Kälin.	Weber.	v. Hornstein.	Seitz.	v. Hornstein.	III.	Rüßle.
II.	v. Hornstein.	Ammann.	Artho.	Wichert.	Artho.	Stäger.	Stirnimann.	IV.
Stirnimann Ed. v. Ruswyl, Luzern	Kälin.	v. Hornstein.	v. Hornstein.	Artho.	Städli.	Schnöll.	Stäger.	Moser.
Wichert Mart. v. Altendorf, Schwyz	Wichert.	Artho.	Stäger.	Seitz.	Krachenfels.	Zell.	Kälin.	Kälin.
Zell Theodor von Oggelshausen, Württemberg.	Arnold J.	Seitz.	Müller.	Ströbele.	Schnöll.	IV.	Schnöll.	Stirnimann.
Schnöll Joseph von Seeg, Bayern.	Artho.	IV.	Seitz.	Arnold J.	Zell.	Moser.	Galliker.	Schnöll.
Seitz Franz v. Tauernfeld, Bayern	Seitz.	Zell.	Kälin.	Schnöll.	Stirnimann.	Müller.	IV.	Müller.
Arnold J. v. Schlierbach, Kt. Luzern.	IV.	Stirnimann.	Ströbele.	Zell.	Wichert.	Arnold J.	Zell.	v. Hornstein.
Ströbele Modest v. Ruppertshoven, Württemberg.	Stirnimann.	Arnold J.	Epp.	Stirnimann.	Arnold J.	V.	Wichert.	· · ·
	Zell.	Wichert.	IV.	Kälin.	Ströbele.	Stirnimann.	Seitz.	Zell.
	Ströbele.	Epp.	Zell.			Seitz.	Ströbele.	Seitz.
			Stirnimann.			Ströbele.		Städli.
								Ströbele.

Lyceum.

I. Philosophischer Curs.

Vorlesungen.

1. **Philosophie,** wöchentlich 7 Stunden. Der theoretische Theil: Einleitung, empirische Psychologie, Logik, Erkenntnißlehre, Ontologie, Kosmologie mit besonderer Rücksichtnahme auf die Ergebnisse der neuesten Naturwissenschaft, natürliche Theologie, nach dem Lehrbuch von Dr. Stöckl. Mit der Erkenntnißlehre wurde ein Abriß der Geschichte der neuern Philosophie mit einläßlicherer Skizzirung der Systeme von Kant und Hartmann verbunden.

2. **Aesthetik,** wöchentlich 3 Stunden. Allgemeine philosophische Aesthetik. Allgemeine Kunstlehre. Aesthetische Einleitung zur Architektur und Plastik; Ueberblick über die geschichtliche Entwickelung dieser beiden Künste.

3. **Literatur,** wöchentlich 2 Stunden. Die neuere und neueste deutsche Literatur seit dem Auftreten Gothe's.

4. **Weltgeschichte,** wöchentlich 2 Stunden. Von der französischen Revolution bis auf die neueste Zeit, nach dem Grundriß von Pütz.

5. **Mathematik,** wöchentlich 3 Stunden. Repetition der ebenen Trigonometrie. Anwendung der Trigonometrie auf die Algebra; Operationen mit complexen Zahlen. Elemente der sphärischen Trigonometrie, analytische Behandlung der Geraden und Kegelschnittlinien. Elemente der Geodäsie mit Uebungen.

6. **Naturgeschichte,** wöchentlich 3 Stunden. Mineralogie: Terminologie und Systematik der Mineralien. Geologie: Einige Hauptlehren der astronomischen und physikalischen Geographie, die dynamische Geologie, die Petrographie, die Lehre von der Lagerung der Gesteine, die Formationslehre mit besonderer Berücksichtigung der Schweiz. Lehrbuch von Hochstetter.

7. **Philologie,** wie im II. Curs.

Verzeichniß der Herren Candidaten des I. philosophischen Curses.

Fr. Odilo Gwerder von Muotathal, Kt. Schwyz.
" Romuald Banz von Ruswyl, Kt. Luzern.
" Magnus Helbling von Rieden, Kt. St. Gallen.
" Petrus Fleischli von Neuenkirch, Kt. Luzern.
Hr. Adler Joseph von Oberrüti, Kt. Aargau.
" Anderwert Emil von Emmishofen, Kt. Thurgau.
" Benz Salomon von Röthenbach, Baden.
" Bernasconi Marius von Morbio, Kt. Tessin.
" Bigger Robert von Vilters, Kt. St. Gallen.
" de Cocatrix Eugen von St. Moriz, Kt. Wallis.
" Egloff Sigmund von Wettingen, Kt. Aargau.
" Fiori Ulysses von Locarno, Kt. Tessin.
" Franzoni Jakob von Locarno, Kt. Tessin.
" Graf Gallus von Zuckenriet, Kt. St. Gallen.
" Gyr Joseph von Baden, Kt. Aargau.
Hr. Heelein Oskar von Würzburg, Bayern.
" Heß Oswald von Oberwyl, Kt. Zug.
" Hüffer Arnold von Bremgarten, Kt. Aargau.
" Jost Benedikt von Lenz, Kt. Graubünden.
" Kindler Anton von Ippingen, Baden.
" Meier Fridolin von Villmergen, Kt. Aargau.
" Mennel Gregor von Hüttenweiler, Württemberg.
" Molo Anton von Bellenz, Kt. Tessin.
" Roseda Alfred von Vaccallo, Kt. Tessin.
" Brugg Jakob von Nauders, Tyrol.
" Schumacher Albert von Bern.
" Stoffel Alfred von St. Gallen.
" Stocker Ambros von Abtwil, Kt. Aargau.
" Euler Fridolin von Tobel, Kt. Thurgau.
" Zell Karl von Friedingen, Württemberg.

Hüffer mußte mit Beginn des zweiten Semesters wegen Krankheit austreten.

II. Philosophischer Curs.

Vorlesungen.

1. **Physik**, wöchentlich 6 Stunden. Die physikalischen Disciplinen nach ihrem gewöhnlichen Umfange: Mechanik, Wellenlehre, Akustik, Optik, Calorik, Magnetismus, Elektricität und Astronomie nach Krebs, mit vielen Experimenten erläutert.

2. **Chemie**, wöchentlich 3 Stunden. Anorganischer Theil, nach Lorscheid, mit vielen Experimenten erläutert.

3. **Philosophie**, wöchentlich 4 Stunden. 1. Der praktische Theil der Philosophie: Ethik, Social- und Rechtsphilosophie, nach dem Lehrbuche von Dr. Stöckl. — 2. Religionsphilosophie, nach dem Leitfaden desselben Auktors. — 3. Abriß der Geschichte der griechischen Philosophie, mit besonderer Hervorhebung des platonischen Systems, in einer Reihe von Vorträgen.

4. **Mathematik**, wöchentlich 2 Stunden. Repetition der Algebra, Geometrie, Trigonometrie und analytischen Geometrie.

5. **Naturgeschichte**, wie im I. Curs.

6. **Weltgeschichte**, wie im I. Curs.

7. **Philologie**, a) Lateinisch, wöchentlich 3 Stunden. Tacitus: Annalen B. I. Cap. 1 — 30. B. II. Cap. 5 — 26. Horaz: Briefe B. I. 1. 7. 10. 11. 13; B. II. 1. Plautus: die Gefangenen V. 1 — 767. Literaturgeschichtliche Einleitungen und Uebersichten. Wöchentlich eine schriftliche Stilübung.

b) Griechisch, wöchentlich 3 Stunden. Thukydides: B. I. Cap. 1—22, B. II. Cap. 34—65. Sophokles: Oedipus auf Kolonos V. 1—1476. Grammatikalische Repetitionen.

Verzeichniß der Herren Candidaten des II. philosophischen Curses.

Fr. Athanasius Staub von Stans, Nidwalden.
„ Norbert Flüeler von Stans, Nidwalden.
Hr. Couchepin Arthur von Martinach, Kt. Wallis.
„ de Courten Heinrich von Sitten, Kt. Wallis.
„ Favre Louis von Sitten, Kt. Wallis.
„ Germann Jakob von Jonschwyl, Kt. St. Gallen.
„ Grassi Joseph von Olivone, Kt. Tessin.
„ Hegglin Karl von Menzingen, Kt. Zug.
„ Kälin Mathias von Einsiedeln.
Hr. Kurz Johann von Warth, Kt. Thurgau.
„ Luliger Franz von Zug.
„ Lutz Joseph von Thal, Kt. St. Gallen.
„ Marclay Isaak von St. Moriz, Kt. Wallis.
„ Morand Albert von Martinach, Kt. Wallis.
„ Senn August von Wyl, Kt. St. Gallen.
„ Stürmle Alois von Bronschhofen, Kt. St. Gallen.
„ Villard Moriz von Chatel St. Denis, Kt. Freiburg.
„ Weber Erhard von Tuggen, Kt. Schwyz.

Favre ist im ersten Semester aus-, Germann im zweiten eingetreten.

Freifächer.

I. Französische Sprache.

Lehrgegenstände.

I. Klasse, wöchentlich 3 Stunden. a) Grammatik: Die Formenlehre bis zum zurückzielenden Zeitwort, nach Ahn. b) Uebersetzung: Schriftliche und mündliche Uebersetzung der beigefügten Uebungs- und Lesestücke.

II. Klasse, wöchentlich 3 Stunden. a) Grammatik: Repetition des letztjährigen Pensums; das unregelmäßige Zeitwort und die Syntax, nach Ahn. b) Uebersetzung der eingereihten Uebungsstücke. Uebersetzung ausgewählter Stücke aus Ahn's Lesebuch, I. Theil.

III. Klasse, wöchentlich 3 Stunden. a) Grammatik von Borel: Formenlehre und Syntax, erster Curs. Uebersetzung der eingereihten Uebungsstücke. b) Lectüre: Uebersetzung ausgewählter Stücke und Memorierung mehrerer Gedichte aus Ahn's Lesebuch, II. Theil. Der Unterricht wurde in französischer Sprache gegeben.

IV. Klasse, wöchentlich 3 Stunden. a) Grammatik von Borel: Der zweite Curs mit theilweiser Repetition des ersten. b) Lectüre ausgewählter prosaischer und poetischer Stücke aus der «France littéraire». c) Stilübungen: Uebersetzung der Uebungsstücke der Grammatik, freie Aufsätze. Gedächtnißübungen. Der Unterricht wurde in französischer Sprache ertheilt.

V. Klasse, wöchentlich 3 Stunden. a) Französische Literatur: Corneille, Molière, Racine; die vorzüglichsten Schriftsteller des 19. Jahrhunderts, nach der «France littéraire». b) Lectüre aus demselben Handbuch, im Anschluß an die Theorie. c) Stilübungen nach Borel, freie Aufsätze.

Fortschrittsnoten.

Erste Klasse. Abtheilung A.

I. Huber Pius. Zoller. Staub.

II. Weber. Benz K. Inderbitzin. Christen. Wehrli. Grüninger. Theiler.

III. Pfiffner.

IV. Brechteisen. Koppel.

Erste Klasse. Abtheilung B.

I. Bürbi. Geisschwiler. Ragler. Egger. Gutbauser. Helbener.

II. Kunz. Hürlimann. Spani. Auer. Traber. Riesli. Weishaupt. Fehr A. Bach.

III. Zeß K. Zehnder. Sprecher. Stocker A.

Zweite Klasse.

I. Germann W. Scherwiller. Pfister. Büttner. Schenwiller. Mühlemann.

II. Gondolfi. Baumüller. Lang. Huber G. Wolz. Ruppaner. Brander. Brändli. Benz J. Müller F.

III. Huwiler C. Hober. Roppel Fr. Räber. Stocki. Eberle. Kalin. Zell Th.

Dritte Klasse.

I. Melliger. Rüßi. Huwiler B. Züglistaller. Stocker M.

II. Wöhner. Mauchle. Crutz. Suter Frid. Adler. Bühler. Egloff. Müller Jos. Keller. Müller Edm.

III. Meier Fr. S. Knüsel. Bühlmann. Schreiber.

IV. Schnell. Strebele.

Vierte Klasse.

I. Lienert.

II. Anderwerth. Degglin. Galliker. Benz A.

III. Schilling. Kalt. Lutz G. Linkert. Stäger. Oelschari. Ruoß. Heibling. v. Hornstein. Stutzmann. Stoffel.

IV. Rüßle. Epp.

Fünfte Klasse.

I. Lutz J. Benz E. Kurz. Stocker Ambr. Fey G. Blasarey. Weber J.

II. Rengali. Meier Bened. Kälin M. Graß. Meister.

II. Italienische Sprache.

Lehrgegenstände.

I. Klasse, wöchentlich 2 Stunden. a) Grammatik von Fornasari-Verce: Formenlehre bis zur Syntax. b) Uebersetzung der eingereihten deutschen Uebungsstücke; memoriert wurden einige poetische Stücke.

II. Klasse, wöchentlich 2 Stunden. a) Grammatik: Wiederholung der Formenlehre; die Syntax, nach Fornasari-Verce, mit Ergänzungen aus Melga's Nuova Grammatica Italiana. b) Lectüre: Auswahl aus dem der Grammatik beigefügten Lesebuch; Silvio Pellico's «Le mie Prigioni», Cap. 1—25; ausgewählte Stellen aus Tasso und Dante, theilweise memoriert. c) Uebersetzungen deutscher Dictate; freie kleinere Aufsätze. Der Unterricht wurde in italienischer Sprache ertheilt.

Fortschrittsnoten.

Erste Klasse.

I. Luniger, Brugg, de Cocatrix, Melliger.
II. Huwiler B., Scherwiler, Pfister, Rüßi, Germann W., Stocker M.
III. Moser, Wichert.

Zweite Klasse.

I. Germann A., Kindler, Suter L., Zeß K.
II. de Courten, Degglin.

III. Englische Sprache.

Lehrgegenstände.

I. Klasse, wöchentlich 2 Stunden. Elementarbuch von Behn-Eschenburg: I.—VI. Abschnitt; Uebersetzung der eingereihten Uebungsstücke; einzelne Gedichte wurden memoriert.

II. Klasse. Elementarbuch von Behn-Eschenburg; VI—IX. Abschnitt; Uebersetzung der eingereihten Uebungsstücke; Ergänzungen der Syntax aus Baskerville's «English Grammar for the use of the Germans»; Uebersetzung deutscher Dictate (Briefe und Erzählungen); Shakespeare's Julius Cäsar, I. Akt; Einzelnes wurde memoriert; der Unterricht wurde in englischer Sprache ertheilt.

Fortschrittsnoten.

Erste Klasse. | **Zweite Klasse.**

IV. Zeichnen.

Wöchentlich 2 Stunden. Freies Handzeichnen nach Zeichnungen an der Tafel, nach Vorlagen und nach Gyps. Ornamente, Köpfe, Figuren u. s. w.

Benziger.
Genevet.
Germann A.
Gyr.

Hegner.
v. Hornstein.
Kälin K.
Knüsel.

Langenstein.
Müller Otto.
Rigg.
Pfenninger.

Räber.
Rickli.
Stürmle.
Wolz.

V. Kalligraphie.

Obligatorisch für die I. und II. Klasse, wöchentlich je eine Stunde. Deutsche und lateinische Currentschrift.

VI. Musik.

a) **Gesangunterricht** in 2 Abtheilungen, jede wöchentlich 1½—2 Stunden. Die erste Abtheilung beschäftigte sich mit den Elementarkenntnissen des Gesanges an der Hand des einsiedlischen „Quodlibet", aus welchem auch etliche Lieder eingeübt wurden. Die zweite Abtheilung bildete einen gemischten Chor, der aus der Liedersammlung von Waldmann von der Au ca. 20 Nummern und außerdem noch zwei Messen und größere Chöre aus Oratorien und Opern, Cantaten u. s. w. einübte und vortrug. Die meisten Mitglieder dieser Abtheilung fanden überdies beim Kirchengesang Verwendung. Daneben bestand noch bei den Internen und Externen ein Männerchor.

b) **Instrumentalmusik.** Nebst den besondern Lectionen betheiligten sich die geübteren Zöglinge beim Kirchenorchester; in den Wintermonaten bis Ostern bestand ein Orchesterverein; in den Sommermonaten trat an dessen Stelle eine Feldmusik, welche Märsche, Ouvertüren, Hymnen, Potpourris u. s. w. producierte. Das Orchester übte klassische Symphonieen, Ouverturen u. s. w. ein, die bei Abendunterhaltungen und ähnlichen Anlässen zur Aufführung kamen.

a) Gesang.

Erste Abtheilung.

Armbruster.
Bach.
Balsiger.
Bäßer.
Egger.
Estermann.
Fries.
Genevet.
Glutz.

Guthauser.
Harzenmoser.
Inderbitzin.
Lutz U.
Moser.
Sprecher.
Stocker B.
Traber.
Weishaupt.
Zehnder.

Zweite Abtheilung und gemischter Chor.

Sopran.

Balsiger.
Christen.
Genevet.
Häppi.
Kurer H.
Lang.
Moser.
Rosenberg.
Schildknecht.
Schultheß.
Sprecher.
Sturmmann K.
Truniger.
Villiger.
Wieser.

Alt.

Amstad.
Binkert.
Brändli.
Edelmann.
Ehrler.
Hürlimann.
Jost K.
Kistler.
Müller O.
Rigg.
Pfenninger.

Tenor.

Anderwert.
Benz J.
Bigger.
Knüsel.
Brugg.
Zell K.

Baß.

Egloff.
Füglistaler.
Graf.
Heß.
Hidber.
Hunwyler K.
Kalt.
Meister.
Oberholzer.

Renggli.
Senn.
Stäger.
Sturmmann E.
Stocker A.
Stürmle.
Suter F.
Suter L.
Weber J.

b) Instrumentalmusik.

Klavier.

Amstad.
Bach.
Balsiger.
Benz Jos.
Benz Salom.
Benziger.
Binkert.
Bondolfi.
Boos.
Brändle.
Broger.
Bühlmann.
Comte.
Ermi.
Genevet.
Germann A.
Gmür.
Graf.
Grüninger.
Guthauser.
Harzenmoser.
Heß.
Hildebrand.

Hartmann.
Inderbitzin.
Jost.
Keller.
Kistler.
Kurer J.
Langenstein.
Lichtensteiger.
Lutiger.
Meister.
Noppel Fr.
Noppel Rob.
Brugg.
Rickli.
Ruch.
Röllin.
Rosenberg.
Scheiwiller.
Schumacher.
Senn.
Sprecher.
Stocker A.
Theiler.
Traber.
Truniger.

Villiger.
Weber J.
Wolfsberg.
Wößner.
Zürcher.

Violin.

Arnold.
Benz Jos.
Comte.
de Courten.
Eberle.
Glutz.
Gmür.
Grüninger.
Hürlimann.
Kalt.
Kurer A.
Lang.
Langenstein.
Lutiger.
Lutz Ulr.
Meister.
Mundwiler.
Müller Fr.

Müller Otto.
Pfenninger.
Pfyffer.
Röllin.
Schildknecht.
Schultheß.
Senn.
Stäger.
Staub.
Suter L.
Weber Ed.
Wieser.

Blasinstrumente.

Flöte.

Christen.
Eberle
Glaston.
Meier Jos.
Pfyffer.

Fagott.

Heß.

Horn.

Lutiger.
Weber J.

Clarinette.

Benz J.
Eberle.
Germann A.

Graff.
Lichtensteiger.
Roseda.

Feldmusik der Internen.

Benz J.
Benziger.
Binkert.
Comte.
Christen.
Eberle.
Graff.
Heß.
Hidber.
Hürlimann.
Hunwyler K.
Kalt.
Lang.
Langenstein.
Lichtensteiger.
Leuwer.
Lutiger.
Manchle.

Meier B.
Meier Jos.
Meister.
Moser.
Roseda.
Brugg.
Stocker A.
Stürmle.
Weber J.

Schulnachrichten.

1. Das Schuljahr 18⁸⁶/₈₇ wurde am 7. October 1886 mit feierlichem Gottesdienst und einer Ansprache eröffnet und ebenso am 25. Juli 1887 geschlossen.

2. An der Anstalt wirkten 21 Professoren, mit Ausnahme eines Musiklehrers sämmtliche Mitglieder des Stiftes.

3. Die Schule war im Ganzen von 237 Schülern besucht. Von diesen wohnten 184 im Stifte, 53 im Flecken. 200 entfallen auf 20 Kantone der Schweiz, 53 auf das Ausland. Auf die einzelnen Klassen vertheilen sie sich folgendermaßen:

Gymnasium.						Lyceum.	
I.	II.	III.	IV.	V	VI.	VII.	VIII.
44	30	26	24	29	36	30	18

4. Die Lehrmittel der Anstalt umfassen eine gut ausgestattete Schülerbibliothek, ein physikalisches Kabinet, die für Unterrichtszwecke verfügbaren literarischen, naturwissenschaftlichen und Kunst-Sammlungen des Stiftes. Von den mehrfachen Bereicherungen derselben sei nur erwähnt ein Universalwellenaparat nach Professor Dr. Heß in Frauenfeld.

5. An Geschenken seien mit bestem Danke an die Geber verzeichnet: ein sehr empfindliches Mikro-Telephon, von Herrn Meinrad Theiler (Telegraphen-Fabrikation) in Schwyz, nach dessen eigener Konstruktion. 1 Dutzend Exemplare „Varia“. Eine Auswahl von lateinischen und deutschen Versen, Sprüchen und Redensarten mit besonderer Berücksichtigung der Phraseologie des Cornelius Nepos und Julius Cäsar, von P. B. Sepp, O. S. B., Professor zu St. Stephan in Augsburg. Von demselben Verfasser und Geber je ein Dutzend Exemplare seiner „lateinischen Synonyma“ und „Frustula“. Eine Reihe von Jahrgängen der Monatsblätter des Gabelsberger Stenographenvereins in Augsburg, von Dr. P. Narziß Liebert, O. S. B., Professor zu St. Stephan in Augsburg, sowie vom Vorstand des dortigen Stenographenvereins. Ein großer Bergkrystall vom St. Gotthard, von Herrn Motta in Airolo. Ein schönes Exemplar von Birkhahn, vom Gymnasiasten Friedrich Schlumpf.

6. Zur Pflege des religiösen Lebens dienten neben den gewöhnlichen Hausandachten die Theilnahme der Zöglinge am feierlichen Gottesdienste in der Stiftskirche, die Marianische Sodalität, die geistlichen Exercitien in der hl. Fastenzeit.

7. Im Anschlusse an die Marianische Sodalität bildeten Schüler des Lyceums und der Rhetoriken einen freien Verein, die Akademie, welche sich unter der Leitung von Lehrern die Pflege der deutschen Sprache und die Uebung im Vortrage als Hauptziel setzte. Für die wöchentlichen Versammlungen lieferten die Mitglieder schriftliche Arbeiten in Prosa und Poesie aus den verschiedenen dem Kreise der betreffenden Schulstufen angehörigen Gebieten, welche schriftlich und mündlich kritisirt wurden. Damit waren immer Uebungen im Vortrage verbunden. Die rhetorische Abtheilung behandelte als öffentliche Production „den Untergang des Templerordens“.

8. Der Declamationsunterricht wurde bis zur Rhetorik in den Klassen gegeben und durch öffentliches Auftreten bei verschiedenen Anläßen, namentlich bei den regelmäßigen musikalisch-declamatorischen Abendunterhaltungen während des Winters, gefördert.

9. In freien Stunden wurde den Schülern der obern Klassen Gelegenheit zur Erlernung der Stenographie nach dem System Gabelsberger geboten. Es bestanden im Wintersemester zwei Anfängercurse, denen sich im Sommersemester ein Curs für Satzkürzung anschloß; in beiden wurden die Lehrmittel von Schrey zu Grunde gelegt.

10. Im Fasching kamen nebst einigen Lustspielen zur Aufführung: „Fra Diavolo“ komische Oper von Auber, und „der letzte Held von Marienburg“, von Eichendorf, beide für das Schultheater bearbeitet.

11. Das nächste Schuljahr beginnt am 6. October.

12. Neu eintretende Schüler und solche, deren Vorrücken in eine höhere Klasse von einer Vorprüfung abhängt, müssen am 4., die übrigen, Interne wie Externe, am 5. October eintreffen. Die Neueintretenden sollen Heimatschein und Schulzeugnisse mitbringen und letztere bei der Aufnahmsprüfung, die am 5. October stattfindet, vorweisen.

U. I. O. G. D.

Alphabetisches Verzeichniß der Schüler.

(Die Gymnasialklassen sind durch arabische, die Lycealcurse durch römische Ziffern, die externen Schüler durch * bezeichnet.)

Achermann 1.
Adler. I.
* Ammann. 6.
Amstad. 1.
Anderwert. I.
Armbruster. 1.
* Arnold J. 6.
Arnold M. 6.
Artho. 6.
Bach. 2.
Balsiger. 1.
Banz Fr. Romuald. I.
Benz A. 5.
Benz J. 4.
Benz K. 3.
Benz S. I.
Benziger. 6.
Bernasconi. I.
Bigger. I.
Binkert. 2.
* Bleß. 6.
* Bluntschy. 1.
Bondolfi. 3.
Boos. 4.
Bossart. 2.
Brander. 3.
Brändle. 3.
* Brecheisen. 5.
Broger. 3.
Büchi. 2.
* Bühler. 6.
Buhlmann. 5.
Bumiller. 4.
Büßer. 1.
Butscher. 5.
Büttner. 3.
Christen. 4.
Comte. 4.
* de Cocatrix. I.
* Couchepin. II.
de Courten. II.
Crameri. 1.
Dold. 3.
Eberle. 4.
Edelmann. 1.
Egger. 2.
Egloff. 1.
Ehrler. 1.
* Epp. 6.
Erni. 3.
Estermann. 1.
* Favre. II.
v. Fellen 1.
Fetz A. 2.
Fetz G. 6.
* Fuori. 1.
Fleischli Fr. Petrus. I.
* Flueler Fr. Norbert II.
* Franzoni. I.
Fries. 1.
* Fuchs. 4.
Fuglistaller. 5.
Galliker. 6.
Germann A. 6.
* Germann J. II.
Germann W. 2.
Genevel 1.
* Gerschwiler. 2.
Glaston. 1.
Glutz. 1.
Gmür. 3.
Graf. 1
Grassi. II.
* Grater. 4.
Grüninger. 3.
Guthauser. 2.
Gwerder Fr. Odilo. I.
Gyr. 1.
* Hampp. 5.
Harzenmoser. 1.
* Heelein. I.
Hegglin II.
Hegner. 4.
Helbling A. 5.
Helbling Fr. Magnus. I.
Heß. I.
Hidber. 4.
Hildebrand. 6.
Herzog. 4.
Hösliger. 4.
* Holdener. 2.
v. Hornstein 6.
Huber G. 4.
* Huber P. 5.
Hufschmid. 6.
Hüppi. 1.
Hurdi. 2.
Hürlimann. 2.
Huser. 3.
* Hüsser. I.
Hutwiler B. 5.
Hunwyler K. 5.
Inderbitzin. 1.
Jost B. I.
Jost K. 2.
* Iseppi. 4.
Jurt. 5.
Kalt. 5.
Kälin Ad. 6.
* Kälin Al. 1.
* Kälin K. 4.
* Kälin M. II.
Keller. 5.
* Kilian. 5.
Kindler. I.
Kistler. 1.
Knüsel. 5.
* Krachenfels. 6.
* Kunz. 2.
Kurer A. 1.
Kurer J. 2.
* Kuriger. 3.
* Kurz II.
* Lagler. 2.
Landtwing. 1.
Lang. 3.
Langenstein. 3.
Lichtensteiger. 4.
Lewert. 6.
Lutiger. II.
Lutz G. 5.
* Lutz J. II.
Lutz U. 1.
* Maier. 6.
Manser 4.
* Marclay. II.
* Masarey. 4.
Mauchle. 5.
Meier B. 6.
Meier Frid. I.
Meier J. A. 2.
Meier J. 6.
Meier L. 1.
Meier P. 3.
Meister. 5.
Melliger. 5.
Meunel. I.
* Molo. I.
* Morand. II.
Moser Fr. X. 1.
Moser R. 6.
Müller F. 6.
Müller Joh. 1.
* Müller Jos. 5.
Müller J. Tr. 5.
Muller O. 3.
* Müller R. 1.
Mundweiler. 1.
Nigg. 2.
Noppel F. 2.
Noppel R. 1.
Noseda. I.
Nüßle. 6.
Oberholzer. 3.
* Oeschger. 5.
Pfenninger. 2.
Pfiffner. 4.
Pfister 3.
Prugg. I.
Pfyffer. 5.
Raber. 2.
Renggli F. 4.
Renggli K. 6.
Rickli. 2.
Rieth. 2.
Rohner. 3.
Röllin. 1
Rosenberg. 1.
* Rudigier. 4.
Ruoß 5.
Ruppauer. 2.
Rüssi. 6.
Rüttimann. 5.
* Schauble. 4.
Scheiwiler A. 3.
Scheiwiller. 4.
Schildknecht A. 1.
Schildknecht J. 6.
Schilling. 5.
Schlumpf. 5.
* Schnöll. 6.
Schreiber. 5.
Schuhmacher K. 1.
Schumacher A. I.
Schultheiß. 1.
* Seitz. 6.
Senn. II.
* Späni. 2.
Sprecher. 2.
Stager. 6.
Staub Fr. Athanas. II.
Staub J. 1.
Stirnimann E. 6.
Stirnimann K. 1.
* Stoffel. I.
Stocker A. I.
Stocker M. 3.
Stocker P. 2.
Stöckli. 5.
* Ströbele. 6.
* Stüdli. 6.
Stürmle. II.
Suter. I.
Sutter. 6.
Theiler. 1.
Traber. 2.
Truniger. 1.
Villard. II.
Villiger. 1.
* Wagner. 3.
Waibel. 3.
Weber Edw. 1.
* Weber Erhard. II.
Weber Jos. 6.
Wehrli. 4.
Weishaupt. 2.
* Wichert. 6.
Wieser. 1.
Wolfisberg. 1.
* Wolz. 2.
Wößner. 3.
Wueser. 1.
Zehnder. 2.
Zell K. 1.
Zell Th. 6.
Zoller. 3.
Zürcher. 3.